AF555322

LES TOURELLES.

I

Romans du même Auteur :

LE NOTAIRE DE CHANTILLY, 2 vol. in-8....... 15 fr.

LES MÉANDRES, 2 vol. in-8.................... 15

WASHINGTON LEVERT ET SOCRATE LEBLANC, 2 vol. in-8 .... 22 50

LE MÉDECIN DU PECQ, 3 vol. in-8............. 15

Sous Presse :

LA CONJURATION DU SOULIER, roman historique, 2 vol. in-8.

UNE NUIT BLANCHE, 2 vol. in-8.

PARIS. — Imprimerie de Ve DONDEY-DUPRÉ, rue Saint-Louis, 46, au Marais.

LES

TOURELLES

HISTOIRE DES CHATEAUX DE FRANCE,

PAR

M. LÉON GOZLAN.

I

PARIS.

Dumont, Libraire-Éditeur,

PALAIS-ROYAL, 88, AU SALON LITTÉRAIRE.

1839

LES

CHATEAUX DE FRANCE.

INTRODUCTION.

Tant que durera en France l'esprit conservateur créé par la Restauration, les vieux monumens qui nous restent seront respectés. Par une conséquence immédiate de son retour systématique aux affections du passé, la Restauration, en relevant la pierre de l'autel et en restituant au trône la majesté antique, ne pouvait manquer de songer à la réédification du temple et du palais. On interprétera, si l'on veut, dans toutes les proportions du blâme et de l'éloge, la cause de ce service intéressé rendu à la nation ; il n'y aurait que de l'ingratitude à en nier les résultats. Demanderions-nous jamais au désert de couvrir de sable les pyramides, quand même il serait vrai que ce fût au singulier caprice d'une courtisane égyptienne que nous devrions de les admirer? Ne sommes-nous pas tout disposés au contraire à pardonner aux flatteurs de Néron les statues, les temples, les arcs de triomphe que leur bassesse lui a élevés? Quel est le système, quelle est d'ailleurs l'opinion dont on tenterait de se faire, à cinquante ans de distance, le défenseur officieux, qui durera autant que la pierre miliaire de la grande route, que la borne grossière du coin de la rue? Pour notre part, nous ne tairons pas que nous préférerions, si nous avions un choix à faire, les âges de despotisme qui fondent, aux époques de liberté dont il ne reste rien. Il est bien entendu que nous nous plaçons, en raisonnant ainsi, sur un terrain d'où l'on ne découvre aucune question d'intérêt social essentielle au bonheur de l'humanité, lequel passe avant tout et n'admet aucune comparaison. Seulement on ose penser que si les trois siècles de compression morale qui ont pesé sur Venise ont compté plus de monumens en tout genre que n'en verront jamais peut-être les siècles d'indépendance promis à New-York et à Philadelphie, le souvenir de la postérité sera plus vif pour les siècles et pour le peuple glorieux avec un peu moins de liberté, que pour les générations libres avec beaucoup moins de gloire.

La Restauration cependant ne put exprimer

qu'une tendance isolée en tournant des regards exclusifs d'attachement vers les reliques du passé; elle éveilla même beaucoup de préventions fâcheuses contre elle en laissant trop croire au peuple qu'elle n'avait des élans rétrogrades que parce qu'elle était mue par des doctrines surannées. Son bon vouloir pour les arts faillit être pris en aversion à cause de cette solidarité présumée entre sa conduite et ses principes; solidarité qu'elle ne chercha pas assez peut-être à nier. Bientôt on imputa au zèle d'une dévotion outrée, et fort peu en harmonie avec la tolérance d'une époque qui n'avait jamais cessé d'être sceptique, les réparations faites aux anciens édifices religieux du royaume. Ces réparations, il est vrai, ne s'effectuèrent qu'à côté de la création simultanée d'une foule de priviléges en faveur du clergé. N'y eût-il en cela qu'un tort irréfléchi, il n'en fut pas moins tenu compte par l'opinion publique.

Heureusement que la littérature vint épouser une question si belle, la dégager des caresses d'une protection qui l'étouffait, et la décider dans le sens le moins hostile à l'esprit de liberté qui circulait alors. Quand d'illustres poètes eurent élevé un cri unanime entre le trône et le peuple pour demander grâce en faveur de nos vieilles cathédrales sur le point de disparaître, tant la révolution les avait minées en y trouant des clubs, l'opinion nationale, mieux invoquée, fut gagnée à la cause de nos monumens; l'ode et l'élégie nouvelles achevèrent le miracle de conservation. Ainsi la royauté, la religion et la littérature, comme un triple lierre, s'enlacèrent pour cimenter des ruines et les raffermir contre le pied de la barbarie qui les foulait.

Cette croisade forma une espèce d'esprit nouveau qui s'empara de la jeunesse, de jour en jour moins attentive aux rauques déclamations du jacobinisme expirant. Ceux qui ne voulurent pas entrer dans l'église à la voix des missionnaires, à tort ou à raison affublés du titre de jésuites, ceux-là du moins, sans être accusés de fanatisme, purent entourer de leur adoration les merveilles extérieures des basiliques. A défaut de ferveur, ils eurent de l'admiration à épancher, rachetés, par la poésie, du péché de démolition, inventé et commis par leurs pères.

Du haut du trône et des classes intelligentes, le respect pour nos vieilles pierres descendit chez les masses, qu'on ne remue, quoi qu'on en dise, qu'avec le levier inflexible des principes, qui ne marchent qu'avec le mot d'ordre, promptes à élever jusqu'aux nues des basiliques, si la foi l'ordonne, avec un Jules II, aussi promptes à les démolir de fond en comble avec un Carlostadt, si une doctrine iconoclaste les y porte.

La *bande noire* fut la dernière expression, le coup de grâce, de la philosophie du XVIIIe siècle, redoutable expression qu'exagéra, l'écume à la bouche, la révolution française, et à laquelle se rallia, avec un sang-froid plus méprisable que l'emportement haineux de 93, l'ignorante brutalité de l'empire. De déductions en déductions, la philosophie avait renié Dieu et la hiérarchie humaine; c'était dur, c'était sans doute faux, mais ce n'était que cela; la révolution proscrivit le culte et trancha la tête aux possesseurs de châteaux; c'était de la vengeance, quelque chose de sauvage, de cruel, mais du moins était-ce de la force; l'Empire seul vendit sans aucun prétexte de danger, sans l'excuse de l'athéisme, les pierres de taille des châteaux aux plâtriers, le plomb aux marchands de gouttières, les forêts de haute-futaie aux chantiers de construction; et ceci est du dernier vil. Anéantir le passé, c'est faire de l'histoire; le vendre, c'est un métier qui n'a pas encore reçu de nom dans un pays, dans le nôtre, où cependant la langue du crime est la plus riche.

Je ne me contredis point ici avec les vues assez franchement exposées en tête de l'histoire du château d'Écouen. La *bande noire*, je le répéterai, ne démolit point les châteaux sans le consentement des propriétaires; et, à cet égard, les propriétaires ont de longues circonspections à observer ; mais la *bande noire* est coupable comme exécutrice de la sentence de mort portée contre nos monumens. Elle partage l'iniquité de l'arrêt. Quoique simples instrumens de la loi, les bourreaux ne se réhabilitent jamais.

Les choses ont ainsi marché; la démolition s'est arrêtée ; la halte est consolante. Il s'agit maintenant d'entretenir et d'améliorer encore une situation que seraient capables de changer un règne mauvais, une opinion nouvelle, une mode peut-être. Sans doute les moyens de perpétuer l'esprit de conservation qui règne ne sont ni nombreux ni faciles. Comme je n'ai pas eu un choix aisé à faire parmi ceux qui se sont présentés en petit nombre au bout de mes recherches, on me pardonnera de n'avoir pas été plus heureux en m'arrêtant au moyen que je ne tarderai pas à proposer.

Si l'on n'aimait pas les châteaux avant la révolution, ce n'était pas du moins sans raisonner la haine qu'on leur portait. On haïssait l'institution de la féodalité dans la forme matérielle qu'elle avait adoptée. Quoique affaiblie, languissante, desséchée et méconnaissable, la féodalité palpitait et vivait derrière son épais vêtement de pierre. A force d'absorber en lui la vitalité redoutable de la souveraineté et tous ses attributs, — le seigneur, le maître, le juge, le geôlier, le bourreau, — le château était devenu un être animé, vivant, qu'on découvrait de tous les points, du bout de la plaine, du haut de la montagne ou du fond du vallon; debout hiver ou été; qu'avaient vu les vieux, que verraient les jeunes. On naissait, on vivait, on mourait sous son ombre et sous sa menace. Il planait sur la terre et sur l'existence. Il était la clef de la ville et du bourg; il en était l'ornement et la terreur. Sous le ciel rien n'était plus élevé et plus connu. La justice n'était pas, comme de nos temps surchargés de lois, un livre inintelligible; la punition n'était pas une menace problématique, cachée dans les replis d'un homme vivant quelque part. La justice et la punition, c'était cet amas de pierres anguleuses dressées et immobiles, siégeant toujours en plein air; c'était le château. De là un respect héréditaire, un effroi passé dans le sang de ceux qui en dépendaient, et plus tard une horreur universelle pour tant d'obsession.

On explique dès lors le peu de cas que devaient faire de l'architecture des châteaux des hommes qui les maudissaient ainsi avec tant de raison. Il y avait peu de place dans leur cœur ulcéré pour une admiration qu'il leur aurait fallu acheter par l'abandon de la vengeance. Les voûtes d'une prison, quelque belle qu'en soit la coupe, touchent peu le prisonnier qu'elles écrasent. Quand les châteaux furent désignés au marteau, on crut moins abattre des pierres que frapper un monstre, un géant, un fléau, un démon de dix siècles, ayant corps de rocher, bras de fer noués en chaînes, tourelles percées pour yeux, pont rouge pour langue, créneaux pour dents, fossés pour ceinture. Je n'exagère en rien. On ne renversa pas les châteaux; non! le mot est impropre, on les tua.

Si un principe de haine abattit les châteaux, qu'un sentiment de curiosité relève ceux qui ont échappé à l'extermination. On aime ou l'on déteste les emblèmes à raison des souvenirs qu'ils éveillent. Emblèmes de domination avant leur chute, depuis leur chute les châteaux ne sont plus que des pierres mémoratives sur lesquelles le feu de la vengeance a passé. Ce sont choses vaincues, curieuses et respectables à la fois, et qui le deviendront d'année en année davantage, si l'on invite à les connaître, à les parcourir, à les toucher. Le moyen de conserver les châteaux est donc de faire de leur conservation une vanité nationale, pareille à celle qui nous grandit à nos propres yeux quand nous parlons du Louvre ou de la Colonne. Lorsque ce nouvel orgueil si justifiable et si utile existera, la France se sera créé un motif de plus de s'aimer dans sa dignité et dans ses richesses archéologiques; un motif de plus pour accroître la sainte défiance où il lui est commandé de vivre sans cesse en face de l'étranger. Plus le sol est aimé, plus on le défend ; plus il se distingue par sa valeur territoriale, plus on l'aime. Retranchez de Paris la coupole du Panthéon, le dôme des Invalides, les tours de Notre-Dame, le Louvre et la Bibliothèque royale, et vous ôtez à la défense de Paris, dans l'hypothèse d'une invasion, plus de trente mille combattans.

J'estime que les nombreux châteaux encore debout sur le sol de la France ne méritent pas moins que les principaux monumens de Paris la faveur d'être mis au rang des causes sacrées dont la patrie doit se souvenir quand elle s'arme pour repousser l'ennemi. Est-ce que la perte du château d'Amboise ou de Chenonceaux ne serait pas aussi vivement sentie que la perte bien plus réparable d'un pont sur la Seine, fût-ce celui d'Austerlitz ou d'Iéna ? Quand je dis le château d'Amboise, n'est-ce pas indifféremment que je le nomme entre d'innombrables résidences, telles que le château d'Anet, le château de Saint-Germain-en-Laye, les châteaux de Maisons, de Grosbois, de Chantilly, de Rosny, d'Écouen, de la Roche-Guyon, d'Ancy-le-Franc, de Vaux, de Mouchy, de Savigny-sur-Orge, de Rambouillet, etc. ?

Il est sans doute très-méritoire de grouper sur un point les mille espèces d'armes dont les hommes ont fait usage, pour s'entretuer, depuis qu'ils vivent en société; de flatter le côté guerrier de leur instinct par l'étalage éblouissant, complet et symétrique de tous les instrumens de mort dont ils disposent, depuis la masse d'armes, la hache au double tranchant, les armes d'hast, les espadons et les flamberges; depuis l'arc sauvage, la flèche empoisonnée et l'arbalète grossière; depuis la carabine à rouet et l'espingole jusqu'aux pistolets de luxe montés sur ébène et diamans; depuis le canon jusqu'au mortier; depuis l'armure pesante de Bayard jusqu'au sabre vaincu du dey d'Alger. C'est très-louable. L'histoire de l'homme marche côte à côte avec l'histoire de tout ce qu'il a façonné pour sa défense. Aucun essai des civilisations violentes par lesquelles nous sommes passés, et dont nous ne sommes pas encore sortis peut-être, n'est à dédaigner. Ne rejetons rien; classons et comparons. Conservons d'abord. Mettre en regard les œuvres des siècles, c'est le seul moyen de juger le progrès; c'est pouvoir être modeste ou fier avec raison pour son propre siècle. De l'exactitude et de la confrontation des témoignages naît l'impartialité de l'opinion. On est bien près d'être meilleur quand on se compare, sans la contrainte du moraliste.

Les mêmes éloges sont dus à ceux qui rétablissent le mobilier du moyen âge et des premiers temps de la renaissance, qui parcourent nos provinces pour moissonner, à travers les vieilles villes moisies, les maisons branlantes et les appartemens en ruine, des fauteuils et des lits où le XIVe et le XVe siècle ont dormi; meubles morts, meubles embaumés; chroniques de chêne où la rudesse et la naïveté des temps sont écrites en sculptures franches comme le parler de nos aïeux. Les armures de fer nous ont dit le guerrier; ces bahuts ciselés, ces tables torses, ces siéges, ces habits, ces ornemens, nous diront le seigneur, l'homme de justice, le bourgeois, l'homme d'église, l'évêque, l'abbé, le moine, le manant, la grande dame et la paysanne. Radieuse résurrection! elle nous fait revivre au milieu du passé, elle nous rend à nos familles éteintes, elle trompe la destruction, elle nous vieillit par la pensée en nous laissant notre âge, elle nous remplit de la sublime gravité de la mort sans nous ôter les joies de la vie.

Cette intelligente patience, qui associe pièce à pièce les morceaux épars des siècles brisés par l'action du temps, est la manifestation évidente du besoin qu'a l'homme de se connaître tout entier, à travers ses transformations. Sa vanité personnelle y est plus intéressée qu'il ne croit. En récompense de l'immortalité qu'il ménage aux œuvres des races antérieures, il attend la perpétuité des siennes; il hérite et il lègue dans un esprit d'égoïsme qui aspire à un but obscur. La solution des problèmes de l'humanité lui échappe, mais il en arrange les chiffres avec un infatigable zèle.

Et quand il a artificieusement échafaudé des armes, des cottes de maille, des gantelets, des mitres, des casques et des brassarts, il fait passer le souffle de l'histoire par la bouche sonore de son fantôme. Et combien l'histoire semble alors une voix humaine, ainsi exprimée. Lire Brantôme dans le cabinet de M. du Sommerard, n'est-ce pas comprendre Brantôme comme si le personnage dont il est l'historien vous parlait face à face? Ce vieux, ce raide, ce coloré, ce bavard, cet interminable langage, affecté comme une flatterie de cour, libre au même instant comme un propos de camp, parfumé à chaque période, italien par la pointe de libertinage, gascon avant tout, espagnol par la redondance, français par ses bouffées de vanterie; eh bien! ce langage devient la vérité même au pied de cette armure de François Ier, le héros de Brantôme; devant la longue épée de Pavie qu'empoigne une manchette brodée à mille points, toute dentelée de festons; poignet aventureux, terrible et galant, qui eût écrit le livre de Brantôme, si Brantôme ne l'eût décrit. Et comme ce lit d'or et de brocart, à colonnettes évidées, bien soyeux, bien bas, ouvert de tous côtés comme le cœur du grand roi, trône, siége et lit à la fois, ajoute encore à la crudité de Brantôme nous montrant les amours royales assises et couchées, et nous les disant effrontément par leurs noms et par leurs qualités. Le lit est un commentaire naturel à la phrase. Il complète le livre du sire de Bourdeille.

Que d'autres délicieuses révélations sur les mœurs privées ne nous font pas ces menus trésors domestiques, chefs-d'œuvre de l'industrie de diverses époques; ces armoires aux innombrables tiroirs, ces tiroirs peuplés de compartimens; ces dressoirs ployant sous les vaisselles, témoignage des objets dont s'enorgueillissait l'opulente simplicité des ménages; ces couteaux aux manches d'ébène, ciselés par l'adresse, aux lames flexibles, affilées pour la dextérité des écuyers-tranchans; ces gobelets dont la sobriété n'avait pas évasé le cristal, et tous ces meubles qui portent, comme des médailles, l'empreinte des mœurs régnantes et la date de la vie! La patience qui recueille, le goût qui classe, vrai génie de la collection, semblent, on le voit, n'avoir rien négligé pour remonter, pièce à pièce, et évoquer dans son ensemble la vie matérielle d'autrefois. Et cependant, en s'établissant au milieu de cette évocation, on éprouve un isolement incommensurable, dont le cœur est tout d'abord surpris.

Un lien manque, et l'on veut s'en rendre compte. Qu'est-ce donc? aurait-on posé à une salle du XIVe siècle des vitraux du XVIe? un anachronisme est-il tombé dans la coupe de l'illusion? Non. Mais vous ne voyez donc pas que vos trésors manquent de palais, que vous les avez amoncelés en plein air, comme les peuplades errantes des caravanes entassent sur le sable les produits qu'elles sont allées chercher, à travers mille périls, au loin, en Perse, dans la Tartarie, dans la Chine, aux bords du pôle? Vous êtes allés loin aussi; vous revenez du moyen âge : et vous jetez cela pêle-mêle au soleil. Vous croyez bâtir, vous empilez. Votre temple n'est qu'un bazar. On n'y ressent, une fois dedans, ni amour, ni respect, ni plénitude de croyance surtout. Interrogez-vous, regardez bien. Vous n'avez oublié que la maison, les quatre murs, la porte et les toits à votre mobilier pour l'abriter et pour le contenir. Vous nous dites : Voilà un évêque, sa tête à la mitre, sa main violette a le bâton pastoral, son doigt a l'anneau. A merveille. Mais où est la maison épiscopale? où est l'indivisibilité antique de la demeure et de l'homme? Reste la cathédrale, répondrez-vous. Reste-t-elle? Soit! Mais voilà la chaussure bourgeoise du XIVe siècle, le feutre, le pourpoint du bourgeois. Où est la maison du bourgeois? le pignon aigu aimé des hirondelles? Où sont les frêles tourelles, liées en gerbes autour de la maison? les murs épais, les escaliers raides, les salles nues, brumeuses, pleines de vent, de froid et d'écho, flanquées de bancs? où sont les croisées dentelées, fleuries en rameaux de vignes; les gouttières en saillie de plomb, faisant la grimace aux grimaces des passans? Cela n'est plus, répondrez-vous en soupirant. D'autres ont le courage d'ajouter : N'est-ce pas le destin des villes, et par conséquent des maisons, de céder le terrain à d'autres maisons mieux appropriées aux besoins nouveaux? On veut du jour, de l'air; on rentre les maisons, on redresse les villes; on vit rapidement; on les aligne pour que la vie suive le cours des ruisseaux et aille vite au torrent, à la mer, à l'oubli. De là les villes larges, propres, éclairées et droites; mais de là aussi plus de villes, excepté quelques-unes encore, de ces maîtresses villes fortifiées, bardées de murs, et contournées, fuyant de la tête et rentrant le flanc, comme font ceux qui assiégent; peu de ces villes qui nous expliquent la violence des agressions par les témoignages de résistance qui restent. Voyez ces villes. L'épaisseur de leurs murs dit la crainte; leur hauteur, l'audace. Viennent les chroniqueurs : deux murs étant donnés, on sait l'histoire. Vienne le fait; la preuve est acquise : la voilà. Chaque pierre de la ville de Senlis est une lettre pavée de l'histoire de la Ligue.

Toujours fier de vos conquêtes incomplètes sur la destruction et l'oubli, vous ajoutez : voilà le baron ; sa cotte de maille, son pourpoint ; voilà le seigneur et la tapisserie or et soie de ses appartemens ; ses fauteuils brodés à ses armes, ses meubles écaillés de nacre et d'ébène, aux pieds fourchus de cerf, aux revêtemens de citron où ramagent des oiseaux, ses tables de marbre façonnées en mosaïque ; voilà le seigneur sans doute, mais où est le château ?

Est-ce que le château n'a pas été balayé comme l'abbaye, le monastère, la ville antique et forte, le manoir et la tour ? Le château aurait-il été trouvé plus dur dans le mortier où l'on a tout pilé?

Sans passer d'un œil sec sur des pertes nombreuses, il faut s'avouer que le mal fait aux châteaux aurait pu être et plus grand et plus irréparable. Impatiente et aveugle, la colère s'égare. Elle frappe souvent à faux et s'ébrèche. — Intention de la Providence, ou lassitude des démolisseurs, quelques-unes des plus caractéristiques demeures féodales sont encore debout sur le sol de la France. Probablement elles ne renfermaient pas, pour être vendues, les conditions nécessaires à un marché avantageux. Beaucoup d'entre elles ont opposé une résistance presque intelligente à la rage de la mine ; elles se sont défendues. La dépouille n'aurait pas valu l'assassinat. De guerre lasse, on les a laissées vivre après les avoir mutilées au front et aux extrémités [1].

Eh bien ! sauvez ces châteaux des derniers outrages qu'ils pourraient recevoir encore à la hausse du plomb et de la pierre de taille. Ils sont à vous, si vous le voulez. A cette mer profonde qu'on appelle budget dans la langue politique enlevez quelques seaux d'or, et répandez-les aux pieds des possesseurs indifférens de ces châteaux : ils prendront et laisseront prendre. Nullement honteux pour eux, combien le marché sera profitable pour nous, pour l'histoire, pour le pays! Constituez ensuite, de ces châteaux, qui ne seront plus menacés, à chaque mort de chef de famille, de la vente par licitation, autant de propriétés nationales. Une fois au pays, le pays les entretiendra comme il achète et comme il entretient, et je ne sais trop, je l'avoue, dans quelle affection beaucoup trop érudite, beaucoup trop dispendieuse et fort peu

[1] Plus fidèles à leurs intérêts qu'à leur vengeance, plusieurs villes, à l'époque de la révolution de 89, sauvèrent les palais des anciens seigneurs de la contrée en y logeant quelque administration. Foix transforma en palais de justice la demeure de ses souverains. Le château de Gien est aujourd'hui sous-préfecture, mairie et tribunal de commerce.

nationale, des tombeaux de granit venus de la Haute-Égypte à travers les mers jusqu'à Paris, jusqu'au centre du Louvre. N'est-ce pas la nation qui s'impose des privations, qui paie plus cher son vin, sa nourriture, sa lumière, pour arracher à la bourgade de Luxor son obélisque noir, et le placer au milieu d'une ville sans parenté de rang, de langue, de nom, d'origine avec Luxor; un obélisque muet pour nous, comme nous serons sourds pour lui; qui parlerait des Pharaons, quand le soleil l'échaufferait, si Paris avait un soleil, aux sujets de Louis-Philippe ou à ceux de ses fils; vol fait au désert, à l'antiquité, à la poésie, à Dieu, qui inspire chaque chose pour chaque lieu, qui fait mûrir les monumens comme les fruits pour un climat et non pour un autre. La statue de Pierre-le-Grand, transportée de Saint-Pétersbourg sur la place Louis XV, la cathédrale de Reims mise au centre d'une promenade du Mexique, la colonne de la place Vendôme volée par des Arabes et vissée au milieu du désert de Sahara, ne seraient pas de plus monstrueux accouplemens que l'obélisque de Luxor et Paris.

N'y a-t-il aucune question d'étonnement à s'adresser lorsqu'on voit d'un côté le soin qu'on prend de conserver les monumens romains dont nous sommes restés en possession, et d'un autre côté l'indifférence où l'on est à l'égard des monumens, autrement nationaux, en faveur desquels je réclame? Certes, nous ne nous élevons pas contre l'attention particulière dont les débris de l'époque romaine sont l'objet de la part des inspecteurs officiels du gouvernement, mais nous désirerions seulement que cette attention fût moins exclusive, moins partiale; qu'elle se détournât un peu des ruines d'un temps sans doute à jamais vénérable, mais, on en convient, un peu effacé dans nos affections, pour se porter vers les restes d'une civilisation plus voisine de notre ère. Il est bien de rattacher le respect pour l'antiquité aussi haut que possible : ne repoussons même pas dans l'oubli ces énigmes de pierre dont la vieille Gaule est semée, désespoir de l'érudition qui s'émousse à les soulever. Que les dolmens de Carnac, que les menhirs, que les cromlechs druïdiques occupent une place, la première, par ordre des temps, sur l'échelle des monumens religieux et politiques, personne ne s'en plaindra. Dans cette galerie pratiquée au cœur de la Gaule, qui ne voudrait voir figurer également la Maison-Carrée de Nîmes et le Cirque, les restes du palais Galien à Bordeaux, les belles portes de Saint-André et d'Arroux à Autun [1], l'arc de

[1] Si peu de villes sont aussi bien partagées qu'Autun en vieux mo-

triomphe et l'amphithéâtre de Saintes, le gigantesque pont du Gard, l'élégant aquéduc de Jouy-lès-Arches, la pile de Cinq-Mars sur la Loire, épitaphe de l'Armorique? et ce château de Lourdes, élevé roches sur roches par les Romains au milieu de la chaîne des Pyrénées? Vincennes des aigles, tour à tour goth, vandale, anglais, aux comtes de Bigorre, à ceux du Béarn, pierre éternelle, comme ces diamans monstrueux qui ne quittent jamais la royauté, dot d'Henri IV, prison d'état sous Napoléon. Mais n'avons-nous été que des colonies romaines? Nous avons été aussi, si nous ne nous trompons, des communes affranchies, des pays différemment gouvernés, partagés, dominés; nous avons été découpés par le sabre de la

numens, peu de villes ont poussé la manie de détruire aussi loin que la fameuse Bibracte, nom qu'avait Autun avant de prendre celui d'*Augustodunum*.

Depuis plusieurs siècles, les habitans bâtissent leurs maisons avec les pierres qu'ils arrachent à leur superbe amphithéâtre; l'ingénieuse municipalité autunoise accorda même, il y a quelque soixante ans, le droit de pacage sur cet emplacement si vénérable d'antiquité. Que cette étrange manière de respecter les reliques d'un autre âge ressemble peu à la conduite des Béarnais, osant dire à Henri IV, prêt à faire transporter à Paris les belles colonnes de leur église de Bielle : « Sire, vous êtes le maître de nos cœurs et de nos biens, mais, quant à ce qui regarde les colonnes du temple, elles appartiennent à Dieu : arrangez-vous avec lui. — *Sire, bous quets meste de noustes coos et de noustes bés, mes per ce qui es déous pialas déou temple, aquets que son de Diou d'Abeig quep at béjats.* »

conquête, en duchés, en comtés, en seigneuries, en baronnies, en châtellenies, titres de possession légitimes ou usurpés, taillés à vif dans le roc, dessinés sur le sol.

Je dis encore que la nation, et en cela je la blâme moins que je ne divulgue son aveugle générosité, envoie chaque année des vaisseaux en expéditions lointaines dont la plus économique ne coûte pas moins d'un million. Et qu'arrive-t-il? Que ces vaisseaux, de retour au port, rapportent à la nation deux plantes inconnues, deux papillons mal décrits auparavant; deux plantes et deux papillons, — un million! Encore si cette plante était la pomme de terre ou le thé!

Je conclus dès lors que la nation, si dépensière pour des raretés problématiques, mais cependant, je l'avoue, difficiles à négliger dans l'état de rivalité scientifique où vivent les peuples les uns à l'égard des autres, peut également se sacrifier pour des acquisitions plus personnelles au pays et bien plus en danger d'être perdues à tout jamais, si on ne se hâte de les sauver.

Je ne demande pas qu'on achète tous les châteaux épars sur le territoire; ce serait agir avec la prodigalité épicière des marchands de bric-à-brac, et non avec le discernement exquis qu'il importerait de rencontrer chez ceux qui seraient chargés de la délicate mission de faire un choix. Le choix porterait sur les châteaux bien caractéristiques d'une époque; parmi ceux-là on s'approprierait les mieux conservés. Nous indiquerons bientôt ceux qui, à notre avis, mériteraient d'être acquis à cette incomparable collection, destinée à être l'unique dans le monde. Notre liste sera sans doute imparfaite, mais nous demandons qu'on y voie seulement la gradation chronologique qu'il serait utile d'établir entre les châteaux, afin que jalonnés par époque ils marquassent la voie par où les événemens ont dû passer depuis neuf ou dix siècles. Je trace avec le doigt sur le sable; les habiles apporteront la science et l'équerre.

Dans ces châteaux, possessions immuables du pays, on introniserait tous ces meubles entassés ailleurs sans raison et sans ordre. Leur place y est marquée, comme le dattier a la sienne sous le soleil de l'équateur et le saule au bord des fontaines. Ils seront là dans leur atmosphère, dans leur meilleur jour, chez eux, en un mot : à château du XVe siècle, portes, panneaux, fauteuils, tentures, tables, ornemens du XVe siècle. Ainsi pour tous. — Pourquoi le tableau ici et la bordure là-bas? pourquoi de deux regrets ne pas faire, lorsqu'on le peut en les réunissant, une joie nouvelle?

Quel est, après la moralité qu'on en tire ou

qu'il est imposé d'en tirer, le but des études historiques? N'est-ce pas de ressusciter pour l'intelligence l'édifice écroulé du monde, sa couleur et sa forme? Ainsi considérée, l'histoire n'est-elle pas l'exhumation d'une statue, la restauration d'un tableau? Quelle évidence plus grande n'a-t-elle pas quand elle s'inféode avec ténacité sur la terre! Qu'elle se localise, comme dans certaines peintures de Walter Scott, en se plaçant au bord d'un fleuve, sur la pente de la montagne et à tel angle sous le soleil!

Ne sommes-nous pas heureux de n'avoir pas besoin de recourir aux efforts toujours décevans de l'imagination, aux emprunts, rarement complets, faits à l'érudition, pour bâtir notre grande cité féodale?

Elle existe; je vous la montre : elle est debout; la voilà. Aimeriez-vous mieux qu'elle fût anéantie, pour avoir le triste avantage de la recréer selon vos fictions? Vous faut-il de la mélancolie ou de la réalité? Être de regret et de destruction, l'homme aurait-il besoin d'abattre pour obéir à la nécessité de pleurer ensuite sur les ruines qu'il a faites?

On rattacherait d'abord à ce musée les plus vieux manoirs de la monarchie, ceux qui lui furent d'abord une défense, puis une tyrannie, semblables à ces anciens boucliers dont le milieu était un dard et avec lesquels on tuait en se couvrant.

Prévoyant les difficultés que doit rencontrer notre projet auprès des autres et de nous-même, nous sommes plutôt arrêté qu'effrayé par un doute qui nous vient; ce doute le voici. Ce musée se composera-t-il de châteaux placés dans un rayon de quelques lieues, tiré de Paris? sera-t-il formé de maisons historiques à la portée des étrangers qui visitent la capitale? ou bien, sans avoir égard à leur éloignement, à leur dissémination, s'appropriera-t-on les châteaux placés à toutes les distances, au centre de nos diverses provinces? Notre avis demeure suspendu; car, si nous sommes sûr qu'il reste assez de châteaux sur le sol de la France pour avoir une représentation fidèle du caractère de chaque époque, depuis la fin de la seconde race jusqu'à nous, nous ne sommes pas également convaincu qu'on arriverait au même résultat en ne tenant compte que des châteaux bâtis dans la circonscription de l'ancienne Ile-de-France ou peu en dehors. Cependant, si l'on se confirmait dans la possibilité de concentrer les domaines seigneuriaux autour de Paris, nous préférerions ce dernier parti au premier, parce que les étrangers et les nationaux seraient plus facilement à portée de satisfaire leur curiosité. Les chemins de fer trancheraient victorieusement l'objection des distances. Dans le cas où il serait bien démontré que cette collection monumentale n'est possible qu'en acceptant les distances qu'elle oppose à sa réalisation, il faudrait subir l'obstacle sans prétendre le vaincre. Alors on s'adresserait aux sympathies locales, on mettrait sous les yeux des habitans de nos provinces qu'il dépend d'eux de contribuer à l'exécution d'un projet qui leur vaudrait un double honneur : celui de se montrer fidèles au souvenir de leur origine de famille et celui de doter la France d'un établissement national de plus.

On serait dans une grave erreur si l'on imaginait que les châteaux royaux tombés dans le domaine de l'état et ceux appartenant en propre à la couronne suffiraient, tels qu'ils sont, pour former notre collection. Quand l'idée nous vint de les échelonner par ordre chronologique, travail qui eût été des plus faciles, si même c'eût été là un travail, notre premier soin, on le pense bien, fut d'examiner si chacun de ces châteaux représentait fidèlement une époque, et si l'on était sûr d'en avoir un pour chaque âge de la monarchie. Nos recherches ne furent pas longues; le résultat des premières nous dispensa de les fortifier par d'autres qui ne pouvaient avoir un meilleur sort. Nous eûmes la conviction promptement acquise que les châteaux royaux, Fontainebleau, Versailles, Rambouillet, Chambord, Saint-Germain, Saint-Cloud, etc., etc., n'avaient non seulement, pour la plupart, aucun caractère précis d'antiquité, mais que les principaux d'entre eux réunissaient, par un entassement successif de prodigalités royales, les physionomies diverses, et nécessairement discordantes, de plusieurs règnes. Ayant servi de maisons de splendeur à une ligne de rois jaloux de s'éclipser les uns les autres par la magnificence de leurs constructions, ces résidences avaient fini par être des monceaux d'architecture, des tas de meubles, des marqueteries fatigantes de peintures, un tout dépourvu d'unité et de sens. Fontainebleau peut à bon droit être cité comme le type de ces incohérences, Fontainebleau appelé par un Anglais un *rendez-vous de châteaux*. Maison de plaisance de nos rois dès le XIIe siècle, simple pavillon de chasse sous Louis VII, Fontainebleau s'agrandit sous Philippe-Auguste et fait les délices solitaires de saint Louis, le plus mélancolique de nos rois, qui le nomme *ses déserts*. Philippe-le-Bel y naît et y meurt; Charles V sème dans quelques vastes salles de Fontainebleau les premiers volumes d'une collection qui deviendra plus tard la Bibliothèque royale. Et chacun de ces rois, et chacun de leurs successeurs, allonge ou élève la commune demeure, selon qu'il en veut faire un pavillon, un rendez-vous de chasse, un chenil, une bibliothèque ou un tombeau. François Ier ne peut en vouloir faire qu'un palais. Primatice et Rosso dissimuleront par les peintures du dedans les irrégularités du dehors. Paul Ponce enfouira, sous cette montagne formée des pierres jetées par chaque roi en passant, les belles fleurs, les figurations animées de son imagination exquise. Il peuplera cette caverne de salamandres auprès desquelles étincelleront quelques années plus tard les croissans de Henri II. Le désordre passe déjà de l'architecture aux décors. Fontainebleau est comme l'écu d'une vieille maison : plus elle contracte d'alliances, et plus cet écu se charge, se compose, s'embrouille, s'obscurcit et devient inintelligible. De l'Italie, pays de clinquans, les Médicis apportent à Fontainebleau le luxueux mauvais goût des dorures. Épiciers couronnés de Florence, les Médicis plaquent en feuilles aux murs et aux cymaises du château l'or monnayé qu'ils ont gagné dans le commerce. Leur richesse déteint partout. Fontainebleau peut se vendre au poids des sequins de Venise; il est à vingt-trois carats. Meilleur chasseur qu'artiste, l'excellent Henri IV avait collé de l'or sur les peintures de François Ier. Arrive Louis XIV, qui empâte de la sculpture sur l'or, qui divinise le mauvais goût de son aïeul, sauf à laisser à son arrière-petit-fils, Louis XV, le soin de rentrer dans la bonne voie en ravivant les traces effacées du Primatice par les camaïeux de Doyen, de Boucher et de Vanloo. Voilà Fontainebleau Pompadour : la grisaille dévore l'or. Pour achever ce pauvre palais, il n'y manque plus que la colonne toscane de Napoléon. On l'y place. Après la colonne toscane il faut tirer l'échelle.

L'historique de Fontainebleau s'applique également aux autres domaines de la couronne, sans même excepter Saint-Germain-en-Laye, le moins défiguré de tous en apparence par des additions successives; ni Versailles, où éclate avec assez d'illusion l'unité majestueuse de Louis XIV. Nous signalerons avec la précision la plus rigoureuse le vice d'ensemble de ces diverses constructions; nous indiquerons les soudures que toute l'habileté des artistes n'est point parvenue à effacer, quand le tour de les décrire sera venu; en attendant, nous croyons avoir assez fait pour démontrer que, si les châteaux royaux sont de magnifiques amas de pierres, dignes d'être admirés comme pierres, ils ne sont, à tous les égards, d'aucune valeur dans la balance de l'histoire, d'aucun prix comme étude.

Nous rentrons dans la voie de notre sujet.

Nous n'en voudrons qu'à notre maladresse si l'on sent rompre dans la main, à travers notre biographie lapidaire, le fil que nous avons tressé d'histoire et de chronologie afin d'arriver à la compréhension de notre projet. Cependant qu'on accueille nos réserves. Nos épisodes intercalaires sont des lavis et non des peintures. Leur demander l'intérêt qu'ils auraient peut-être sous une forme plus ample serait une rigueur à laquelle nous ne sommes pas habitué ; dans tous les cas, nous doutons qu'une insistance plus laborieuse sur des points de simple rappel fût avantageuse à la clarté de notre proposition.

La période romaine réclamerait encore les fortifications aujourd'hui ruinées qui enveloppent la vieille ville de Provins, et principalement la tour qui porte le nom de César. La nomenclature ne serait pas complète si l'on omettait de mentionner ce que renferment de richesses monumentales Aix, Arles et tant d'autres villes du midi de la France.

L'époque mérovingienne ne nous a rien légué. Occupés à se disputer la terre qu'ils avaient usurpée, les Francs ne songeaient guère à la parer de monumens. Peuple sans nationalité, ils tenaient moins à fixer le souvenir de leurs conquêtes par des témoignages de marbre ou de bronze qu'à anéantir les traces de civilisation de la Gaule vaincue. Au surplus, comment les Mérovingiens, dénomination collective d'un peuple et non particulière à une race des rois, auraient-ils été portés à bâtir sur un sol dont rien n'assurait, même pour la plus faible durée de temps, la possession et l'intégrité immobilières? Cinq partages d'états, on le sait, eurent lieu sous les Mérovingiens, qui vécurent et moururent, cela n'est pas douteux, dans les bâtimens romains, assez beaux et assez spacieux pour des barbares. S'ils en brisèrent beaucoup, on doit considérer que, pour l'homme qui n'est pas de moitié dans la confidence d'un monument, dans l'inspiration religieuse ou politique qui l'a élevé, un monument n'est qu'une pierre, et cette pierre insulte à la nullité naturelle de son intelligence; il n'aura pas plus de respect pour les livres. Aux yeux de celui qui n'en possède pas la clef, un livre est une énigme décourageante, une ironie muette contre laquelle on se venge pour l'avoir subie sans la mériter.

Quoique mieux assise sur le territoire mouvant dont elle dépouilla la première race, la race dite carlovingienne ne nous a pas transmis de preuves plus significatives de son occupation. On ne comparera sous aucun rapport les invasions normandes dont elle eut à souffrir dans quelques-unes de ses provinces au débordement de barbares que Charlemagne, à son avénement, refoula à leur source. Charlemagne fut un éclair dans la nuit, illuminant le monde entre les ténèbres qui l'avaient précédé et les ténèbres qui le suivirent. Comme tous les génies qui paraissent dans les temps stériles, il eut l'orgueil de ne puiser qu'en lui-même les ressources de ses entreprises. La force lui manqua; car la force en politique n'est que la durée; et Charlemagne ne vécut pas assez. Géant dont les jours d'existence auraient dû se compter par siècles, à sa mort, qui ne se fit pas plus attendre que celle d'un autre homme, son empire descendit dans la tombe avec lui. Les marbres d'Aix-la-Chapelle scellèrent sous un même couvercle et la boule du monde, symbole de son pouvoir, et la main qui l'avait enfermée.

Il nous reste, de la domination des rois Visigoths, la forteresse qui s'élève au point de jonction de la Sedelle et de la Creuse. Possédée par Louis d'Aquitaine, un des enfans de Charlemagne, elle devint son habitation d'hiver, et fut plus tard la résidence des comtes héréditaires de la Marche, auxquels succédèrent les apanagistes après la réunion du comté de la Marche à la couronne. Ébranlé par Louis XI, démantelé par Richelieu, le château de Crozant est assis au milieu de la France, à la cime nébuleuse d'une montagne qu'entoure un pays désolé, au-dessus du niveau bouillonnant de deux rivières, la Sedelle et la Creuse.

A côté de ce formidable témoignage de la vigueur féodale, il faut placer les tours de Coucy et de Montlhéry, gigantesques ruines arrivées jusqu'à nous, et dont nous conseillons impérieusement la conservation. On grouperait autour de ces deux pierres étagées de tant de souvenirs les châteaux forts construits à la même époque. Viendraient ensuite les châteaux à grand caractère bâtis sous la branche opulente des Valois et sous celle des Bourbons.

Les deux tours de Coucy et de Montlhéry peuvent se comparer à ces pics élevés qui ont dû voir sous eux les eaux du déluge sans en être couverts ni renversés. Les guerres civiles qui lient la seconde race à la troisième, et tous les troubles nés sous celle-ci, se sont rués comme de l'écume et du sable aux pieds de ces deux tours; mais les hommes et leurs machines de guerre, toutes puissantes qu'elles fussent, leur ont causé moins de dommages que les oiseaux de proie. De leur bec de fer, ils déchiquètent chaque jour ces Babel si lentes à s'écrouler. Coucy n'a plus aucune marque des blessures que lui porta Thibault-le-Tricheur, comte de Blois, ni de celles que lui firent si profondément, pour la posséder et la baptiser de leur nom, les sires de Coucy; mais cette tour s'émiette, bribe à bribe, sous la serre des corbeaux. Voilà à qui elle est restée depuis ces terribles seigneurs dont chaque membre osait dire en face du trône :

« Je ne suis roy, ne prince, ne duc, ne comte aussy :
Je suis *le sire de Coucy.* »

En 1400, le duc d'Orléans, frère de Charles VI, acquit la sirie de Coucy. Son fils ayant succédé à Charles VIII sous le nom de Louis XII, la terre de Coucy passa au domaine royal, dont elle ne fut détachée plus tard que pour être constituée en apanage aux princes.

Sous la Fronde, le maréchal d'Estrées fit le siége du château de Coucy sans parvenir à s'en rendre maître, malgré son vif désir de le remettre au roi. Il rentra cependant dans l'obéissance quelques mois après; Mazarin y envoya des ingénieurs avec ordre d'en ruiner la tour et de la pulvériser. Grâce à un tremblement de terre arrivé en 1692, le ministre économisa la moitié de sa poudre. La commotion souterraine fut si violente, que les voûtes de la plupart des appartemens s'écroulèrent; et quelles voûtes que celles du château de Coucy! et que la grosse tour fut fendue comme une cloche de haut en bas. Mais toute fendue qu'elle est, depuis près de deux siècles, la tour de Coucy est encore debout pour un autre ministre ou pour un autre tremblement de terre.

Au bas de cette tour on heurte les débris de l'enceinte qui la protégeait, et dont les murs ont dix-huit pieds d'épaisseur. Ces murs étaient nommés la *chemise de la tour*. Le terrain, les ruines, la tour, appartiennent à la maison régnante d'Orléans. Les abords des fortifications de Coucy ont été déblayés et rendus accessibles aux curieux autant que l'état des décombres l'a permis.

Coucy et Montlhéry, dont je parlerai plus loin, seraient, quelque point où l'on se plaçât, les phares de cette navigation sur l'océan du passé. Quel charme grave et consolateur, celui de voyager, non avec l'imagination, privilége dont peu ont d'ordinaire la jouissance, mais réellement et avec ses pieds, dans des espaces peuplés des souvenirs matériels de la vie diverse, cent fois modifiée, cent fois bouleversée de nos aïeux, les hommes de l'invasion! On irait de lieue en lieue, et non de page en page, d'un bout de l'histoire de France à l'autre bout. On partirait pour le douzième ou pour le quinzième siècle à son gré, au lieu de parcourir des volumes dont le titre seulement ne demeure pas dix jours dans la mémoire. Plus on travaillera pour les sens, tournés au profit de l'étude, et plus on aura fait pour l'intelligence, chambre noire, où tout s'affaiblissant, les couleurs et les contours s'amincissent en pensée, et où, par conséquent, les pensées ne laissent presque rien. Deux pouces de bronze de la colonne Vendôme ébranlent plus durablement le cerveau que les vingt mille pages des *Victoires et Conquêtes*. Le mot est l'impuissance de l'image. Et il n'y a que des images pour le monde intellectuel. Dans la même journée, on pleurerait avec Jacques II à Saint-Germain, on méditerait à Ruel dans le pavillon de Richelieu, et on souperait à Luciennes dans les salons de madame Dubarry; on entrerait dans son charmant boudoir qui a deux portes : l'une par où un beau page rose lui dit discrètement : — Madame la duchesse, le roi de France vous attend; voulez-vous lui donner votre cœur? — Et une autre porte où parut le bourreau pour lui dire : — Femme Barry, la guillotine t'attend; — veux-tu lui porter ta tête?

Si nous nous proposons d'apporter une soigneuse réserve dans le nombre des monumens propres, selon nous, à former notre musée, et cela de peur de surcharger une collection que rien ne nous assure devoir être formée, soit sur le plan qui concevrait Paris comme le centre voisin de tous les châteaux acquis à cette collection, soit sur le plan indéterminé qui n'aurait pas recours à cette unité difficile, nous ne disons pas impossible; si notre travail ainsi flottant se borne plutôt à indiquer qu'à préciser les ressources que, dans l'une ou l'autre adoption de plan, il serait loisible d'employer, nous saura-t-on gré de mentionner les constructions féodales du nord, françaises par la conquête seulement, dont l'Alsace est hérissée, depuis la plus haute jusqu'à la plus basse crête des Vosges?

Quand la France conquit la Lorraine, la vie forte des possesseurs de ce pays fécond et sauvage s'était perdue dans des luttes intestines, dans des morcellemens dont l'empire avait profité, tantôt pour s'agrandir, tantôt pour isoler et par suite affaiblir la part de souveraineté de chaque prince feudataire. Fomentées par les évêques, ces étrangers à tous les pays, les querelles locales n'avaient cessé de s'envenimer. Peu à peu, toutes les ligues lorraines, autrefois si fertiles en grandes choses, furent brisées à coups de hache sur leurs rochers. Les plus formidables membres de ces associations, où la noblesse de race donnait droit d'admission, mais où la valeur personnelle seule savait maintenir, se réfugièrent sur des pics inaccessibles, au-dessus des nuages, partout enfin d'où les pierres pouvaient rouler.

Ortemberg et Ramstein sont plutôt des blocs de granit percés de trous que des demeures d'hommes. Charlemagne les a vus. Ce sont des géans en sentinelle à l'entrée du Val-de-Villé; débris d'une civilisation pétrifiée, ils sont là, comme les fossiles restés après le déluge; ils font corps, ils forment ciment avec l'éternité. Pour Ramstein et Ortemberg, trois siècles sont une date puérile, un souvenir d'hier. Leurs murs nous parlent, comme d'une bataille récente, du meurtre des vingt mille paysans révoltés en 1525, sous le duc Antoine de Lorraine, dit le bon duc. Jusqu'à la révolution française, les chapelles annexées autrefois à ces deux châteaux étaient pleines d'ossemens des pauvres paysans. Aujourd'hui ces os sont dispersés dans les champs, les deux châteaux sont abandonnés aux vautours, le duc est en oubli, mais la Lorraine est libre! Lorrains, baisez la poussière de ces os; ces paysans étaient vos pères, et ils vous ont faits libres.

Graduellement, tous ces châteaux enclavés dans la circonscription actuelle du haut et bas Rhin, Girbaden, Dreystein (trois pierres ou châteaux), Ringelstein, Hohenstein, étaient devenus des fiefs un peu turbulens des évêques de Strasbourg. Du haut de leur cathédrale, ils comptaient et surveillaient leurs bonnes tours alliées; ils promenaient leur vue sur quarante lieues de châteaux forts, pressés comme des mamelons sur les montagnes, l'un regardant l'autre, celui-ci faisant retraite à celui-là, liés trois par trois souvent, comme Dreystein, ou comme ces guerriers d'Ossian qui s'attachaient par le bras, afin de n'être pas moins braves dans l'ombre les uns que les autres; quarante lieues de châteaux! Enfin les bons évêques planaient sur un si grand développement de murs que la science effrayée suppose que la longue chaîne des Vosges était nouée de distance en distance, sur toute son étendue, par des fortifications militaires antérieures à Attila. Chacun de ces châteaux, dont les débris se sont durcis en rochers, était une vertèbre de cette épine.

Ces innombrables châteaux forts ont été rongés par la mousse, par les pluies, par les tempêtes; l'orage leur enlève chaque hiver des tours ou des pans de murs de douze pieds d'épaisseur, et les roule comme des galets jusqu'au fond des vallées. Beaucoup offrent de singuliers tableaux de ruine. Quelques-uns ont des chênes au sommet de leurs tours. Dans les appartemens du château de Spesbourg il a crû des pins. D'autres, bâtis comme le château de Nideck, tout au bord d'une cascade écumante, après avoir été brisés et défoncés par les eaux, laissent depuis s'écouler le torrent par leurs portes et par leurs fenêtres.

Mais, nous le répétons, ces châteaux n'ayant de lien avec la France que par la conquête du sol où ils s'appuient, leurs souvenirs sont pour nous d'un faible intérêt national. Rien de ce qui s'y est passé ne peut être un sujet de noble regret à ceux qui ne les ont même jamais entendu nommer. Aucune pitié ne les soutenant, ils tomberont, si ce n'est demain, ce sera dans mille ans; car ce qui cimente les monumens et les rend impérissables, ce n'est pas la chaux, ce n'est pas le fer, ce sont les croyances. Voilà l'ogive indestructible.

Il n'y avait pas de tours sans châteaux. Toutefois, qu'on ne croie pas que tous les châteaux avaient pareillement une tour. Le droit d'en élever était un privilége; la localité déterminait leur hauteur. Plus le sol était uni, plus la tour s'allongeait sur de nombreux horizons, afin d'en dominer autant que la vue, sans l'aide d'aucun instrument, pouvait le permettre. Si, au contraire, la fortification portait sur la crête d'une montagne, la tour, cessant d'être un observatoire pour devenir un objet de défense, se réduisait à des proportions analogues à son utilité. Beaucoup de causes modifiaient encore ces dispositions des tours par rapport aux accidens du terrain. Quand elles étaient en surplomb sur quelque rivière pour en défendre ou pour en protéger le passage, ou sur quelque gorge de montagne, détroit de pierre, ouvrant une communication entre deux pays, alors, comme celle du château de Sainte-Marie, à l'entrée de la vallée de Bastan, dans les Pyrénées, elles s'exhaussaient indéfiniment, malgré la base culminante de leurs fondations. Si je répète que l'avantage d'avoir une ou plusieurs tours était surbordonné au privilége préalable d'en élever, c'est pour ajouter que ce privilége fut de règne en règne moins facilement concédé par les rois. Avant Louis XI, ils avaient appris, à la sueur d'une rude expérience, combien, en général, il était plus aisé d'empoisonner un dauphin que de se rendre maître d'un baron révolté dans sa tour. Après s'être emparé de celle de Montlhéry, Philippe Ier disait à son fils, auquel il en donna la garde : « Mon fils, garde bien cette tour, qui tant de fois m'a travaillé, et que je me suis presque tant envieilli à combattre et assaillir. »

Montlhéry marquerait dans notre galerie le commencement du onzième siècle, en attestant une illustration de plus de quatorze règnes. C'est au pied de cette tour, si belle encore aujourd'hui dans sa décrépitude, que se dénoua cette ligue de princes du sang formée contre Louis XI, et dont les collisions si peu provoquées dans l'intérêt du peuple n'en reçurent pas moins la dénomination mensongère de guerre *du bien public*.

Cette bataille, livrée sous le regard de la tour de Montlhéry, fut pour Louis XI l'occasion de montrer que sa haine n'était pas sans courage. Il combattit, triompha, tomba de son cheval tué entre ses jambes, et fut porté tout sanglant et tout victorieux dans un appartement de la tour. Ce jour-là, il est sûr qu'il ne fit mourir personne de la main du bourreau. Trois mille hommes étaient restés sur le champ de bataille de Montlhéry. Le traité de Conflans termina cette dispute de bonne maison, prélude sans importance de la lutte autrement formidable dans laquelle entrèrent contre Richelieu les descendans de ces ducs révoltés. Il fallut s'y prendre à deux fois pour tuer messieurs les grands vassaux. Sous la Ligue, le château de Montlhéry fut détruit; mais la tour fut respectée. Elle resta debout pour être mentionnée par Boileau dans le poëme du *Lutrin*. Boileau l'appelle *ennuyeuse!* il ne la voit ni haute, ni vieille, ni respectable, ni tachée de sang royal, ni superbe sous son beau ciel; le grand poëte par la raison, mais si peu par l'imagination, ne la considère que comme *ennuyeuse*. Au reste, Boileau, Racine et Molière, en dehors de la poésie, n'ont pas le moindre sentiment des arts de leur époque. Perrault et La Fontaine sont en cela à mille pieds au-dessus d'eux. Molière, Corneille et Racine ne distinguent pas plus un beau tableau de Lesueur de la gravure de leur cuisinière qu'ils ne sentent la différence qu'il y a entre l'architecture de l'hôtel de Cluny et l'architecture du Palais-Cardinal; c'est bien en pure perte de temps que vous chercheriez dans leurs vers, sous leurs pensées, dans leurs allures d'écrivains, à travers leurs lettres familières même, là où les esprits les plus détachés du mouvement contemporain trahissent leur communauté de vie avec le reste des hommes, quelque indice de leur goût ou de leur connaissance soit en peinture, soit en musique, soit en architecture. Boileau caractérise avec la précision accoutumée de ses vers, par cette épithète d'*ennuyeuse*, donnée à la tour de Montlhéry, l'indifférence dédaigneuse des écrivains de son siècle en matière d'art.

En 1605, le sieur de *Bellejambe* demanda à être autorisé à démolir les derniers murs d'enceinte du château de Montlhéry, pour construire, avec les pierres arrachées, sa maison de *Bellejambe*, une petite coquette de maison où loger tous les *Bellejambe*, entre cour et jardin : ce qui fut permis à M. de *Bellejambe*. Cependant, comme les *Bellejambe* eussent été fort embarrassés de tant de pierres monstrueuses, on pria les *Bellejambe* de ne pas faire un tuyau de cheminée de salon avec la tour de Montlhéry. Ils eurent tout, excepté la tour.

La famille de Noailles possède aujourd'hui ce que le temps, les *Bellejambe* et les guerres ont laissé de la forteresse de Montlhéry.

Parmi les monumens qui nous restent de la première époque capétienne, c'est-à-dire de l'an 987, date de l'avénement de Hugues-Capet, à l'an 1328, que s'éteignit cette branche et advint au trône celle des Valois, nous n'indiquerons que les châteaux de *La Roche-Guyon* (Seine-et-Oise), de *Boissy-le-Châtel* (Seine-et-Marne), de *Bruyères-le-Châtel* (Seine-et-Oise), de *Clisson* (Loire-Inférieure), de *Chinon*, d'*Ussé* et de *Langeais* (Indre-et-Loire), et de *Savigny* (Seine-et-Oise).

Le dixième siècle aurait pour représentant le château de La Roche-Guyon, *Rupes Widonis*, appelé d'abord tout simplement La Roche. Sa tour menace encore sous elle les plaines des deux Vexins; tour qui grandit avec les siècles, car plus les vallées qu'elle domine se creusent sous la bêche, et plus elle plane sur les vallées. Cinq siècles voient alternativement les Anglais et les Français occuper ce château, entrer et sortir par ses portes, toujours après des siéges meurtriers. A la fatale époque pour la France où Charles VI achevait de régner et de mourir, en proie à sa sombre folie, à cette époque où le dauphin de France, après avoir juré une amitié éternelle dans la plaine de Montiel au duc de Bourgogne, méditait de le faire assassiner par du Châtel, à un mois de là, sur le pont de Montereau, — le roi d'Angleterre, Henri V, envahissait pied à pied la France, s'étalait sur ses provinces, et, s'approchant de Paris par Gisors, Aumale, Gournay, Poissy, Saint-Germain et Chaumont, il plaçait les comtes de Kent et de Hutington à La Roche-Guyon et au château Gaillard. La masse colossale de la Roche-Guyon s'encadre à merveille dans ces temps de déchiremens politiques, où les feudataires de la couronne en étaient les plus mortels ennemis; où les ducs de Bretagne, de Bourgogne et de Bourbon, désunis entre eux, étaient tantôt pour les Anglais contre le roi, tantôt pour le roi contre les Anglais, et jamais pour la France. L'histoire de la Roche-Guyon est aussi celle d'un puissant feudataire; taillée dans le roc, sa tour est sous l'hommage et ne veut pas relever.

Quelle époque! quelle époque! celle que cette tour rappelle à notre honte et pour la gloire de cette vierge immortelle qui chassa l'Anglais.

Deux femmes sauvent la France, quand des ducs plus puissans que des rois la déchirent, quand les plus braves épées se brisent ou se faussent par la trahison dans les mains des La Hire, des Xaintrailles, des La Trémouille; quand le roi de France, Charles VII, ne s'appelle plus que *le roi de Bourges*, ou, plus méprisablement encore, le comte de Ponthieu. Exilé de Paris, où règne Henri VI dans la personne du duc de Bedford, le roi de France ne possède plus de ce beau royaume laissé par Philippe-Auguste que le Languedoc, le Dauphiné et le Lyonnais, et il dîne avec une queue de mouton dans la petite ville de Bourges. Ces deux femmes libératrices sont, l'une la courtisane Agnès Sorel, l'autre la vierge de Domremi, Jeanne d'Arc, un des plus vaillans hommes de guerre que nous ayons eus. « Sire, dit la courtisane Agnès Sorel à Charles VII, il m'a été prédit que je deviendrai la maîtresse du plus grand roi de l'Europe : permettez que je vous quitte, pour me rendre auprès du roi Henri d'Angleterre. » Et le roi de France se lève et s'arme. « Sire, vient lui dire une autre jeune fille de dix-huit ans, suivez-moi : je prendrai avec vous Orléans, et vous ferai sacrer roi de France à Reims. » Et s'appuyant sur ces deux femmes, Charles VII, ou plutôt la France, combat, triomphe et règne. Noble femme, cette Jeanne d'Arc, récompensée par deux supplices, par le feu des Anglais et par le poème de Voltaire.

Cette vigoureuse participation des femmes aux

luttes du quinzième siècle se lie à l'histoire de beaucoup de châteaux. Éloignées du champ des combats, les femmes avaient à défendre, en l'absence de leurs maris, leurs droits et leurs possessions contre des ennemis vigilans, toujours prêts à s'élancer sur le nid veuf du vautour. Pendant la guerre, elles faisaient bonne garde au haut de la tour crénelée, et portaient les clefs à la ceinture. Cette mission leur imprimait un caractère particulier d'énergie et de patriotisme qui doublait la force du pays. C'est ainsi que La Roche-Guyon a conservé le nom de trois femmes, célèbres à différens titres. La première se signala par son attachement à son mari, seigneur de La Roche, Guy premier du nom. Dans son style nerveux et naïf, Montfaucon rapporte, dans ses *Monumens de la monarchie française*, l'horrible assassinat de ce seigneur par son beau-père, et les marques de douleur que lui donna sa femme. Quand l'ordre de notre collection amènera l'histoire de ce château, nous extrairons plus amplement de l'ouvrage de Montfaucon les détails de cette émouvante scène de famille, tableau des plus fidèles de la sociabilité française de l'époque, sociabilité qui puisait sa férocité de mœurs dans l'indécision des droits de chacun. Partout où les lois laissent des lacunes, il est rare que ce ne soit pas le crime qui se charge de les combler. «Le sire du châ-

» telet de La Roche-Guyon avoit nom Guy. Il avoit » un serouge (beau-père) qui Guillaume avoit nom. » Il advint qu'il entra à grand complot, et le traître » regardoit par où il pust entrer à celui Guyon. Si- » tôt, comme ils furent ens, si cachèrent leurs épées, » et courut celui Guillaume sur celui Guyon, et » l'occit ; et quand sa femme, qui étoit tant prude » femme et vaillante, veist ceci, se prit par les che- » veux comme esbaye, après courut à son mari, » sans paour de mort, sur lui se laissa cheoir, et le » couvrit de soi-même contre les coups d'épée, et » commença en crier en telle sorte et manière : — » *Occis-moi*, dit-elle, *très-déloyal et meurtrier* » *qui t'ai desservi, et laisse mon seigneur*. Et les » traîteurs la prindrent par les cheveux et l'arra- » chèrent de dessus son mari, toute despiécée et dé- » glaivée, et presque toute détranchée. Et quand » ils eurent ce fait, si cherchèrent partout céans » s'ils ne trouveroient plus nulli ; lors leva la tête » la pauvre dame, qui à une part gisoit tout éten- » due ; et quand elle connut son seigneur, qui jà » étoit mort et gisoit tout dépiécé parmi la salle, si » efforça tant par son amour qu'elle vint à lui, et » dépiécée comme elle étoit, toute rampante à guise » de serpent, et si sanglant comme il étoit, le com- » mença à baiser aussi, comme s'il fût tout vif, et, » à ploureuse chanson, lui commença à rendre son

» obsèque en telle manière : ..... Tant en dit seu-
» lement, et puis chet pâmée comme morte. »

La seconde femme dont le nom a mérité de durer autant que les éternelles fondations de La Roche-Guyon, est la fille de Jean Bureau, chambellan du roi de France, veuve de Guy VI, tué à la bataille d'Azincourt. Tandis que Charles VI se laissait mépriser même au milieu de sa cour par les princes du sang, les Anglais s'emparaient du royaume par la force, par la ruse ou par la trahison. Le comte de Warwick assiégea la fille de Jean Bureau dans le château de La Roche-Guyon ; c'était en 1418. Sommée de se rendre au roi Henri V, qui lui dit : «Prêtez-moi serment, et je vous laisserai vos terres, seigneuries et meubles.—Non, répondit la veuve de Guy VI, non, j'aime mieux tout perdre et m'en aller dénuée de tous biens, moi et mes enfans, que moi mettre mes enfans ès-mains des anciens ennemis de ce royaume, et délaisser ainsi mon souverain, seigneur et roi. »

Comme un doux contraste à ces nobles fiertés de femme, il faut encore rapporter la délicate conduite de la duchesse de Guercheville, belle châtelaine de La Roche-Guyon, où Henri IV allait souvent se délasser du poids des affaires. Un jour que le galant monarque insistait avec beaucoup de chaleur auprès de la duchesse pour en obtenir une faveur qu'on lui faisait moins soupirer à quelques lieues de là, à Mantes, où furent tour à tour Gabrielle et Claudine de Beauvilliers, il reçut pour réponse ces paroles bien sensées et bien dites : — « Non, sire, jamais; je ne suis pas d'assez bonne maison pour être votre femme; mais je suis de trop bonne maison pour être votre maîtresse. » A quoi on assure que le roi répondit : « Eh bien ! madame, puisque vous êtes véritablement dame d'honneur, vous le serez de la reine. « Le roi tint parole à la duchesse, qui allait coucher de l'autre côté de l'eau quand Henri IV venait passer la nuit à La Roche-Guyon.

Est-ce que tout cela n'est pas de l'histoire, et de l'histoire grandement nationale, prise au cœur du pays, intéressante pour ceux à qui nos vieilles mœurs offrent un charme incomparable, et pour ceux qui veulent savoir par quels efforts chaque pouce du sol français a été conquis, possédé, fertilisé, agrandi, défendu, régi, civilisé? Les châteaux sont les bornes militaires de la route des événemens.

Une grosse tour, de profonds et larges fossés, deux anciens bâtimens autrefois liés à l'habitation principale, des ruines, des débris de chapelle, tels sont les morceaux précieux de Boissy-le-Châtel, château fort du onzième siècle. Boissy-le-Châtel offre quelque chose de plus remarquable encore que l'ogive de ses ouvertures, preuves incontestables de son âge, et que sa tour, sa chapelle et ses débris; c'est un propriétaire qui n'a pas scié son château en trois traits, pour vendre le onzième siècle au poids du plomb de gouttières. Homme de goût, il a fait relever les parties de Boissy susceptibles d'être réparées, et il a entouré d'un riant paysage ce grand aïeul de pierre.

Nous n'aurons pas de lacune entre le onzième et le douzième siècle, si nous faisons succéder à *Boissy-le-Châtel*, *Bruyères-le-Châtel*, élevé vers la fin du douzième siècle dans le voisinage d'Arpajon. Comme un chevalier qui n'a pas perdu la vie dans un combat inégal, mais ses armes, Bruyères-le-Châtel n'a plus autour de lui les fortifications dont il était bardé jadis. Le château est resté debout sans sa cotte de mailles, sa cuirasse et son casque : il est tout nu. Du haut d'un tertre il regarde le village auquel il a donné son nom, et que Louis IX érigea en baronnie en faveur de Jean de Poissy, vers 1260. Jusqu'à la révolution, l'ameublement austère de la pièce occupée par le saint roi avait été conservé avec une piété héréditaire par les divers possesseurs du château. On y voyait quelques-unes des saintes reliques par lui rapportées de la Palestine, cette terre si mortelle à sa croisade et à son dévouement, des siéges de bois et la couchette au bord de laquelle il avait l'habitude de s'asseoir après son repas, selon son candide chroniqueur, le sire de Joinville. Quoique ces souvenirs aient disparu dans la commotion révolutionnaire, on a encore quelque joie à visiter cet appartement, dont les ornemens n'ont pas été grattés par les griffes du tigre. Le chiffre de saint Louis s'y voit encore.

Voici une autre large assise historique à étayer pour s'élevér à l'intelligence exacte du treizième et du quatorzième siècle. L'herbe et le sable la cachent; mais ôtez le sable et l'herbe, et le formidable château de Clisson montera dans la nue. Clisson a vu les croisades; les murailles, les tours et les fortifications sarrazines de Saint-Jean d'Acre et de Damiette ont servi de modèle à ses tours et à ses murailles. L'architecture orientale, transportée en France à la suite des croisades, est la conquête la moins contestée de ces pieuses migrations.

Derrière ces murs de seize pieds d'épaisseur, il y eut bien des trahisons tressées à des douleurs et à des fêtes. Là vinrent, pensèrent et agirent Philippe-Auguste, Louis IX, Blanche de Castille sa mère, Louis XI, Charles VIII, Louis XII, François Ier, la reine Éléonore et Charles IX.—Que de siéges expirèrent de découragement au pied de ces murs de granit aiguisés comme des tranchans de hache, s'offrant de profil à l'attaque, s'effaçant aux flèches comme aux boulets, sabrant l'air à angles droits!

Olivier Ier, sire de Clisson, le fit bâtir sur l'emplacement de celui qu'avaient occupé ses ancêtres; lequel n'avait été que la réédification d'un autre château fort, érigé dans le Bas-Empire et dévasté par les invasions normandes entre le neuvième et le dixième siècle.

Clisson, c'est un labyrinthe dans un autre labyrinthe, dans un pays de forêts, de rivières et de marais; c'est un serpent qui se replie trois ou quatre fois sur lui-même, et dont la tête finit par ne plus trouver la queue. Il n'avait qu'une porte, comme l'enfer; mais des souterrains sans nombre, double enceinte de murailles, cuirasse de pierre sur cuirasse de pierre, triple fossé; après un pont un autre pont, après un second un troisième; des voûtes sombres et des passages éclairés suspendus entre deux précipices; et après ces noirs fossés, ces poternes béantes, ces herses, ces ponts-levis, après ce fer et ce granit, il étreignait un duc de Bretagne incrusté au cœur de ce noyau.

Par la fatale intervention des Anglais dans les guerres des ducs de Bretagne avec les familles puissantes de cette contrée, on s'explique l'influence qu'ils eurent plus tard en France. Quand ce n'étaient pas les uns qui appelaient les Anglais à trancher le nœud de quelque sanglante prétention, c'étaient les autres ; et les uns et les autres ne prévoyaient pas le mal qu'ils préparaient à Charles VII et à ses successeurs par ces alliances funestes. Jean IV, duc de Bretagne, introduit les Anglais en France pour combattre Clisson et lui prendre son château ; Clisson, de son côté, se met au service du roi de France, Charles V, qui le nomme connétable et l'aide à repousser Jean IV et les Anglais. Et voilà deux grands rois, deux grands peuples, acharnés l'un contre l'autre pour une mauvaise querelle de fief, pour un tas de pierre arrondi en baronnie. Naisse vite Anne ! Anne, la noble Bretonne, qui mit la Bretagne dans le lit de la France !

Confisqué par Jean V, duc de Bretagne, le château de Clisson fut détaché de la famille de ce nom pour être donné soixante ans après par le duc François II à François d'Avaugour, son fils naturel. Il passa, par extinction de race, au prince Rohan de Soubise, puis au domaine de l'état en 1791, enfin à la caisse d'amortissement, qui le vendit en 1807. — La caisse d'amortissement, c'est le ministère de la bande noire.

Chinon est en ruines ! La première mention historique qu'on en trouve date du siége que soutint ce château en 462, contre Agidius Afranius, général romain. Chinon résista : jusqu'à la défaite d'Alaric, il demeura en la possession des Visigoths; Clovis le recueillit comme un butin de la victoire. Charles-le-Simple mort, il passa à Thibault-le-Vieux, comte de Blois et de Tours, regardé comme le véritable fondateur du château de Chinon par les additions considérables qu'il y fit. Les ruines actuelles sont celles du Chinon rebâti par le comte de Blois; l'archéologie et l'histoire étant d'accord sur l'authenticité de cette date de reconstruction du château, plus certaine de beaucoup que toutes les dates antérieures, nous avons dû nous en servir comme d'un point de départ incontestable, et placer Chinon sous la race capétienne. En 1096, le pape Urbain II y rendit la liberté à Godefroy-le-Barbu, que son frère Foulques-le-Rechin y retenait prisonnier depuis vingt ans; car il n'était de si beau château qui n'eût sa prison, ses chaînes de fer, ses souterrains pavés de pointes et ses oubliettes. Ceci désenchante l'imagination; pourtant on admettra la funeste opportunité de ces destinations, si on n'a pas oublié, comme je l'ai dit plus haut, que le château renfermait tout le système social rémunérateur et pénitentiaire. Quand il n'y avait ni maisons de détention, ni bagnes, il fallait bien que la justice eût ses lieux de punition: les prisons étaient dans les souterrains des châteaux.

Chinon fut le tombeau d'Henri II, roi d'Angleterre, qui en avait hérité des comtes d'Anjou, ses ancêtres. Il y mourut de tristesse. Mourir de tristesse dans un château sur la Loire! il faut être roi.

Mais la plus grave illustration du château de Chinon est sans contredit celle qu'il a reçue du séjour du grand maître du Temple, Jacques Molay, et des chevaliers de cet ordre. Ils y furent interrogés sur les prétendus crimes dont on les accusait par les cardinaux Béranger, Étienne et Landulphe, d'après le commandement de Philippe-le-Bel et le consentement un peu forcé du pape Clément V.— On voit encore les salles voûtées où s'entama ce procès mystérieux, qui eut pour accusateur un roi, pour témoin un roi, pour juge un roi. Et toujours le même roi : Philippe-le-Bel!

A Chinon reviendrait la solennelle élégie des Templiers, de ces hommes dans l'ame desquels l'esprit d'association s'était divinisé; dont le génie, tout de zèle, d'activité, de piété tolérante, de courage et d'ambition, tempéré par le sage emploi des richesses, aurait conçu, à diverses époques de la société, et selon ses besoins, la Ligue Anséatique ou la compagnie des Indes. Neuf gentilshommes fondent cet ordre au milieu de la poussière d'un grand chemin; nobles, braves, pieux, ils défendent les avenues de la cité sainte; ils en écartent les pierres au pied des pèlerins, et les Arabes aux convois des croisés. Soldats le jour, garde-malades la nuit, ils se servent de la même main pour brandir la lance et pour porter le breuvage au blessé. Un pape remarque leur piété, et aussitôt il leur jette un manteau blanc sur les épaules et leur peint une croix rouge à l'endroit du cœur. Désormais les Turcomans les verront de plus loin; leur dévouement sera plus en péril. Que leur importe? la jeune et meilleure noblesse d'Europe se rallie à leur discipline; un premier baron d'Aragon leur donne la cité de Borgia, avec ses tours crénelées et ses fossés pleins d'eau; et saint Bernard dit d'eux : *A l'approche du combat, ils s'arment de foi au dedans et de fer au dehors*. Quand Saladin chasse de Jérusalem les premiers croisés, dont la ville sainte était la conquête, les Templiers retournent en Europe sur des chameaux chargés d'or, fruit de quatre-vingt-huit ans de legs pieux, de donations et de bénéfices de leurs commanderies. Ces richesses, immenses à la vérité pour l'époque, paraissent si légitimement acquises au grand maître, qu'il court les déposer à Paris, dans leur maison du Temple. L'œil louche de Philippe-le-Bel suit le convoi à travers les rues. Qui tuerait les possesseurs, pense le roi, aurait le trésor : pour les tuer, il faut leur trouver des crimes. D'abord on les dépopularisera en publiant partout que la gloire du siége de Rhodes appartient aux chevaliers de Saint-Jean, où, du reste, les chevaliers du Temple n'ont pas été appelés à combattre. Ensuite on dira qu'ils *boivent beaucoup !* Comme si l'ivrognerie pouvait être un des statuts d'un ordre quelconque. Enfin on les torturera ; le crime se trouvera de lui-même dans les souffrances.

« Le pape ordonna qu'on lui amenât le grand maître, les grands prieurs, et les principaux commandeurs de France, d'outre-mer, de Normandie, d'Aquitaine et de Poitou. Nous avons ordonné, dit-il dans une autre de ses bulles, qu'on les traduisît à Poitiers ; mais quelques-uns d'eux étant demeurés à Chinon en Touraine, en sorte qu'ils ne pouvaient aller à cheval, ni être amenés en quelque manière que ce fût, nous avons commis pour cette information les cardinaux, etc. »

Ce bon pape ignorait que lorsqu'on broie les genoux aux hommes, ils ne marchent plus d'ordinaire. Torturés à Chinon, le grand maître et les commandeurs n'avaient guère la force d'aller à Poitiers pour y être condamnés, et de Poitiers à Paris pour y être brûlés.

Ce bon Clément V était presque aussi simple que Philippe-le-Bel, qui se laissa mourir quarante jours après le supplice de Jacques Molay. A quoi pensait-il donc?

Chinon est la vaste toile du XIVe siècle, que j'engage à conserver pour le Musée nouveau.

Il existe en France une province qu'on n'admirera jamais assez : parfumée comme l'Italie, fleurie comme les rives du Guadalquivir, et belle en outre de sa physionomie particulière; toute française, ayant toujours été française, contrairement à nos provinces du nord, abâtardies par le contact allemand, et à nos provinces du midi, qui ont vécu en concubinage avec les Maures, les Espagnols et tous les peuples qui en ont voulu. Cette province, pure, chaste, brave et loyale, c'est la Touraine. La France historique est là. L'Auvergne est l'Auvergne; le Languedoc n'est que le Languedoc, mais la Touraine est la France; et le fleuve le plus national pour nous, c'est la Loire, qui arrose la Touraine.

Dès lors on doit moins s'étonner de la quantité de monumens enfermés dans les départemens qui ont pris le nom et les dérivations du nom de la Loire. A chaque pas que l'on fait dans ce pays d'enchantement on découvre un tableau dont une rivière est la bordure, ou un ovale tranquille qui réfléchit dans ses profondeurs liquides un château, ses tourelles, ses bois ou ses eaux jaillissantes. Il était naturel que là où vivait de préférence la royauté, où elle établit si long-temps sa cour, vinssent se grouper les hautes fortunes, les distinctions de race et de mérite, et qu'elles y élevassent des palais grands comme elles.

Perché sur un coteau qui descend vers la Loire, le château d'Ussé prolonge l'ombre de ses gigantesques murailles sur les claires eaux de l'Indre. Il regarde Tours et Saumur à travers le rideau sombre de forêts dont il est entouré. Mais le murmure des fontaines qui écument à ses pieds, les mille voix harmonieuses des oiseaux et du vent, concert éternel suspendu sur deux rives jalouses de le balancer, n'ont retenu aucun souvenir de ses premiers jours de splendeur. Si l'architecture d'Ussé remonte au xe siècle, aucun fait ne colore cette date sans relief et n'autorise à placer ce château sur une ligne historique aussi haute. Grâce au nom que porte la plus grosse tour, la tour Gauville, il est permis à la tradition de croire que ce nom était celui d'un ancien seigneur, maître de cette superbe résidence. Ussé d'ailleurs embarrasserait beaucoup le collecteur de monumens, obligé de le classer dans le musée archéologique où il méritait d'obtenir une place, et une des premières par ses dimensions, encore plus que par les événemens dont il fut témoin. Tous les Gelduin de Saumur, premier et deuxième du nom, seigneurs d'Ussé, tous les Jacques d'Espinay, possesseurs du château, depuis la fin du xve siècle jusqu'à la fin du xvie, fondateurs de chapelle et de collégiale, tous les sires de Rieux seigneurs de Rochefort et d'Ancenis, tous les Bernin de Valentinay, sauf celui qui s'anoblit une seconde fois en épousant Jeanne-Françoise, fille aînée du maréchal de Vauban, n'excitent, ni ensemble ni isolément, le moindre intérêt historique. Sans Vauban, qui dans ses rudes loisirs le nuança d'une teinte militaire assez peu en rapport du reste avec les travaux primitifs, le château d'Ussé désespérerait par sa nullité. C'est le roi fainéant des châteaux, et un roi fainéant sans maire du palais. Heureux les peuples, s'écrie Montesquieu, dont l'histoire se réduit à quelques pages! Heureux les peuples, sans doute; mais les historiens?

Désespérés comme nous et avant nous, ce qui nous console un peu, de n'avoir rien à remarquer dans le château d'Ussé, quelques chroniqueurs ont imaginé, après des recherches louables, de faire passer dans ces murs si vides d'intérêt les aventures de la *dame aux belles cousines* et du *petit Jehan de Saintré*. Nous souhaiterions bien, pour notre part, que l'enfant d'honneur du roi Jean de France, et fils aîné au seigneur de Saintré en Touraine, très-gracieux jouvencel, sur qui à la parfin s'arrêta l'amour de la dame aux belles cousines, un jour où il regardait bas en la cour les joueux de paulmes jouer; nous souhaiterions bien que cet enfant, piteusement empêché durant quatre jours pour dire à la dame des belles cousines, qui il aimait, eût vécu dans le château d'Ussé; car nous rappellerions, pour animer un peu ces pierres mortes, comment le gracieux Jehan de Saintré, devenu le chevalier de la dame, en reçut pour première et gentille instruction, ces commandemens-ci : « Je veuil et commande, que tous les matins quant vous leverez, et tous les soirs quant vous coucherez, vous vous seigniez en faisant le signe de la croix bien parfaitement. » Ajoutant : « Mon amy, je vous donne cette bourse telle qu'elle est, et douze escuz qui sont dedans. Si veuil que les couleurs dont elle est faite et les lettres entrelacées, doresnavant pour l'amour de moy, vous porterez et les douze escuz vous les employez en pourpoint de damas ou de satin cramoysi et deux paires de fines chausses, les unes de fine écarlate et les autres de fine brunette de Sainct-Lo. » Et chacun sait, sans qu'il soit besoin de le dire, comment de cadeaux brodés en sages conseils, de chausses d'écarlate en tendres soupirs, cet amour de velours et de satin, entre le mignon Saintré et la blanche dame aux belles cousines, dura d'abord trois ans. Après quoi il fut dit à Jehan : « Ores quant je voudray parler à vous ou vous à moy, nous ferons nos deux seignaulx ainsi que est dit; et lors viendrez, et ouvrerez l'huys de mon préau, quant vous verrez que je m'en seray par nuict retournée en ma chambre; et veez-cy la clef. Et là parlerons et deviserons ensemble à nos plaisirs et lyesses. » Et l'enfant et la dame devisèrent tant dans cette chambre, « qu'elle en le baisant très-doulcement, lui dit : Je vous ai fait nommer escuyer tranchant du roi, et vous baille cent soixante escuz pour avoir un cheval et aultres choses nécessaires. Puis lui et elle se dirent : Adieu, mon espoir ! et adieu, ma dame ! »

Que le château d'Ussé jaillirait plein de jeunesse et de fraîcheur du fond de ces ténèbres, si nous retrouvions la chambre où la dame aux belles cousines, ayant à ses pieds le joli Saintré, lui parla ainsi en plorant sur ses beaux cheveux : « Vous allez combattre; mais, mon amy, vous estes jeune d'aage, et si n'êtes pas des plus grands ne puissans de corps, pour ce ne devez nuls douter; car il est advenu que souvent le plus faible a desconfit le plus fort; à ce métier les gens combattent et Dieu donne la victoire à qui luy playt. Lors print congé d'elle et pour ung amoureux baiser, dix, quinze ou vingt rendus et à Dieu soyez ! »

Ensuite, du haut des tourelles, debout auprès de la dame aux belles cousines, nous poursuivrions notre jouvencel aux passes d'armes de Perpignan, où il parut en présence de toute la cour, « sur un très-bel et fringant destrier, qui à son chief portait ung chauffrain d'acier à trois grands plumes à façon d'austrusse, et à ses trois couleurs très-richement brodées. » Vainqueur à la hache et à la lance, Saintré soupe avec le roi et quitte l'Espagne pour rentrer en France chargé d'honneurs et de présens. « Le roi envoya deux beaulx genetz de l'Andeloisie, une très-belle coupe et une aiguière d'or, trente marcs de tasses bien dorées et cinquante marcs de vaisselle de cuisine bien belle. Don Frederich de Lune lui envoya douze très-belles et grosses arbalettes d'acier et douze brigandines; et messire Arnault de Pareilles lui envoya ung More noir très-richement habillé, armé tout à la morisque; et messire François de Moncade une très-belle espée garnie d'or tout esmaillée de blanc, et encore ung Turcq, sa femme et ses enfans, très-grands ouvriers de fil d'or et de soye. Des aultres dames et damoyselles de la court n'y eut celle qui ne luy donnast chemises brodées d'or et de soye, arcandolle à gants brodez; mist oyselletz de Chippre et tant d'autres odorifiques odeurs. »

Qui ne connaît la triste mésaventure amoureuse du pauvre et valeureux Saintré, à son retour en France, et comment il fut supplanté pendant son absence, dans le cœur de la dame aux belles cousines, par Damp Abbez ? Saintré se vengea. Il prit la dame par le toupet de son atour et haulsa la paulme pour lui donner une couple de soufflets; mais à ce coup se retint, se contentant de percer de sa dague la langue et les deux joues de Damp Abbez (de monsieur l'abbé).

Il ne manque à cette histoire que le degré d'authenticité nécessaire pour faire sortir de l'insignifiance de sa première époque le magnifique château d'Ussé, histoire ravissante de détails de mœurs, délicate et nette comme les dessins gravés autour d'un beau verre de cristal, et jugée trop sévèrement, selon nous, par le chroniqueur de la Touraine J. L. Chalmel. « Quoique Saintré, écrit-il, fût effectivement né sur la rive opposée de la Loire, nous ignorons comment on prétendrait chercher quelque air de vérité dans des faits entièrement fabuleux. » Un peintre, M. Noël, répond au *comment* inflexible de l'historien, en faisant observer qu'Ussé pourrait bien avoir été le château des seigneurs de Saintré, et Turpenay, abbaye voisine, celle où s'était retirée, après sa si grave infidélité, la dame des belles cousines, à cause du rôle que la famille des Saintré avait joué en Touraine, et des exploits bien réels de Jehan de Saintré, accomplis à côté du maréchal de Boucicaut.

Nous ne déciderons pas entre tous ces témoignages, et nous ne verrons d'historiquement vrai à rattacher à ce château que le séjour de Vauban, dont la fille, nous l'avons déjà dit plus haut, épousa Bernin de Valentinay, contrôleur-général des finances.

Le nom de Vauban est si sonore à nommer, même après celui de Louis XIV, il arme si soudainement l'esprit de fortifications, de redoutes, de ponts, de créneaux, que l'imagination la moins prompte admet sans peine pour Ussé la nécessité d'un ameublement analogue au caractère de l'homme qui l'habita. Les superbes terrasses aplanies par lui attendent des canons. A défaut d'une place chronologique précise, Ussé recevrait une destination toute militaire; l'armure serait complète. Dehors les bastions, les pièces de siége, les redoutes; dedans, les armes portatives de toutes les époques; les cottes de mailles des chevaliers seraient appendues au mur, à côté des épées de Fontenoy et des carabines de Friedland. Ce serait un modèle de la France telle qu'elle s'est trouvée armée au dedans et au dehors, depuis le roi Jean jusqu'au roi Louis-Philippe. Nous avons blâmé l'entassement; mais on ferait une exception en faveur d'Ussé, dont la destination nouvelle répondrait à ce qu'il a tout à la fois d'incertain, de redoutable, d'antique et de moderne.

Le château d'Ussé est aujourd'hui la propriété de M. le duc de *Duras*, qui le laisse tomber en ruines.

De tout travail un peu creusé naissent de petits bénéfices de hasard dont la propriété n'est à personne ; ils appartiennent à la bêche au bout de laquelle ils se sont rencontrés. A force d'assister par la pensée aux transmigrations des châteaux, une observation est née pour nous. C'est que bien avant la fin du règne de Louis XIV les grandes propriétés seigneuriales étaient passées sans secousse ; par l'unique effet de l'oscillation des fortunes privées, des familles titrées aux familles d'argent. Law, l'agiotage, la dépravation de la régence ont pu être surabondamment des causes auxiliaires de ce déplacement ; mais évidemment pour nous la vraie cause est plus haut. J'ai remarqué, ou peut-être me suis-je souvenu d'une remarque faite par d'autres, que, depuis plus de six cents ans, les châteaux avaient été acquis, dans une proportion d'un sur trois, par des contrôleurs-généraux, des financiers et des banquiers, titres de professions ou de charges analogues selon les temps. Ainsi, pour ne citer que quelques exemples entre de fort nombreux, le château de Semblançay, bâti en 993, par Foulques de Nerra, pour tenir la ville de Tours en respect, devint, sous François Ier, la propriété de Jacques Fournie de Beaune, surintendant des finances de ce monarque. On n'apprendra à personne que ce Fournier de Beaune fut ce seigneur de Semblançay, moins connu par les crimes de malversation dont il fut accusé et puni que par les vers si spirituels de Marot sur le lieutenant Maillart menant Semblançay à Montfaucon.

Chenonceaux fut aussi vendu par Jean de Marques, vers la fin du XVe siècle, à Thomas Boyer, maire de Tours et *général des finances* de Normandie. Si un fils de ce général des finances eut le bon goût de faire hommage de ce château à la duchesse de Valentinois, un Condé fut dans la nécessité moins délicate de le céder de nouveau à prix d'argent à M. Dupin, ancien fermier-général. Voilà deux financiers possesseurs de Chenonceaux. Ussé, comme on l'a vu, passa pareillement, à la fin du XVIIe siècle, à Louis Bertin de Valentinay, contrôleur-général de la maison du roi. Bouret, on le sait, fut le délicieux pavillon qu'avait bâti le financier de ce nom au bord de la Seine; Maintenon eut pour fondateur Jean Cottereau, intendant des finances sous Charles VIII; Brunoy revient aux Montmartel, famille de financiers, et Vaux à Fouquet, surintendant des finances sous Louis XIV.

De nos jours, deux des plus remarquables châteaux historiques, Petit-Bourg et Maisons, appartiennent à deux banquiers, MM. Aguado et Laffitte; et le plus remarquable de tous, le château de Mello, celui où naquit la Jacquerie, appartient également à un banquier, M. Sellière.

Il me sera facile d'assigner quelque jour, lorsque j'aurai obtenu des relevés plus généraux, le petit nombre d'années qui doit s'écouler pour que tous les châteaux historiques de la France soient exclusivement possédés par des banquiers. Je répète que cette substitution des familles d'argent aux familles de race date depuis plus de six siècles.

Ne voulant ni restreindre dans des limites forcées, ni trop distendre le cercle de nos excursions archéologiques, afin de rester le plus possible dans les conditions de notre musée, qui doit toujours avoir Paris à son centre, nous nous sommes avancés jusques aux bords de la Loire, points extrêmes de nos plus longs rayonnemens. Entre le château de Versailles et le château de Clisson il n'y a guère plus d'un jour de distance. Quand des chemins de fer existeront dans cette direction, on ne mettra pas plus de huit heures (qui osera se plaindre d'un tel sacrifice de temps?) pour aller de la demeure de Louis XIV au manoir crénelé des ducs de Bretagne.

A six lieues de Tours, sur la grande route d'Angers, le xe siècle bâtit, sous les ordres de Foulques de Nerra, un château de Langeais, uniquement destiné à couper toute communication entre Tours et les localités circonvoisines. Sur les ruines de ce château, Pierre de Brosse, fils d'un sergent à masse de saint Louis, ministre et favori de Philippe-le-Hardi, en éleva un autre du même nom; et c'est celui qui existe encore aujourd'hui. Ces réédifications, pour le dire en passant, ont plus souvent eu lieu pour les constructions militaires que pour les simples résidences seigneuriales. La raison de cette différence est facile à fournir. D'une utilité reconnue, l'existence des châteaux forts se perpétuait à force de soins durant les guerres, et comme les guerres étaient continuelles, ils étaient toujours entretenus. Tel château fort a été reconstruit jusqu'à six fois.

Il importerait peu de restituer au château de Langeais l'antique splendeur de ces premiers âges, si l'on n'avait à le peupler que du stérile souvenir de la fatale prospérité de ce Pierre de Brosse, pendu à Montfaucon, comme le furent plus tard, revêtus du même emploi que lui, Enguerrand de Marigny et Semblançay; sa disgrâce est des plus communes. Jusqu'à Louis XIV, presque tous les contrôleurs des finances ont été pendus. Sous Louis XIV, les mœurs s'améliorant, ils ne furent plus qu'exilés. Personne n'ignore que Pierre de Brosse fut condamné au gibet pour avoir inspiré au roi Philippe-le-Hardi l'idée que la reine Marie de Brabant pouvait avoir empoisonné le jeune prince Louis, né d'un autre lit. Un homme sans naissance, qui avait eu le génie de devenir ministre, de barbier qu'il était auparavant, n'aurait pas imaginé une intrigue aussi périlleuse dans le but assez mesquin de se venger de la fade Marie de Brabant, qui lui avait, dit-on, résisté. Je crois peu aux ministres amoureux des reines; mais, en revanche, je crois beaucoup aux dangers des ministres, accusés et jugés par des évêques, des béguines et des rois qui croient aux béguines. Au reste, l'amour pour les reines a toujours été l'accusation de commande sous laquelle la plupart des ministres des trois races ont succombé. Avant de les pendre haut et court, on les disait amoureux. Les Français sont toujours galans.

Représentant la magnifique fin du xve siècle, Langeais nous dirait le mariage de Charles VIII et d'Anne de Bretagne, ou plutôt le mariage de la Bretagne et de la France; superbe alliance qui n'assura pas d'abord à cette dernière la possession d'un duché irrévocablement soumis, mais qui lui permit de le considérer désormais comme une propriété légitime à défendre et non comme une usurpation à soutenir par l'épée. On introduirait au château de Langeais le luxe massif de la maison d'Anne de Bretagne, cette duchesse deux fois reine de France, dont la cour passait pour la plus somptueuse d'Europe. Langeais préciserait alors l'époque commémorative de l'union la plus avantageuse qu'ait contractée la France pour s'agrandir et pour terminer les agressions de ces ducs de Bretagne, dont le château de Clisson, que nous avons déjà rappelé, attesterait les prétentions violentes et les cruautés sans nombre; sauvages ducs! chiens hargneux dont l'Anglais se faisait précéder quand il voulait entrer en France par la porte de la trahison; espèces de rois de France, plus la férocité, moins la couronne.

Au XVIIe siècle le château de Langeais passa au marquis d'Effiat, père de ce Cinq-Mars, aussi mauvais favori que mauvais conspirateur.

Quoique les rois de France aient bien moins de combats à livrer depuis la réunion des provinces de l'ouest à la couronne, le royaume n'est pas encore aussi tranquille qu'il le sera dans deux siècles, vienne Richelieu. Les châteaux sont soumis, mais les châtelains, non; c'est la conquête, mais ce n'est pas encore la paix. Une espèce de compromis tacite se fait entre la féodalité encore menaçante et la royauté toute gênée dans sa victoire. S'il ne s'élève plus autant de ces châteaux qui enserraient des bourgs dans leurs vastes ailes déployées, ceux qui avaient vomi la rébellion du haut de leurs tours ne sont pas encore tombés. Les nouveaux qui seront bâtis pendant cette trève transitoire participeront de cette double circonspection. Rien n'y manque : ni les triples fossés, ni les ponts-levis, ni les tours; rien, si ce n'est une taille proportionnée à leurs prétentions. On dirait que la peur les a rabougris en leur laissant leurs formes offensives; petits bastions, petites oubliettes, petits fossés. Ce sont des géans nains.

Savigny annonce déjà cet amaigrissement étrange. C'est une miniature du terrible, un abrégé de l'imposant. Qui connaît Savigny? Personne. Savigny n'est pourtant ni en Bretagne ni en Auvergre; il est à quatre lieues de Paris, entre les deux grandes routes de Lyon et d'Orléans. On l'appelle *Savigny-sur-Orge*, pour le distinguer de dix ou douze autres Savigny aussi peu connus.

Restauré à la fin du xve siècle, et peut-être un peu trop restauré depuis, Savigny est un arrière-petit-fils d'un château qui était sur le même emplacement trois siècles auparavant. L'époque qu'il symboliserait le mieux, parmi d'autres avec le caractère desquelles il ne serait pas en désaccord, serait la Ligue, temps de guerre civile, dont le foyer, on a beau l'étendre avec complaisance, fut Paris et exclusivement ses environs. La Ligue et la

Fronde sont deux émeutes parisiennes; si la première fut un peu moins locale, parce qu'elle touchait à la successibilité de la couronne, la seconde n'eut pas même une ondulation sensible jusqu'à Orléans.

Nous raconterons un jour la retraite d'Agnès Sorel et de Charles VII dans le château de Savigny, doux pèlerinage dont le souvenir est constaté par le nom de *Beauté* que légua la dame de ce gracieux surnom à une commune voisine. La Balue et Louis XI l'ont habité; l'un y rêva ses évêchés qui lui furent si funestes et dont *il perdit la vue*, selon la chanson; l'autre la cage de fer où il logerait un jour monseigneur le cardinal. Les royalistes l'enlevèrent aux ligueurs en 1592. Quatre royalistes le prirent pendant que le chef des ligueurs passait ses chausses. Nous tenons en réserve, pour le présenter ailleurs sous des proportions moins raccourcies, un autre événement dont Savigny fut témoin, et non moins propre à prouver la justesse de cette observation plus haut émise, que les châteaux devenaient de plus en plus, la monarchie se raffermissant, la parodie de ce qu'ils avaient été jadis, malgré les menaces de leurs fortifications matamores.

Savigny est aujourd'hui à l'héritière d'un des plus beaux noms de l'empire, à Mme la maréchale Davoust, princesse d'Eckmülh.

Avant de terminer notre course, nommons quelques-uns des principaux châteaux, fine fleur de la renaissance, élevés pendant les trois siècles féconds dont se compose la durée du cycle dynastique des Valois. Les mieux conservés, les plus propres à être classés dans notre musée comme type d'un âge écoulé, sont *Pierrefonds* (Oise); *Villebon* et *Maintenon* (Eure-et-Loir); *Vigny* et *Rambouillet* [1] (Seine-et-Oise); *Chambord* (Loir-et-Cher); *Valençay* (Indre); *Chenonceaux* (Indre-et-Loire); *Mesnières* (Seine-Inférieure); enfin *Dampierre*, *Écouen* et *Nantouillet* (Seine-et-Oise).

Des ruines au milieu d'une forêt, de la solitude, de vieux chênes, des démolitions abandonnées, 1390 pour date, c'est-à-dire un souvenir de malheur pour la France, et de beaucoup de malheurs, car avec Charles VI régnaient le duc d'Orléans et le duc de Bourgogne, deux assassins tués l'un par le parti de l'autre; tel est Pierrefonds bâti par le duc d'Orléans, frère de Charles VI, sur un des points élevés de la forêt de Compiègne.

[1] Si cette ancienne résidence royale figure ici contre notre système établi plus haut, que les châteaux de la couronne n'ont aucune physionomie arrêtée, parce qu'ils les ont toutes, c'est que Rambouillet, par une loi récente, a été distrait de l'apanage royal.

Les Anglais s'emparèrent de Compiègne comme ils s'emparèrent dix fois de la France, à la faveur des querelles des ducs avec les barons, et des comtes avec les rois.

Les règnes suivans, jusqu'à Henri III, n'offrent rien pour l'histoire de cette forteresse. François Ier la fit réparer avant qu'elle ne tombât, vers la fin du XVIe siècle, aux mains des ligueurs, qui en donnèrent le commandement à Rieux, ce capitaine si célèbre par les brigandages dont il épouvanta la contrée.

Si le goût de François Ier éclate quelque part avec cette prodigalité dont on s'étonne, c'est assurément dans les châteaux tout pleins de ses amours, de ses intrigues, de ses magnificences, de ses chiffres et des travaux de ses artistes. François Ier justifie sa haute renommée par là bien plus encore que par ses prétendus encouragemens donnés aux lettres. Trop souvent confondu avec Léon X, François Ier fut le père des châteaux et non le père des lettres.

Rieux fut pendu devant l'Hôtel-de-Ville de Compiègne; mais le château de Pierrefonds ne se rendit que sous Louis XIII, cédant enfin à l'attaque d'une armée de quatorze mille hommes d'infanterie, commandés par Charles de Valois, qui s'en rendit maître après six jours de tranchée. On essaya de le démanteler l'année suivante, on ne le put; ses murailles furent trouvées si dures, qu'on se contenta de les entailler et de les réduire à l'état où elles sont aujourd'hui. Ces fortifications de révolte sont les plus complètes que nous possédions de ce temps-là. Elles appartiennent à la famille régnante d'Orléans.

Après tant de demeures martelées par la sape, noircies par l'incendie, crevassées par les boulets, il est consolant de reposer le regard sur le paisible *Villebon*, retraite de Sully.

Jean Cottereau, intendant des finances sous Charles VIII, jeta les fondemens du joli château de Maintenon; ses successeurs le vendirent à cette Françoise d'Aubigné, dont la destinée fut plus merveilleuse encore que celle de Louis XIV. Après la mort de Mme de Maintenon, la terre passa à sa nièce, qui la transmit, par alliance, à la famille de Noailles, dans laquelle elle se trouve encore de nos jours.

On rattacherait à ce groupe de pierres inoffensives, dont les échos dorés n'éveillent que des noms de rois amoureux, de maîtresses de rois et de ministres pacifiques, Vigny, beau château bâti par le cardinal d'Amboise. Avant la révolution, il appartenait au prince de Soubise, qui l'avait cédé à Mme de Guémenée. Il passa à la famille de Rohan en 1822; il est aujourd'hui à MM. Decher et Lefèvre, qui l'ont fait réparer avec beaucoup de goût.

Rambouillet n'était au XIVe siècle qu'une seigneurie possédée par la famille d'Argennes, dont les membres prirent, sous Louis XIII, le titre de marquis de Rambouillet. En 1706, cette famille le céda au comte de Toulouse, prince légitimé, pour qui cette terre fut érigée en duché-pairie. On montre encore dans la grosse tour la chambre où mourut François Ier, en 1547, à l'âge de cinquante-deux ans.

Si nous passons plus rapidement sur ces résidences que sur celles d'un âge plus éloigné, dont il a été fait mention au commencement de cet avant-propos, c'est que nous supposons le lecteur assez versé dans notre histoire pour les apprécier comme nous; et c'est aussi parce que leur état de conservation n'imposerait pas de grands sacrifices à l'état, s'il en devenait possesseur, que nous nous bornerons à les classer, plutôt qu'à en détailler le mérite incontesté.

Ne suffit-il pas de nommer Chambord, Valençay et Chenonceaux, pour présenter à l'esprit trois palais connus de tout le monde, et que toute nation s'honorerait de posséder, quand même elle aurait déjà Saint-Cloud, Fontainebleau et Versailles?

Mesnières soutient le parallèle avec Chenonceaux; même ordonnance, même grand goût. Le propriétaire de Mesnières, M. le marquis de Biancourt, est mort dernièrement; c'était un homme épris d'un véritable amour de l'art, et qui avait restauré, pierre à pierre, dans son vieux style et sa naïveté première, ce château, perle inestimable de la renaissance.

Dans le voisinage de Chevreuse est Dampierre, château possédé autrefois par le cardinal de Lorraine et embelli par le duc de Luynes, dans la famille duquel il passa pour n'en plus sortir. Mansard l'a caractérisé par la forme particulière de quelques additions de maçonnerie assez estimées.

Nous n'osons renvoyer le lecteur à notre histoire du château d'Écouen, pour lui rappeler les principales scènes dont cette demeure des Montmorency fut le théâtre. D'ailleurs Écouen sort de notre cadre, puisqu'il fait partie des domaines royaux, à la physionomie insaisissable et sans type, et n'a besoin, au surplus, pour être à l'abri de la démolition, que de rester sous la protection conservatrice du jeune prince héritier des Condé.

Quoique aussi dégradé et vermoulu que le cardinal Duprat, qui y finit ses jours détestés, le château de Nantouillet mérite une place dans notre musée à côté des plus gracieux monumens conçus sous le règne de François Ier.

Si le goût admettait comme type l'architecture qui ne se recommande que par l'excès des proportions ou que par le mélange de toutes les architectures, sans avoir le charme sérieux d'aucune, s'il acceptait cette architecture, ni brune et musculeuse comme celle des temps moyens, ni blonde comme celle de la renaissance, architecture sans nom, née entre Louis XIII et Louis XIV, comme une fronde, comme une guerre civile, il faudrait ne pas omettre ici, avant de fermer les portes de notre musée : *Grosbois*, *Ormesson*, *Maisons-sur-Seine*, *Vaux-le-Praslin* et quelques autres châteaux d'une illustration plus digne de l'indiscrétion des *mémoires* que de la gravité de l'histoire.

Un duc d'Angoulême, fils naturel de Charles IX, construisit *Grosbois* vers la fin du XVIe siècle : c'était magnifiquement loger une disgrâce. Achille de Harlay donna à cette propriété, qui ressemble à une maison royale autant qu'un fils naturel ressemble à un fils légitime, des développemens considérables. L'étendue du parc de Grosbois égale celle du bois de Boulogne.

On prétend que Henri IV fit bâtir, à Amboïle, le château d'*Ormesson* pour Mlle de Senteny, dont il était amoureux. La tradition s'appuie sur ce qu'on y vit long-temps le portrait de cette favorite. Pour l'honneur de la demoiselle, je trouve la tradition fort peu fondée, si elle n'a pas d'autre base. Quoi qu'il en soit, la construction d'Ormesson ne peut remonter beaucoup au-delà du règne de ce prince, car la brique y domine. Amboïle, voisin de la capitale, a pris depuis près de deux siècles le nom de la famille d'Ormesson, à qui cette terre appartient encore de nos jours.

Maisons-sur-Seine est à M. Laffitte. Ce fut le surintendant des finances René de Longueil qui fut chargé de sa construction ; il fut acheté, je ne sais plus à quelle époque, par M. Laffitte, banquier, qui l'a loué, depuis plusieurs années, à un autre banquier, qui ne laisse voir ce château à personne. Il y aurait une puérile affectation à insister sur cette triple occupation de Maisons-sur-Seine par trois banquiers, si notre opinion que tous les châteaux vont tôt ou tard aux gens de finance n'était raffermie par le poids de cette observation même.

Bâti au sortir de la minorité turbulente de Louis XIV, au moment de la splendeur naissante de la monarchie, le château de Vaux marque le dernier passage de la construction militaire et défensive à la construction pleinement courtisane et soumise. Les quatre tourelles qui faisaient jadis la garde de toute propriété ont disparu. A quoi bon voir de haut et au loin? Toute terre appartient au roi : au roi seul la consigne générale du pays. La défense et l'attaque sont son affaire. Il n'y a plus qu'un château en France dont l'existence soit souveraine, c'est le Louvre. Vaux accepte cette domination, et déguise son abaissement sous un luxe qui en adoucit l'humiliation; en échange de sa soumission, l'indulgence royale lui permet d'inutiles fossés, un pont-levis de quelques pouces, un gouvernement avec droit de haute et basse justice, pourvu que ce droit ne soit jamais exercé, et une pièce de canon, à la condition expresse de ne jamais érailler son beau cylindre de fer par l'intromission du boulet. Au seigneur le canon, au roi les boulets empilés sous la sauve-garde du grand-maître de l'artillerie de France. Soyez seigneur de Vaux, vicomte de Belle-Isle, Nicolas Fouquet, mais que votre seigneurie soit un pied-à-terre de cour et non un titre de puissance. Mettez toute votre gloire, réduisez toute votre autorité, appliquez tout votre or à n'être qu'un rayon du soleil qui vous a fécondé. Que tout soit fait en vue de la majesté royale; effacez-vous derrière son éclat.

Et c'est ce que ne comprit pas assez Fouquet.

Si tout, dans son château, est vraiment trop réduit pour un roi, tout en réalité y est trop brillant pour un vicomte. Vaux attend toujours Louis XIV, quoiqu'il ne soit préparé que pour le recevoir un jour et une nuit. C'est là le caractère de cette résidence, modèle assez fidèlement conservé, en tout cas très-facile à rétablir, de toutes les résidences limitrophes de la période de Louis XIII et de celle de Louis XIV.

Vaux, qui fut le rêve le plus brillant de l'homme le plus brillant du grand siècle ; Vaux, où se trouvèrent un jour la mère de Louis XIV, Louis XIV, Henriette d'Angleterre et mademoiselle de La Vallière, création si belle et si pure, que les siècles lui laisseront son nom de demoiselle, comme une éternelle couronne ; Vaux, qui rendit Louis XIV jaloux; jalousie terrible qui tarit en une nuit les eaux de ce palais, éteignit les mille lampes de sa fête, fit jaunir les feuilles des bosquets et blanchir les cheveux de Fouquet ; Vaux est aujourd'hui gardé par un chien de Terre-Neuve.

CHANTILLY.

CHANTILLY.

Qui ne connaît pas Chantilly n'a rien vu de ce qui constituait autrefois le goût des courtisans. Je ne crois pas que Versailles et Saint-Germain attestent, dans leur disposition architecturale, un caractère plus précis de mœurs et d'époque. Le château de Chantilly, celui qui a été bâti sur les ruines et avec les débris de l'ancien château de ce nom, est une succession visible d'imitations : c'est la copie en petit de toutes les résidences royales. Ainsi Saint-Cloud a sa pièce d'eau, Chantilly a la sienne; Versailles son grand escalier de marbre, Chantilly son grand escalier, de pierre, il est vrai. Une belle forêt entoure Saint-Germain, on a placé Chantilly dans une forêt. Les proportions sont moins fortes, mais la ressemblance s'y trouve. Cette vanité d'avoir, depuis le grand Condé, et peut-être depuis les Montmorency, absolument comme la cour, même étalage, même faste domestique, de rivaliser avec elle et de l'emporter parfois sur elle en magnificence, a souvent éveillé la susceptibilité de l'étiquette royale. Blessés secrètement dans leur amour-propre, c'est peut-être à cause de ce luxe qu'ils ne pouvaient empêcher que Louis XIV et Louis XV n'ont que rarement honoré de leur présence la demeure des princes de Condé.

Quoi qu'il en puisse être, aujourd'hui que toutes ces gloires sont mortes, qu'il n'y a sérieusement plus de cour ni de courtisans, de grand roi à Versailles ou à Trianon, de grand prince à Chantilly, Chantilly n'est pas moins un lieu admirable de repos et de grandeur. On y respire une oisiveté noble, une paresse de héros. Les sens n'ont qu'à s'ouvrir. Tout y est paysage, lacs, gazons, solitude et parfums. Comment Le Sage a-t-il fait pour mourir au beau milieu de la forêt de Chantilly?

C'est sous les beaux tilleuls de cette forêt que

je fus abordé par un vieillard appuyé sur un bâton blanc; un vieillard comme il n'en existe pas dans Paris, où personne ne veut être vieux; un de ces véritables vieillards, tels que Fénelon aimait à les peindre dans son *Télémaque* : chevelure blanche, front pur de toutes rides, corps légèrement voûté, mais fort, comme ces acquéducs dont quelques arches seules ont cédé : ils datent des Romains.

— Monsieur aime à relire ce nom gravé sur ce beau chêne? me dit-il.

— C'est celui de Santeuil; j'ai plaisir à le retrouver ici.

— Je l'ai presque connu, M. Santeuil.

— Vous avez presque connu M. Santeuil! Je n'ai jamais vu d'aussi vieux rentier que vous, monsieur, car vous êtes rentier : il n'y a à Chantilly que des rentiers et des tilleuls.

— Vous êtes étranger, je le vois à votre méprise. Mon habit devrait vous apprendre que je suis cadet.

— Cadet?

— Oui, pensionnaire de l'hôpital de Chantilly fondé par le grand Condé; — sa grande ame soit en paix! — où l'on n'entre qu'à soixante ans. Il y a trente ans que je suis cadet. C'est le titre qu'on donne aux pensionnaires.

— Vous avez quatre-vingt-dix ans!

— Je vous ai dit d'abord que j'ai presque connu M. Santeuil, dont vous lisiez le nom sur ce chêne, car il m'en a été souvent parlé par un pensionnaire qui mourut quelques mois après mon entrée dans l'établissement; et ce pensionnaire avait cent ans. Il avait vu M. Santeuil.

Nous nous assîmes au pied du chêne de Santeuil :

— M. Santeuil, comme vous devez le savoir, me dit-il, a composé de fort beaux vers latins sur toutes les merveilles du château de Chantilly. Il en a fait sur le bois de Sylvie, sur le labyrinthe, sur ces jets d'eau qui, selon M. Bénigne de Bossuet, *ne se taisaient ni jour ni nuit;* sur les parterres, sur les statues. Ah! c'était un grand homme, M. Santeuil!

Un jour que mademoiselle de Clermont lui avait jeté un verre d'eau au visage, Santeuil s'était retiré dans les profondeurs du bois de Sylvie pour méditer une vengeance à sa façon, c'est-à-dire une épigramme à la manière de Martial. Selon son habitude, il avait chassé avec ses pieds, dans sa marche poétique et précipitée, toutes les feuilles sèches, toutes les branches tombées. Les oiseaux étaient partis épouvantés à sa voix rauque et bruyante. Déjà il avait jeté dans les haies son chapeau, sa canne et ses gants; il avait défait son pourpoint, son haut-de-chausses, les boucles de sa chaussure, il n'avait plus qu'à déchirer sa chemise; la muse se révélait. Santeuil ne composait pas différemment. Au milieu d'une strophe, et suant comme s'il fût revenu de la moisson, il aperçoit, debout contre un arbre, la figure pensive, une jeune et belle fille qui le regardait. Le poète était chaste et d'ailleurs élevé aux belles manières de cour. Tant bien que mal, il noua en rougissant tout ce qu'il avait dénoué, et s'approcha de la jeune fille. De près il la trouva encore mieux que de loin. Il reconnut même qu'elle avait la peau blanche et le visage ovale. Les visages ovales étaient alors en vogue. C'est tout ce qu'il vit, et ce fut assez pour lui faire oublier ce jour-là le verre d'eau de mademoiselle de Clermont et l'épigramme latine, et Martial. En très-bon français, et avec beaucoup d'emphase, il exprima son admiration, et finit, d'enchantement en enchantement, de métaphore en métaphore, par avouer à la belle inconnue qu'elle était la muse qu'il cherchait, puisqu'il l'avait rencontrée en un tel moment et sous les ombrages de Sylvie. Un pentamètre expira sur ses lèvres.

— C'est vous que je cherche aussi, monsieur Santeuil, lui dit Rose ; — c'était le nom de la jeune fille. — Venez demain, au point du jour, au carrefour de Diane, j'ai à m'entretenir avec vous.

Elle disparut.

Le soir au château Santeuil fut fort soucieux. Pour la première fois de sa vie, on n'eut de lui au dessert ni distique ni épigramme. C'était presque manquer de dessert. Mademoiselle de Clermont fut tentée de lui jeter une carafe au lieu d'un verre d'eau à la tête, tant il fut maussade.

Sa nuit fut très-agitée ; on vit de la lumière dans son appartement jusqu'au jour, circonstance remarquable dans les habitudes du poète, dont le sommeil précoce sonnait ordinairement le couvre-feu à neuf heures, que ce fût Bossuet ou Molière, Boileau ou Racine qui tînt le dé de la conversation.

S'il y eut combat livré entre le caractère de Santeuil et la bonne fortune qui lui arrivait, il dut se terminer au grand avantage de l'amour-propre, car les garde-plaines le virent traversant la pelouse, à une heure où on n'y trouve encore que des lapins et de la rosée, en costume recherché, gants frais, linge éclatant.

Rose l'avait devancé au rendez-vous. Quelle joie pour l'amant et pour le poète ! Il lui vint dans l'imagination mille comparaisons ravissantes ; mais il aurait fallu les exprimer en latin, et de ce temps-là les blanchisseuses de Chantilly n'étaient pas très-fortes sur le latin. Il déshonora ce qu'il éprouvait en le traduisant en prose et en français.

— Ce que vous me dites, monsieur, doit être

fort beau; mais je crois que vous vous êtes trompé sur l'objet qui me fait vous attirer ici, répliqua Rose. Je suis trop honnête fille pour vous laisser plus long-temps dans l'erreur.

— Que me voulez-vous donc? reprit le poète déjà singulièrement désappointé par cette réception.

— Je voudrais...

— Parlez!...

— Sortir du mauvais pas où je me trouve engagée bien innocemment, je vous jure.

— Auriez-vous un amant ?

— C'est pis que cela, monsieur.

Santeuil commençait à s'apercevoir que l'air du matin ne vaut rien pour la santé.

— En auriez-vous deux, quatre, six?

— Ne vous fâchez pas, monsieur, je n'en ai qu'un; mais il ne s'agit pas d'amant à cette heure.

— Et de quoi, mademoiselle ?

— Il s'agit d'enfant.

— Diable !

— Oui, monsieur Santeuil, je suis grosse de neuf mois, et je suis bien étonnée que cela ne vous ait pas tout de suite donné dans l'œil.

— O Santeuil, se dit Santeuil, tu as pris pour une muse une blanchisseuse grosse de neuf mois! Dorénavant tu regarderas les muses jusqu'à la ceinture. — Après, mademoiselle? je puis tout entendre maintenant.

— Eh bien! je voulais vous prier de parler au prince, vous qui êtes son ami, monsieur Santeuil, afin qu'il ne me renvoyât pas pour ma faute.

— Hum!

— Ah!...

— Qu'avez-vous donc, mademoiselle?

— Ah! soutenez-moi, je vous prie. Une douleur, une terrible douleur! ici, là, au côté.... Mon Dieu! c'est l'effet de cette entrevue, de l'émotion... Que vais-je devenir? Il y a bien loin d'ici au château... Vous n'êtes pas médecin, vous, monsieur Santeuil?...

— Mademoiselle, cette plaisanterie...

— Oh! mon Dieu, une autre dans les épaules... Savez-vous, monsieur, si c'est la bonne?... Dites-moi si c'est la bonne...

— Je ne suis pas accoucheur, et je vais vous laisser...

— Me laisser! quelle cruauté!... lorsque dans un instant...

— Ah! le sot rôle que je joue ici!

— N'est-ce pas que vous me promettez de me justifier auprès de monsieur le prince?...

— Tout ce que vous voudrez, mais n'accouchez pas ici... c'est moi qui vous en prie, attendez encore dix minutes.... Venez, courons au château; mais, par pitié pour moi, je serais la fable de Chantilly! Au non du ciel! n'accouchez pas, n'accouchez pas... Appuyez-vous sur moi, ne craignez pas. Tenez, je serai le parrain de votre enfant; mais n'accouchez pas.

— C'est beaucoup d'honneur!... Mais, monsieur, je ne puis plus marcher.... je ne le puis plus!.... Oh! c'est la grande douleur, c'est la dernière... N'est-ce pas, monsieur, c'est la dernière?

— Du diable si je le sais!... Tenez, accouchez, n'accouchez pas, restez ou venez; moi, je pars.

— Dieu vous en tiendra compte, monsieur, de me laisser dans cet état. — Allez, partez.

Rose tomba sur l'herbe.

Santeuil croyait en Dieu : il eut pitié de Rose évanouie. Il courut au château, où il mit tout en rumeur, demanda un médecin, lui raconta sa mésaventure, et se rendit en toute hâte avec lui auprès de la patiente, qui n'avait pas attendu le médecin.

C'était un gros garçon.

Inutile de dire si l'on tympanisa Santeuil. Les dames rougissaient en le regardant, les gentilshommes avaient de sanglantes allusions, les pages firent gorge-chaude de l'aventure, jusqu'aux livrées qui trouvaient qu'il était messéant aux gens de qualité de chasser sur les terres des domestiques.

Santeuil n'y tint plus : il voulut d'abord se battre avec toute la maison du prince; ensuite il composa avec les moins acharnés; enfin il descendit à la prière pour réhabiliter son innocence. Il prit les pages chacun à part, et, avec les armes de la persuasion, il essaya de leur faire avouer qu'un d'eux devait être forcément l'auteur de la séduction exercée sur la blanchisseuse. Les pages nièrent, et nul ne tint à honneur d'obliger le désolé Santeuil.

Enfin, quand le scandale déborda, le grand Condé jugea à propos de le faire cesser.

— Monsieur, dit-il à son fils le prince de Bourbon, vous avez séduit la blanchisseuse du château : vous allez lui donner 30,000 liv. de dot, la marier à votre palefrenier, et reconnaître d'avance son fils pour votre louvetier, quoi qu'il en advienne.

Santeuil respira.

Cette histoire est inconnue, reprit le centenaire avec cette assurance de vieillard toujours sûr d'être écouté; mais elle ne l'est pas plus que celle de monsieur l'abbé Prévost, dont il n'est pas impossible, après tout, que vous ayez entendu parler dans le monde.

— Est-ce l'abbé Prévost, l'auteur de l'*Histoire des Voyages* et de *Cléveland?*

— Lui-même. Dans sa jeunesse, et à la suite d'un mouvement irréfléchi d'abnégation, l'abbé

Prévost s'était fait recevoir moine à Saint-Firmin; caractère théologiquement indélébile, mais dont il n'aimait guère à se prévaloir, comme si le repentir eût suivi presque aussitôt la détermination. Soit que déjà la société du temps ne respectât plus beaucoup les ordres monastiques, soit que lui-même eût honte d'avoir cherché sa place ailleurs que dans l'humilité religieuse à laquelle il s'était d'abord voué, par pudeur pour lui ou par respect humain, l'abbé Prévost n'osa jamais avouer dans sa vie qu'il était moine et de la règle de saint Benoît. Mais son ordre le savait. C'était un sujet dont il fallait tirer parti; comme gloire ou comme scandale, l'abbé Prévost appartenait à l'ordre. Il eut beau s'effacer derrière un renom littéraire, se perdre dans le tourbillon du monde, se brouiller avec le ciel, on gardait soigneusement, et avec toute la haine lente des cloîtres, dans le monastère de Saint-Firmin, son nom inscrit sur le livre d'affiliation et sa discipline pendue au clou. A l'office du soir on l'appelait trois fois par son nom. A la prière du matin, le portier faisait la simagrée de l'éveiller par ces mots répétés dans la longueur des corridors: *Frère Antoine-François Prévost, les matines!* Si des étrangers visitaient le monastère, on dirigeait leur attention sur la stalle du réfectoire où se lisait gravé dans le chêne le nom européen de l'abbé Prévost;

par une raillerie presque chrétienne, on le citait comme le frère le plus humble aux offices, le plus strict sur les macérations. Bien des années s'écoulèrent, et la tradition maligne des moines ne se perdit point. Les jeunes la reçurent des vieux. Elle serait allée jusqu'à la fin du monde si les moines avaient dû aller jusque là, et surtout l'abbé Prévost. Mais l'abbé Prévost vieillissait ; il sentit le besoin de respirer l'air natal. Ses médecins lui conseillèrent de revoir Saint-Firmin. Lui, qui ne se souvenait plus d'avoir été moine une pauvre fois dans sa vie, qui même avait oublié qu'à défaut il était resté abbé, n'imagina aucun inconvénient à revoir Saint-Firmin. Les moines apprirent bientôt son retour : les moines se réjouirent. Pour les vieux c'était une vengeance à accomplir, pour les jeunes une légitime à toucher. Ce fut fête au monastère. On secoua la discipline, on brossa la haire, on cria de plus fort : *Frère Antoine-François Prévost*, descendez ! Les matines sont sonnées, frère Prévost. Voilà l'office de minuit ! Frère Prévost, c'est aujourd'hui jeûne. Frère Prévost, par ci ; frère Prévost, par là. On eût dit qu'il était le seul moine de l'ordre.

Au dehors on le guetta comme une proie.

Et l'excellent abbé Prévost ne songeait pas seulement à faire une visite simple de politesse au monastère. Au fond il n'aimait plus les moines, il ne lisait guère que des romans anglais et *le Mercure de France* : son seul ami était un curé plus jeune que lui de quelque vingtaine d'années, chez lequel il allait boire et jouer. Probablement Prévost ignorait même l'existence du monastère de Saint-Firmin.

Un soir l'abbé Prévost, en sortant de chez M. le curé de Saint-Firmin, tomba de toute sa hauteur sur le seuil de la porte, frappé d'une attaque d'apoplexie. Le curé sort et le prend par la tête afin de l'entraîner chez lui. Mais il trouve une forte résistance, une résistance invincible : c'était un moine qui tirait l'abbé Prévost par les pieds. — Il est à moi! disait le curé. — Non, il n'est pas à vous! il est à moi, disait le moine de Saint-Firmin : je l'aurai. — Vous ne l'aurez pas, il m'appartient. — Vous en avez menti. — N'était-il pas moine? — Il ne l'est plus. — On est toujours moine! — On est toujours abbé! — D'ailleurs il était dans la rue. — C'est faux, il était sur le seuil de ma porte. — Au plus fort donc! — Au plus fort donc!

Chacun tiraillait en sens contraire l'infortuné abbé Prévost, qui, pour trancher la question dans l'intégrité de son libre arbitre, et rester à son choix moine ou abbé, avait plus besoin d'être saigné à la jugulaire que d'être tiré à deux prêtres. Il aurait pu en revenir peut-être : il mourut ou fut tué dans ce double zèle pour avoir son corps.

Le curé triompha : les souliers seuls de l'abbé Prévost restèrent aux mains du moine, qui courut, éperdu, cette relique à la main, raconter à ses confrères ce qui venait d'arriver.

— Puisque nous ne l'avons pas eu vivant, il nous le faut mort. Tel fut le cri général de la congrégation.

— Nous l'aurons mort ! répéta le supérieur.

Et seul chargé de cette grande mission, il se rendit chez le curé de Saint-Firmin, emportant sous sa robe quelque chose de volumineux.

Sans dire un mot, sans employer les argumens, repoussés avec perte, du premier moine ; sans recourir à la violence, le supérieur, étant entré dans l'appartement où gisait, à côté du curé, le cadavre de l'abbé Prévost, ouvrit sa robe, et en sortit un sac assez enflé, qu'il vida sur le parquet. La vue d'une centaine d'écus qui couraient de droite et de gauche éblouit le curé ; il se précipita dessus avec voracité ; et tandis qu'il courait les ramasser sous les tables, sous les armoires, sous le lit, dans les trous du plancher, le vigoureux supérieur jeta le corps de l'abbé Prévost sur ses épaules, et l'emporta au monastère. La joie y fut immense. Depuis quarante ans on aspirait à ce jour de triomphe; il était arrivé.

L'abbé Prévost fut aussitôt dépouillé de ses habits laïques : on le revêtit de la robe de moine. On fit à son corps toutes les cérémonies usitées dans les couvens à la mort d'un frère. La cendre et le cilice ne furent pas oubliés. Saint Benoît et saint Firmin rayonnèrent de cierges. La cloche fit son devoir; on ne lésina sur aucun détail.

Le lendemain on l'enterra dans le cimetière du couvent, et sur la pierre de sa tombe on se garda bien d'écrire ses titres nombreux à la postérité. On y grava seulement : *Ici repose frère Antoine-François d'Exile Prévost, moine indigne de Saint-Firmin.*

Après ces deux histoires, le cadet de Chantilly se leva et me demanda si je n'étais pas curieux de visiter le château de Chantilly, ou plutôt ce qui reste de l'ancien château de ce nom. Je le suivis, et nous nous y acheminâmes à pas lents.

Pendant le trajet j'ouvris un petit livre précieux de vétusté que j'avais porté avec moi en venant à Chantilly; j'en fis tout haut la lecture à mon compagnon. C'est sous ce titre qu'il parut en 1688 : *La Feste de Chantilly, contenant tout ce qui s'est passé pendant le séjour que monseigneur le dau-*

phin y a fait, avec une description exacte du château et des fontaines.

Par ce récit très-consciencieux, trop consciencieux souvent, d'une fête donnée à un fils de France, on voit ce qu'était le vieux château de Chantilly avant d'avoir été renversé par la révolution, et l'on a une idée exacte de la vie intérieure des grands au dix-septième siècle.

« Monseigneur partit de Versailles le dimanche 22 d'aoust, et arriva dans la forest de Chantilly par le chemin de Lusarche. M. le duc et M. le prince de Conty le reçurent au bout de la forest, vers le milieu de la vieille route. Comme c'estoit le lieu où monseigneur devoit chasser, M. le prince y estoit pour lui faire commencer la chasse. Il prit ce divertissement jusqu'à cinq heures du soir, et le plaisir qu'il y trouva fut d'autant plus grand, qu'il vit s'élever quantité de perdreaux et de faisandeaux. Ce fut le premier plaisir que monseigneur prit en approchant de cette délicieuse maison de Chantilly. Il alla jusques au lieu nommé *la Table,* qu'on dit estre justement au milieu de la forest, toujours accompagné de M. le prince. La figure de ce lieu est ronde; il a vingt-trois toises de diamètre et est partagé en douze routes qui ont pour centre le point du milieu de cette place. Elles sont toutes bordées de charmilles et ont chacune cinq toises de large et environ une lieue de long. Dans le milieu de ce rond on avoit eu soin d'élever une feuillée, dont la forme suivoit le mesme plan. Elle estoit de sept toises et demie de diamètre, et élevée sur une estrade de cinq pieds de haut. Cette feuillée estoit percée de douze portiques qui aboutissoient à chacune des douze routes dont je viens de vous parler. La corniche estoit saillante en dehors ainsi qu'au dedans. Tout le dôme, les cintres, les pilastres et les appuis estoient recouverts de feuilles de chesne. Des branches de genièvre formoient les balustrades. Tous les portiques estoient ornez de gros festons de feuilles de chesne et de bouquets de fleurs. La table où la collation fut servie estoit au milieu de cet édifice. Une grande corbeille d'argent en occupoit le point du milieu. Elle estoit soutenuë sur douze consoles à jour de vermeil doré qui répondoient à chacune des douze arcades. Ces douzes consoles estoient jointes les unes aux autres avec des guirlandes de fleurs, et portoient chacune deux petites corbeilles d'argent remplies de fruits. La grande du milieu l'estoit de fruits et de fleurs.

» On mit sur cette table le couvert de monseigneur, vis-à-vis le milieu de la route qui va à Chantilly. Tout le pourtour de cette place, de vingt-six toises de large, estoit de treillage de feuillée.

» Monseigneur entendit en arrivant un concert de timbales et de trompettes qu'on avoit postez dans le bois. Ce prince trouva tout le dedans du dôme vide, et la table servie de vingt-quatre bassins de rost et de quatre plats d'entremets autour de chaque bassin, ce qui faisoit six-vingts plats. Ce prince arriva dans l'instant qu'on venoit de poser le dernier plat chaud sur la table. Comme il n'y avoit que le couvert de monseigneur, il ordonna qu'on en mist d'autres, et la table en fust aussitost garnie; mais on n'en mit point vis-à-vis de ce prince. M. le prince, M. le duc et M. le prince de Conty furent placés à costé de monseigneur, et les seigneurs de sa suite occupèrent le reste des places. On releva les entremets chauds pour en mettre de froids. Je n'entre point dans le détail des fruits et des confitures, cela iroit à l'infiny. Je vous diray seulement que dans les flancs des corbeilles ovales estoient de riches cuvettes remplies de toutes sortes de liqueurs. Ces cuvettes estoient accompagnées de soucoupes garnies de glaces et de quantité de verres à liqueur de différentes manières. Un moment après que l'on eut servy le fruit, le bruit de guerre, formé par les trompettes et par les timballes, cessa tout-à-coup, et dans le même instant on entendit dans la route qui estoit vis-à-vis monseigneur une harmonie de hautbois, de flûtes, de musettes et de divers autres instrumens champestres. On l'écouta quelque temps sans voir rien paroistre, et tout estoit si bien concerté qu'il n'y avoit pas une seule personne dans la route, qui devoit estre remplie un instant après. L'harmonie ayant diverty les oreilles pendant quelque temps, on aperçut de loin le dieu Pan, qui estoit suivy par quatre-vingt-dix faunes, sylvains, satyres et autres divinitez, qui ont accoutumé d'accompagner ce dieu dans les bois.

» Toute cette troupe parut d'abord à un demy-quart de lieue de la table, et on ne se mit en marche qu'après que monseigneur eut eu le temps de la remarquer. Le dieu Pan, que l'on voyoit à la teste, estoit représenté par M. de Lully, surintendant de la musique du roy, qui battoit la mesure avec son thyrse. Il estoit suivy de vingt-quatre satyres et de toutes les divinitez qui habitent les forests. On entendoit des hautbois et plusieurs autres instrumens champestres, au son desquels se faisoit la marche. Les danseurs, au nombre de vingt et un, qui avoient tous des massues, estoient montés sur les épaules les uns des autres et formoient des groupes surprenans. Ils estoient suivis de cinquante-un musiciens qui portoient, chacun sur leur teste, une corbeille remplie de fruits peints, représentant des fruits de bois, comme pignons, pommes de pin, gourdes, et autres qui ne sont connus que parmy les satyres. Ils tenoient chacun une branche de chesne. Quand chacun eut pris sa place, les satyres firent une danse fort extraordinaire. Elle plut beaucoup à monseigneur et receut de grands applaudissemens. Cette danse, qu'on pourroit nommer un petit ballet, estant finie, les musiciens avancèrent vers l'escalier, qu'ils montèrent sur deux lignes au son des instrumens, et lorsqu'ils furent arrivez sur l'estrade, ils se séparèrent les uns à droite et les autres à gauche, de manière qu'ils entourèrent la table. Les hautbois parurent ensuite, et les danseurs montèrent ensemble. Ceux-ci, s'estant pris par la main, dansèrent autour de monseigneur. Pendant qu'on dansoit autour de la table, les musiciens descendirent par un escalier qui estoit derrière monseigneur, et se rendirent dans une allée que l'on voyoit à costé de celle par où tout ce divertissement estoit venu. Ils y trouvèrent les piqueurs endormis avec leurs chiens. On entendit alors toute la forest retentir du bruit de ces paroles :

Debout! Lysiscas, holà! debout!
Pour la feste ordonnée
Il faut préparer tout!

Les piqueurs se levèrent, et après avoir fait toutes

les actions qui pouvoient marquer qu'ils estoient profondément assoupis. On entendit ensuite un grand bruit de cors, et dans cet instant un cerf ayant traversé la route à la vue de monseigneur, ce prince s'écria comme souhaitant d'avoir des chiens. Dans le mesme temps on vit paroistre une meute que l'on découpla après le cerf. Monseigneur, voyant que les chiens chassoient si bien, témoigna estre fasché de n'avoir des chevaux que pour tirer au volant. En ce moment, on en vit paroistre d'autres, sur quoy ce prince monta pour suivre la chasse avec tous les seigneurs qui l'accompagnoient. Il courut le cerf, qui fut pris dans l'étang de Cormeille, après l'avoir couru environ une heure.

» Cette chasse estant finie, monseigneur prit le chemin du chasteau et dit qu'il avoit pris beaucoup de plaisir. Les airs estoient de M. Lully le cadet, surintendant de la musique du roy, et toute la danse de M. Pécourt, danseur ordinaire des ballets. Les habits des faunes et sylvains estoient faits sur les dessins de M. Berrain, dessinateur ordinaire du cabinet du roy, ainsi que toute la feuillée.

» Monseigneur arriva à Chantilly par l'une des grandes routes de la forest, au bout de laquelle on trouve une grande demy-lune par laquelle on entre dans une avant-cour qui n'est pas encore entièrement achevée ; elle est toute entourée d'eau, et située entre un étang nommé l'*étang de Sylvie* et le grand chasteau. On voit deux pavillons à droite et à gauche du pont-levis. Cette demy-lune aboutit à un fer-à-cheval par lequel on monte sur une grande terrasse, au mileu de laquelle est une statuë équestre de bronze du dernier connestable de Montmorency. Cette statuë se trouve vis-à-vis de l'entrée du grand chasteau. C'est un édifice fort ancien et très-irrégulier, assis sur une roche, au milieu de grosses sources qui forment un grand fossé. Cependant plusieurs grosses tours ne laissent pas de le rendre très-agréable à la vuë. M. le prince fait travailler présentement à rendre le dedans de la cour régulier, et à donner au dehors une face toute nouvelle, soit par l'ouverture de trois rangs de fenestres, et deux grands balcons qui régneront tout autour du château, soit par les combles, qui seront tous d'égale hauteur, et à la mansarde. A costé gauche du fer-à-cheval est un grand logement détaché du chasteau, dont le rez-de-chaussée est à fleur d'eau du grand fossé. C'est dans ce lieu où le logement de monseigneur avoit esté marqué, de mesme que celui de madame la duchesse et de madame la princesse de Conty, la douairière. Ce second chasteau avoit esté autrefois basti par M. de Montmorency, et on l'appeloit la *Capitainerie*. Les ornemens de dehors sont des pilastres d'ordre corinthien. Ils composent la porte d'entrée de la cour et la façade du costé du petit parterre. Tout le retour est soutenu d'un grand balcon en manière de fausse braye. Le logement d'en bas du petit chasteau est composé de deux appartemens dont la salle est commune à l'un et à l'autre. Cette salle est ornée de tableaux représentant les plus belles maisons de campagne de Paris. Toutes les pièces des deux appartemens auxquels elle sert de communication sont ornées d'autres tableaux représentant diverses fables de l'antiquité ; en sorte que l'une des chambres fait voir l'histoire de Vénus, une autre celle de Diane, une autre celle de Flore, une autre celle de Bacchus, et une autre celle de Mars.

» Toutes ces chambres, qui sont percées en enfilade, règnent le long du balcon en fausse braye dont on a parlé, et aboutissent à un grand salon en retour. Tout cet espace est remply de diverses fables curieuses, de bustes avec leurs gaînes et de meubles très-singuliers. Outre cela, il y avoit plusieurs tables pour toutes sortes de jeux. De ce logement, lorsqu'on a passé par un vestibule qui est ouvert par deux grandes arcades du costé de la cour et du petit parterre, on monte dans l'appartement qui est au-dessus et qui se trouve situé en plain-pied au rez-de-chaussée de la cour du grand chasteau, auquel il est joint par un pont qui traverse le grand fossé. Cet appartement est composé d'un grand salon qui n'est pas encore entièrement fait. De ce salon, on entre dans une grande antichambre après laquelle il y a un cabinet, dont la vue donne d'un costé sur les jardins et de l'autre sur une grande pelouse qui borde la forest. Après ce cabinet, on en trouve deux autres de moindre grandeur. L'un donne entrée dans une galerie qui est percée du costé de la forest. On voit dans cette galerie des tableaux représentant, chacun par ordre des temps, une campagne de feu monsieur le prince. La principale action de la campagne, soit siége ou bataille, peinte en grand, occupe le milieu du tableau. Les autres actions de la mesme campagne sont peintes en petit tout autour dans des cartouches. Le premier tableau représente la campagne de 1643, c'est-à-dire la bataille de Rocroy. Dans le second tableau est représentée la campagne faite en Allemagne en 1644. Les combats donnés devant Fribourg, les cinquième et dixième aoust, sont peints dans le milieu, avec les retranchemens de l'armée bavaroise qui furent forcez par celle que commandoit feu M. le prince, alors duc d'Anghien. Dans un grand cartouche, au bas est le plan de Philipsbourg; dans les six cartouches qui sont au costé droit du tableau sont représentez Oppenhein, Beingen, Lichtnau, Dourlach, Mayence et Landau. Dans les six du côté gauche, on voit Worms, Spire, Creustzenach, Bacharach, Neustad et Baden. Au troisième tableau, qui représente la campagne de 1645, est la bataille de Norlinguen, donnée le 3 aoust, entre l'armée du roy, commandée par M. le prince, et celle de l'empereur. Le quatrième tableau fait voir la campagne de 1646; au milieu est la ville de Dunkerque, et à droite et à gauche on voit d'autres actions qui regardent le siége de la mesme ville. Les autres campagnes doivent estre peintes sur d'autres tableaux pareils dont les places sont marquées dans la mesme galerie, mais qui ne sont pas encore dessinez.

» Tout cet appartement estoit éclairé par un nombre infiny de lustres et de girandoles de cristal. Lorsqu'on eut soupé, monseigneur tint appartement. Après vous avoir fait une description des deux chasteaux, je crois vous devoir parler, non pas de toutes les beautez des jardins, car je ne vous en entretiendray qu'à mesure que je vous parleray des promenades qu'y fit monseigneur, mais de ce qu'ils offrent à la vue de ceux qui sont dans les appartemens. En arrivant sur la terrasse, où je vous ay dit qu'estoit la figure du grand connestable de Montmorency, on découvre un grand escalier, au bas duquel est un grand rondeau, et au milieu de ce rondeau une gerbe de plusieurs tuyaux. Au-delà de ce rondeau on découvre un grand parterre séparé en deux parties par la croisée du grand canal. Il y a cinq grandes pièces d'eau dans l'une et l'autre partie, et chacune de ces pièces d'eau a un jet d'eau. Ces deux parties sont soutenues d'une grande allée d'ormes en terrasse avec des ifs et des piceas entre deux. Au-delà du grand canal est un demy-rond qui ferme la croisée, et dont il s'élève insensiblement jusqu'au haut de la coste une espèce de fer-à-cheval qu'on appelle *Vertugadin*.

» Le lundy, monseigneur alla courir le loup aux environs d'un village appelé la Chapelle; et au retour de la chasse, ce prince entra dans son appartement, d'où il sortit quelque temps après pour prendre après le plaisir de la promenade.

» Il traversa le petit parterre, et, ayant passé le grand fossé sur un pont de bois, il trouva à sa gauche un grand parterre, enfermé, d'un costé du fossé, de l'orangerie, et de l'autre d'une galerie et d'un canal. Ce parterre est entouré d'orangers parfaitement beaux.

» On y voit cinq pièces d'eau avec leurs jets. Celle du milieu a pour pied l'Hydre, dont chaque teste vomit une quantité prodigieuse d'eau. On y voit aussi la fontaine des Grenouilles; elle est située dans un triangle au-dessous de la terrasse du grand fossé du chasteau. Entre cette terrasse, le canal du Dragon, et le petit bois de Chantilly, qui est à costé du parterre de l'orangerie. Le Dragon est une manière d'animal marin qui paroist sortir de dessous la terrasse du fossé. Il vomit l'eau de la décharge de ce fossé dans une coquille, qui retombe dans un canal qui est le long d'un des costez de la pièce où est la fontaine des Grenouilles. On descend dans le parterre par un escalier de quatre ou cinq grandes marches fort grandes et fort belles. Aux deux costez de cet escalier sont des nappes d'eau perpétuelles, grandes, belles et bien fournies, qui tombent dans de grands bassins quarrez, avec des bouillons et bruits d'eau. Dans ce mesme parterre sont quatre grands piceas, dont le moindre a plus de soixante pieds de haut. Du costé du canal, l'allée est garnie de platanes, dont le plus vieux a plus de cent cinquante ans. Cet arbre est fort rare en France; sa feuille est à peu près comme celle de vigne, et il se dépouille tous les ans de son écorce. De ce parterre, monseigneur entra dans une isle par un grand portique de treillage. A costé de cette isle on en voit une autre plus petite. Elles sont partagées par trois canaux. La grande est ornée de plusieurs allées, de grandes palissades, de deux grosses fontaines enfermées dans des portiques, et de plusieurs ornemens de treillage d'un dessin très-agréable et d'une propreté surprenante. L'extrémité de l'isle est revestue de pierre de taille. On y voit douze jets d'eau qui sortent d'autant de bassins, au-dessous desquels est une cascade de toute la longueur de la pointe de l'isle et des deux canaux. On trouve dans la petite isle des allées de grands aunes, des palissades, un treillage en demi-rond, et une fontaine dans le milieu. Deux dragons de bronze semblent y combattre; il y en a un renversé qui pousse un grand jet d'eau, et l'autre en dégorge en abondance sur ce premier. Vis-à-vis de cette fontaine et à la pointe de la mesme isle, est un appartement de treillage composé de quatre pièces. Ces quatre pièces se trouvent sur un terrain qui a en face la vue du canal, à droite la prairie, et à gauche des jardins.

A l'issue de la promenade, monseigneur alla voir l'opéra, que monseigneur le prince avoit fait faire exprès, son altesse sérénissime ne voulant point donner de divertissement qui eût esté déjà vu. Le lieu mesme fut construit pour ce seul spectacle, et M. le prince ayant choisi l'orangerie de Chantilly, qui règne tout le long du parterre avec une terrasse magnifique, dit à M. Berrain d'y construire, non seulement un théâtre, mais aussi une salle magnifique. L'orangerie a soixante-dix toises de long et vingt-sept pieds de large. M. Berrain la divisa en trois parties, séparées par des portiques d'architecture, sans y comprendre le vestibule par où l'on y entre, et duquel on voyoit cette longue étendue éclairée de deux rangs de lustres. Il seroit difficile de trouver rien de plus magnifiqueet, dont les ornements fussent plus diversifiez. Plus on approchoit, plus on voyoit que la magnificence alloit toujours en augmentant; la dernière salle estant infiniment plus riche que la première, et le théâtre encore davantage.

» Le vestibule estoit orné de grands arbres qui cintroient et cachoient toute la voûte. Les pieds de ces arbres estoient dans une seule caisse qui régnoit tout autour du vestibule et qui estoit peinte en porcelaine et ornée des chiffres de monseigneur, avec des attributs de ce prince. On pouvoit prendre ce vestibule pour une très-belle allée. Ce vestibule estoit éclairé de plusieurs lustres; ce qui, parmi la verdure des autres, produisoit un effet très-réjouissant. On se sentoit excité à passer outre à travers un superbe portique, sous lequel il falloit passer pour entrer dans la pièce suivante. Il servoit d'ouverture à une galerie de seize toises de long sur vingt-six pieds de haut. Entre les lambris et la corniche, on voyoit une très-belle tapisserie toute d'une mesme suite et qui est nommée *tapisserie de Vénus*. Et au bout de cette galerie on montoit trois marches pour entrer dans la troisième pièce, qui estoit la salle de l'opéra ; elle avoit cent quarante-deux pieds de long, en y comprenant le théâtre et l'orchestre. L'ordre de son architecture, ainsi que celuy de la façade du théâtre, estoit ionique composé. Entre les pilastres, des deux costez du théâtre, estoient deux grandes figures de ronde bosse, chacune de six pieds de haut : l'une représentoit la poésie, et l'autre la musique. Ce fut sur ce théâtre que l'on représenta l'opéra. Les vers n'en pouvoient estre que beaux, puisqu'ils estoient de M. Leclerc, de l'Académie françoise. Ils avoient été mis en musique par M. Lorenzany, maistre de chapelle de la feue reyne, dont les ouvrages sont fort estimez, et M. Pecour avoit fait les entrées qui composoient les divertissements, hors deux qui estoient de M. Lestang. Cet opéra, intitulé *Orontée*, fut chanté par l'Académie de la musique de Paris, et il y avoit outre cela trois des meilleurs musiciens de la musique du roy.

» L'ouverture du théâtre se fit par la représentation d'une grande et belle forest, que la diversité des arbres et des routes faisoit paroistre fort spacieuse. Lorsqu'on eut levé la toile, on vit le dieu Pan dans le fond de cette forest. Toute sa suite, sylvains, satyres et faunes, estoient en groupes en divers endroits. Il commença le prologue. Comme tous les vers qu'on y chanta regardent le roi et monseigneur le dauphin, je ne veux pas vous priver de la satisfaction que vous aurez à les lire. Voici ceux qui furent chantez d'abord par le dieu Pan. C'estoit M. Moreau qui faisoit ce personnage.

J'ai veu tous les règnes des rois
Célèbres par leurs exploits,
Et dans mon souvenir j'en conservois la gloire ;
Mais depuis que Louis s'est fait voir à mes yeux,
Tous ces mortels sortent de ma mémoire,
Et je ne mets que luy dans le rang de nos dieux.

» Pan eut à peine achevé ces vers qu'une troupe de driades et d'hamadriades se fit voir. Voicy ce que chanta une des driades :

O gloire incomparable
De Louis !
Les siècles seront éblouis
A l'éclat admirable
De ses faits inouïs !

» La décoration du premier acte représentoit le temple de Vénus.

. . . .

» L'opéra finit par une feste galante que fit une

troupe d'Égyptiens pour se réjouir d'une aventure qui leur donnoit un roy si digne de l'estre.

» Monseigneur marqua, avec l'honnesteté qui luy est ordinaire, qu'il s'estoit beaucoup diverty à cet opéra.

» Le mardy, qui estoit la troisième journée, Monseigneur conclut se donner le plaisir d'aller tirer dans le parc. Ce parc est d'une beauté merveilleuse; on y voit des costeaux, des plaines, des bois, disposez par la nature comme pour servir de retraite à toutes sortes de gibier. On y trouve une ménagerie; on y voit un grand salon orné de peintures représentant l'histoire d'Isis. Beaucoup de terrasses et de jardins champêtres font l'ornement de cette maison, dont une des cours est bordée de huit pavillons, tous séparez les uns des autres, et destinez à loger les animaux rares que monsieur le prince a fait venir des pays étrangers.

» Le prince, après avoir tiré toute la matinée dans ce parc, alla l'aprés-dîner à la chasse du cerf.

» Le vendredy, Monseigneur alla à la chasse aux perdreaux. Il se promena l'après-dîner; il traversa d'abord le parterre des orangers, et alla ensuite dans la partie du jardin qui est du costé du village de Chantilly. Il y entra par une grande porte qui est au milieu de la galerie des Arts. Cette galerie s'appelle ainsi, parce qu'elle est ornée de beaucoup de figures de cerfs au naturel, portant tous au col l'écusson des armes de MM. de Montmorency, et des maisons avec lesquelles ils avoient fait alliance.

» Monseigneur s'embarqua, avec tous les seigneurs de sa suite, pour aller prendre le divertissement de la joûte sur l'eau, et pour voir tirer l'oye. Les deux bâtimens sur lesquels Monseigneur s'embarqua avec ceux de sa suite estoient ornez de leurs pavillons et tendelets, et conduits par dix-huit habiles matelots. A mesure que Monseigneur avança, il découvrit de nouvelles beautez. Après la faisanderie, on trouve un grand jardin en terrasse, lequel finit de mesme que les jardins fruitiers qui sont au-dessus, à un grand rond, d'où descend sur le canal une grande allée, et ce qui la traverse va passer entre la teste et le corps de la grande cascade, et se termine au pavillon de Mars. Toute cette partie s'appelle le bois de *Lude*. Les arbres en sont parfaitement beaux et les palissades très-unies. Voilà tous les objets qui parurent à Monseigneur pendant le temps qu'il demeura sur le canal de la rivière. Au sortir de ce lieu-là, son bateau entra dans un canal de traverse qui porte ses eaux au pavillon de Manse. De ce canal on découvrit toute la prairie qui va jusqu'à la chaussée de

Gouvieux. Tous ces canaux et toutes ces terrasses ont au moins onze à douze cents toises de long. De là on vint dans une écluse à trois portes.

» Si-tost qu'on les eut ouvertes, on vit comme une mer qui auroit rompu ses digues, se précipiter à grands flots roulant les uns sur les autres avec un bruit effroyable. Les bateaux ayant esté élevez à la hauteur du grand canal, on y entra au son des trompettes et des concerts de plusieurs sortes d'instrumens, qui estoient au bord du canal et sur le canal mesme, dans des bateaux.

» Le divertissement de la joûte et de l'oye estoit préparé dans le grand canal. Ce paysage estoit tout rempli de peuples, de mesme que les bords du grand canal. Quand ce divertissement fut finy, Monseigneur entra dans un bâtiment tout doré, construit à la manière de ceux dont se sert le roy de Siam, et que l'on nomme *balons*, dont sa majesté a fait présent à monsieur le prince. Il y avoit des luths, des téorbes, des basses de violes et des voix choisies dans la poupe de ce balon.

» Monseigneur eut le plaisir de voir pêcher. On prit plus de cinq cents poissons d'un co de filet. Ce prince retourna en carosse et y tint appartement avant et après souper. Madame la Princesse et madame la princesse de Conty arrivèrent ce jour-là à Chantilly entre minuit et une heure.

» Le jeudy, qui estoit la cinquième journée, le prince ayant été averty que madame la duchesse et madame la princesse de Conty la douairière devoient partir de Versailles après le couché du roy, pour venir à Chantilly, se prépara à les recevoir. Monseigneur voulut aller aussi au-devant de ces princesses. Il partit à trois heures du matin. Elles furent reçues au bruit des trompettes et des timballes. Elles entendirent, peu de temps après, une harmonie champestre, et virent paroistre environ vingt-quatre faunes et satyres sur des chevaux caparaçonnez de feuillages.

» Monseigneur, qui s'estoit levé avant trois heures du matin, alla coure le loup à Merlou, au lieu de se mettre au lit.

» Le sixième jour, qui estoit le vendredy, Monseigneur alla coure le cerf avec les chiens de monsieur le duc de Mayne. On se rendit l'après-disnée dans les belles routes de la forest. Je ne sçaurois m'empescher de vous faire remarquer que ces routes sont toutes à perte de vue. Ce fut par ces routes que l'on alla jusqu'à un étang qui est au milieu de cette forest, et qui est appelé *l'étang de Comellé*. Cet étang peut avoir environ un quart de lieue de long, sur un demi-quart de lieue de large. Il est dans un fond. On avoit dressé une feuillée sur la chaussée, avec des tentes au milieu pour y mettre les dames. On trouva sur l'étang des bateaux couverts de leurs tendelets. A peine avoit-on achevé de s'embarquer, qu'on entendit retentir de tous costez le son de plusieurs troupes de hautbois et de trompettes, et, peu de temps après, un bruit de cors et de chiens qui firent lancer dans l'étang, à plusieurs reprises, un grand nombre de sangliers, de cerfs et de biches. Tous ceux qui estoient dans ces bateaux prirent leur party pour les attaquer, les uns avec des pieux, les uns avec des dards, et les autres avec des épées. Cette chasse dura environ deux heures et causa beaucoup de plaisir. On revint ensuite au chasteau, où il y eut appartement et opéra.

» Le lendemain, Monseigneur alla à la chasse au loup dans la forest. Les dames demeurèrent ce jour-là au chasteau, parce que le beau temps cessa. Au retour de Monseigneur, il eut avec elles le divertissement d'un concert dans l'appartement de madame la princesse de Conty. Les vers estoient de M. du Boulay, secrétaire de M. le grand-prieur, et la musique de la composition de M. de Lully, surintendant de la musique du roy.

» Il y eut encore ce jour-là appartement et opéra, et ensuite *media-noche*.

» Jamais on n'a vu tant de divertissemens dans un seul jour, et de tant de différentes manières, qu'il y en eut le dimanche, qui estoit la huitième journée. Ce jour là, après la messe, Monseigneur alla à la chasse du cerf avec les chiens de M. le grand-prieur. Au retour de la chasse, il se rendit avec ces dames dans la maison de Silvie, pour le repas que M. le prince lui donnoit.

» Silvie est une espèce de petit chasteau qui n'est composé que d'un appartement bas de quatre pièces seulement, percé en enfilade, et aboutissant d'un costé aux allées champestres d'un grand bois qui est à costé de la grande terrasse, vis-à-vis le vieux chasteau. On appelle aussi ce bois le *bois de Silvie.* On dit que ce nom de Silvie luy a esté donné par le fameux Théophile qui estoit attaché au service de M. de Montmorency, et qui, lorsqu'ils estoient à Chantilly, passoit une partie de son temps à resver agréablement et à faire des vers au bord d'une fontaine toute simple et toute naturelle, pour une maîtresse qu'il avoit appelée Silvie.

» On voit encore cette fontaine auprès de cette maison, et les petites murailles d'appui qui l'environnent et qui en servent à des bancs de marbre qui sont tout autour, sont ornez d'une infinité de vers galans qui y ont esté écrits par ce poète amoureux. Ce fut dans cette maison que monsieur le prince fit servir un retour de chasse à Monseigneur. Après qu'on eut mangé les entremets, comme on croyoit qu'on alloit servir le fruit, monsieur le prince dit à Monseigneur *que, s'il en vouloit, il falloit qu'il se donnast la peine d'en aller chercher au milieu du labyrinthe où le dessert estoit servy.* Monseigneur accepta la proposition avec joye, et l'on se leva de table pour aller dans ce labyrinthe; i est au milieu d'une partie de la forest. Dans cet espace, enfermé du costé de la grande chute d'eau, on voit un fort beau jeu de mail, et un de longue paume. Au-deçà est un grand manége, et à costé sont les jeux de l'arquebuse et de l'arbalestre, avec de grands portiques d'architecture. Voilà la situation du labyrinthe qui est si remply de détours, qu'il est presque impossible de ne pas s'y égarer et d'en trouver le milieu. On y doit trouver à l'entrée deux figures de marbre que monsieur le prince fait faire à Rome; l'une représentant Thésée qui entre dans le labyrinthe, et l'autre Ariane qui luy présente le fil dont il doit se servir pour assurer son retour. Une figure de minotaure, qui se fait aussi à Rome, doit estre au milieu. En d'autres enfoncemens, on trouve des bancs de marbre avec des cartouches portez sur des piédestaux. Sur chacun de ces cartouches est une énigme. En voicy que l'on trouve dans ce beau lieu :

« Si tu savois de quel endroit du monde

» On ne peut voir que trois aunes des cieux,
» Ce point de doctrine profonde
» T'élèveroit au rang des Dieux.

» Un bon vieux père a douze enfans,
» Les douze en ont plus de trois cens,
» Ces trois cens en ont plus de mille.
» Ceux cy sont blancs, ceux là sont noirs,
» Et par de mutuels devoirs
» Tous conservent l'accord à l'univers utile. »

» Parmi tant d'énigmes, on n'a pas oublié celle du sphinx, qui est si fameuse.

» Enfin, Monseigneur qui s'estoit rendu, désespérant de trouver ce qu'il cherchoit, dit à monsieur le prince qu'il falloit le mettre dans le bon chemin; ce que son altesse fit. Ils arrivèrent bientôt au centre de ce labyrinthe qui représente une manière de grande salle découverte. Le dessin de la salle représentoit un parterre, dont les compartimens estoient formez par des corbeilles d'argent. Les versans et le tour de la table estoient de feuillages. Le milieu en estoit occupé par un vase de filigrane d'argent, d'où sortoit un oranger tout couvert de fleurs et de fruits naturels. Il y avoit deux grands buffets qui estoient en face de la table. Le premier estoit occupé par une couche de melons naturels. Le second estoit garny de vingt-quatre couverts de porcelaine fine; le reste estoit remply de gasteaux, et d'assiettes de grosses truffes, derrière lesquelles estoient de très-belles porcelaines garnies de fleurs. Monseigneur et ceux qui l'accompagnoient prirent beaucoup de plaisir dans ce labyrinthe.

» L'après-dînée, Monseigneur alla tirer et trouva un nouveau divertissement à son retour. Il estoit donné par le dieu Pan. Vingt-quatre nymphes magnifiquement vestues estoient assises sur le devant du théâtre. On voyoit ensuite quantité de bergers avec des habits très-propres et convenables à leur caractère, et derrière ces bergers paroissoient les satyres, les faunes, les sylvains, les divinités des bois. Tout ce grand divertissement commença par des passe-pieds, et les airs avoient esté faits par M. Lorenzani, pour un opéra que M. le duc de Nevers donna au roy à Fontainebleau.

» Il semble qu'après tous les divertissements qu'on avoit déjà eus, on ne devoit plus attendre d'autres. Cependant il y en eut encore deux des plus grands dont on ait oüy parler depuis longtemps; ce furent un feu d'artifice et une illumination.

» Monseigneur sortit de la salle de l'opéra à neuf heures du soir, par la galerie des Cerfs qui est au bout de l'orangerie. Il monta dans une grande calèche avec toutes les dames. Il estoit conduit par monsieur le prince. On fut surpris de voir tout le canal en feu. Lorsque Monseigneur arriva dans cet endroit, d'où l'on peut découvrir le château, il parut étonné ainsi que toute sa cour. C'estoit le grand canal qui, estant illuminé, paroissoit comme s'il eust esté basty de pierres précieuses éclairées par le soleil. Enfin l'on s'alla coucher, l'esprit tout rempli de tant d'agréables idées qu'elles firent le sujet des songes de la pluspart de ceux qui rêvèrent cette nuit-là.

» Le lendemain matin Monseigneur alla courre le cerf, revint dîner à Chantilly, et alla l'après-dînée aux toiles, où il y avoit une très-grande quantité de sangliers, biches, renards, lièvres et lapins.

» Enfin après avoir fait à monsieur le prince mille honnestetez qui partoient du cœur, ce prince prit le chemin de Versailles. M. Berain avoit esté chargé du soin de toute la feste, et MM. Camus et Brear l'avoient esté de ce qui regardoit les tables.

» Je ne sçaurois trop vous entretenir de Chantilly, et pour vous en dire encore un mot en gros, il est situé dans un vallon, au milieu de deux forests, dont l'une est celle de Chantilly, et l'autre celle de Dalatre. Les jardins ont au moins deux mille cinq cents toises de longueur jusqu'à l'étang de Gouvieux, et il y a autant de navigation. Il ne faut pas considérer seulement Chantilly par toutes ces choses; la postérité le doit toujours regarder comme un lieu fort considérable, quand il ne le seroit que parce qu'un grand prince, accablé du poids de ses lauriers, a donné ses soins à une partie des embellissements qu'on y voit, et y a passé les dernières années d'une vie féconde en miracles, et dont tout ce qu'il y a d'historiens parleront avec éloge.»

Nous étions arrivés au château bâti sur les ruines de celui dont je venais d'achever la description.

Des très-ordinaires appartemens qu'on vous fait parcourir, vous ne garderiez le souvenir d'aucun sans un salon dont nous parlerons plus loin, et sans une petite chambre de cinq ou six pieds carrés, haute en proportion, toute grise et dorée, que désigne par ces mots votre dogmatique cicérone : *Cabinet de Watteau, représentant les amours de Louis XV avec madame Dubarry.* Passez sur l'anachronisme du cicérone. Mort dans les premières années de la régence, comment Watteau aurait-il représenté les amours de Louis XV, tout enfant, et de madame Dubarry, encore à naître ? On est ébloui d'abord du luxe de cette bonbonnière, dont le parfum s'est envolé, car je n'ose vraiment lui donner le nom de cabinet. Et en l'acceptant comme boudoir, eût-il été destiné à la gracieuse Allart, à la folle Arnoult, à la voluptueuse Guimard, nulle d'elle, renversée à l'asiatique sur le sofa, n'eût même, dans cette attitude commode, empêché ses jolis pieds d'écorner les dorures, ou d'estomper de ses talons rouges les caprices de Watteau.

Quelles amours du régent, et non de Louis XV, Watteau a-t-il eu l'intention de parodier? C'est ce qu'il serait hasardeux de dire à propos d'un prince qui commença de si bonne heure et finit assez tard. Assurément je me tromperais d'une dynastie de courtisanes, et je me perdrais dans la chronologie des cotillons. Pour éviter l'anachronisme, seul tort dont je pourrais me rendre coupable envers la mémoire du régent, qui n'a pas à souffrir du scandale, Dieu merci! je ne dirai donc ni quelle est la femme ni quelle est l'intrigue qui ont fourni matière au pinceau impertinent du peintre.

Non, je ne connais rien de neuf, de gracieux, de fou, sans préjudice des rêveries de la laque chinoise et des extravagances bleues de nos vases japonais, comme ce boudoir peint par Watteau. Six panneaux de bois à filets et à moulures d'or tapissent le mur : et, du premier au dernier, se déploient, comme sur les lames d'un éventail, le début et la fin d'une passion royale. Asseyez-vous: c'est presque un roman à écouter.

Le premier panneau représente une guenon assise devant sa toilette. Deux dames d'atours, guenons comme elle, épuisent tous leurs soins à la parer. Une guenon lui fait les ongles, les lui polit, tient respectueusement une patte dans sa patte, tandis que l'autre lui noue une touffe de rubans. Rien n'est languissant comme les yeux de la grande guenon, qu'on met dans tout son éclat pour recevoir son amant. Il faut que le coup porte, que l'entrevue soit décisive. Son museau noir frémit d'impatience, et son œil jaune laisse lire le plaisir qu'il promet. C'est la première scène du sofa dans le roman de ce nom. Heureux le singe qui posera ses dents sur ce museau.

Si le peintre n'a voulu faire qu'une plaisanterie, il s'est trompé, il en a rencontré quatre. Il a parodié le régent, la maîtresse du régent, et Boucher, avec ses femmes à lèvres courbées en as de cœur, et Vanloo avec son dessin étriqué. Et tout est également singe, griffes, grimaces, dans les emblèmes, supports et allégorie des panneaux. Dans le fond du sujet, courent, se balancent folâtrent, se promènent, batifolent dans l'air ou sur un cheveu ployé en escarpolette, des singes bleus, verts, rouges, graves, narquois; les uns portant des fées en palanquins, les autres traversant des fleuves pour aller cueillir une rose au Bengale. C'est Callot qui a rêvé de l'Inde au lieu de l'enfer, qui, avant de rêver et de peindre, a lu les *Voyages* de Tavernier. Le tout s'encadre dans deux singes indigos d'une proportion démesurée qui déploient une ombrelle chinoise sur le tableau.

Au second panneau, la toilette de la guenon est achevée; elle roule dans un magnifique traîneau, à côté du singe ducal. Il est impossible de ne pas reconnaître un prince, au riche manteau écarlate bordé de loutre qu'il porte, car il fait froid : le cocher singe a le museau surpris par la bise. Enveloppée dans un chaperon de drap bleu, et cachant ses pattes dans un manchon, la guenon ne se sent pas d'aise. Scudéry lui-même serait bien embarrassé de dire à quel point on en est sur la carte de Tendre.

A défaut, on serait tenté d'être réservé dans ses suppositions : car plus loin on aperçoit le mammifère couronné poussant sur la glace, avec toute l'anxiété d'un amant et la grâce d'un parfait cavalier, le traîneau où s'épanouit sa femelle. Ici Crébillon seul lutterait d'esprit avec Watteau. S'il eût peint, à coup sûr, il n'eût pas dit autre chose. Le trait est délié, net, élancé, l'expression cavalière, la couleur effrontée. Cette peinture-là est un pamphlet. Elle se lit.

Cette fois nos amoureux n'ont probablement

plus rien à s'apprendre. Je vois mes singes dans le troisième panneau, avec leurs figures allongées, cherchant à se distraire dans les cartes. A leurs côtés une guenon de bonne compagnie leur parle de la chronique galante qui préoccupe en ce moment le peuple des sapajous.

L'impitoyable Watteau abuse de la permission. Il est vrai que, lorsqu'un prince du sang commande un pareil tableau, le peintre aurait mauvaise grâce à n'être pas aussi séditieux que possible dans l'exécution. Nous avons vu le singe et la guenon en traîneau et au whist : voici maintenant la guenon au bain. Sous la fine chemise de batiste se dessinent des formes souples et paresseuses. Il y a toute la nonchalance de la mollesse et de la volupté dans le mouvement de la patte de derrière, qui laisse glisser la mule sur le parquet. Plus tard, le roman de Rousseau donna beaucoup de vogue chez les femmes à l'abandon calculé de la mule dans le suprême instant de la séduction. La guenon a deviné *la Nouvelle Héloïse*.

Sortons du bain. Dans l'avant-dernier panneau, la passion expire. En pet-en-l'air, en paniers, des mouches et du fard jusqu'à la gorge, la guenon, sous le costume de bergère des Alpes, est à cueillir des cerises. Elle fait valoir avec coquetterie le jeu de ses articulations sur une échelle qui ploie. Ce panneau est le plus embarrassant à expliquer. Comment dire la maîtresse qui a su captiver le régent, depuis la saison des glaces jusqu'à la saison des cerises? Je n'en connais point. Quoi qu'il en soit, c'est peut-être le dernier jour : le beau singe n'arrive pas, l'ingrat! La guenon descend tristement, le museau soucieux et tourné vers l'horizon. C'est la paraphrase de la fameuse chanson du temps : *Attendez-moi sous l'orme.*

Il est enfin venu! Mais quelle froideur de part et d'autre! Dans le dernier panneau, où on les voit presque dos à dos, à cheval, lui et elle en costumes du matin exactement semblables, comme il est grave et cérémonieux avec sa queue qui se trahit sous la soie, ses hauts talons et la poudre! Elle, comme elle est triste, sous son tricorne, dans son habit d'amazone! Adieu, mon singe! Adieu, ma guenon! semblent-ils se dire. Les chevaux ont déjà fait leur conversion opposée : « Adieu, singe, va » manger la France! Adieu, guenon, va la cor- » rompre! »

— Et le drame est fini.

Jamais caricatures publiées à Londres contre la cour de France, jamais mémoires secrets imprimés à La Haye *aux dépens de la compagnie*, n'ont poussé si loin que ce chef-d'œuvre de Watteau le mépris pour l'alcôve du régent. Il dut être composé dans ces momens de haine fréquente qui s'élevaient entre Chantilly et les Tuileries. On sait que depuis Henri IV l'impossibilité pour les Condés d'approcher du trône les avait rendus la famille la plus sévèrement attentive aux mœurs de la cour. Les Condés ont toujours été à la dynastie régnante ce que les protestans furent aux catholiques : supérieurs, moins par vertu que par esprit d'opposition.

« Le régent, dit Saint-Simon dans ses mémoires, » était curieux de toutes sortes d'arts et de » sciences, et, avec infiniment d'esprit, avait eu » toute sa vie la faiblesse, si commune à la cour » d'Henri II, que Catherine de Médicis avait entre » autres mœurs rapportée d'Italie. Il avait tant » qu'il avait pu cherché à voir le diable, sans y » avoir pu parvenir, à ce qu'il m'a souvent dit, et » à voir des choses extraordinaires, et à savoir » l'avenir. » (Tome 5, page 121.)

Dépouillons le fait, vrai ou faux, cité par Saint-Simon, de son exagération, pour nous souvenir seulement des connaissances profondes que le duc d'Orléans possédait en chimie. Ces connaissances, rares pour le temps, plus rares chez un prince, commencèrent par le rendre ridicule aux yeux de la cour, et faillirent plus tard, à la mort du dauphin, le faire passer pour un empoisonneur de profession.

La seconde salle du château de Chantilly, peinte par Watteau, est une allusion ironique aux goûts scientifiques du duc d'Orléans, goûts présumés si meurtriers. Toujours sous les traits d'un singe,— les Condés tenaient singulièrement à leur figure allégorique, — ce prince souffle dans des fourneaux, distille des poisons, pèse des venins, et fait des essais à la façon de la Brinvilliers. Aucun talent descriptif n'est assez patient, assez riche, assez vrai, pour caractériser les trésors d'invention mis en œuvre par Watteau dans ces petites scènes, qui sont l'origine et la source de la bonne caricature française.

Après avoir encore traversé deux ou trois salles dans le goût de celles de Versailles, chamarrées d'arabesques d'or, sur les murs, aux plafonds, sur le bois des croisées, sur le bois des portes, nous arrivâmes à la salle des Victoires ou salle des Conquêtes. Inclinez-vous ! — Plus bas encore si vous êtes militaire. Ici sont toutes les batailles, c'est-à-dire toutes les victoires du grand Condé.

Tout est pour le grand Condé : cent cinquante pas de toile couverte de gloire ! On y a mis jusqu'à sa rébellion contre la cour, jusqu'à sa défaite à Lérida. Ceci est sublime, c'est plus encore, c'est chrétien. En cela, Vandermeulen a été plus éloquent que Bossuet, car Bossuet n'a pas osé parler de cette défaite le grand jour où il dit : « Je réserve

» au troupeau que je dois nourrir de la parole de » vie les restes d'une voix qui tombe et d'une ar» deur qui s'éteint. »

Il est à remarquer que tout ce qui frappe d'admiration, dans le château, est moins, il faut l'avouer, le fruit d'un amour sincère pour les arts, chez les Condés, que le résultat fortuit d'un heureux concours d'artistes dans la confection du mobilier.

Et cela est si vrai que, si les Condés possèdent un monument remarquable, ce n'est pas une chapelle, une statue, un tombeau : ce monument est une écurie. Leur galerie est belle, mais elle n'est qu'une suite d'événemens personnels à la maison ; c'est un portrait de famille, l'histoire à l'huile du grand Condé. Watteau est appelé pour servir une vengeance de courtisans, pour couvrir d'une fresque scandaleuse les murs d'un cabinet. Watteau laisse un chef-d'œuvre : le château avait simplement besoin de meubles et de tapisseries.

Chaque tableau de bataille, haut de dix pieds environ, est divisé en trois parties, dont deux destinées à retracer l'ordre de la bataille et l'engagement ; le troisième, à offrir, dans six médaillons qui tournent en collier autour du tableau, la configuration des villes voisines du champ de bataille, les places conquises ou à conquérir durant la campagne, enfin la carte du pays. C'est un singulier effet pour l'œil que ce singulier mélange de lignes géographiques, de cours de fleuves, de plans stratégiques, dépourvus de perspective, au milieu, à côté et tout autour des groupes animés de Vandermeulen; naïveté qui confirme notre opinion émise plus haut sur le goût des Condés, qui se souciaient fort peu de l'art, qui ne tenaient qu'à s'entourer de portraits de famille.

Aucune histoire du grand Condé aucune histoire du temps, peut-être, ne donne, comme ces tableaux, déjà mentionnés avec exactitude dans la *Feste de Chantilly*, une idée aussi complète de la manière d'échelonner autrefois une armée, des costumes, des cavaliers et des fantassins, en un mot, de la science militaire d'alors, où la guerre consistait à opposer homme à homme, cheval à cheval, canon à canon, où l'on avait des tentes de velours, où l'on prenait des quartiers d'hiver, où enfin l'art de se battre n'était que l'art de jouer aux échecs; si bien qu'un siége était levé ou repris sans qu'il y eût souvent un coup de fusil tiré de part ni d'autre. Dans les considérations stratégiques de castramétation, les Commentaires de César et un passage de Polybe avaient plus de poids que les boulets. L'art poétique commandait avec le grand Condé sur le Rhin.

Outre les belles et larges notions historiques qu'on puise dans l'examen de ces tableaux, l'esprit est émerveillé du dessin et de la couleur que Vandermeulen a prodigués aux différentes batailles. Malgré le vif éblouissant de l'outre-mer et la dégradation de quelques teintes, notre époque ne peut citer aucun peintre aussi consciencieux dans ses effets, aussi local pour la couleur. Vernet ne fait pas mieux les chevaux ; Petitot n'a pas mieux réussi dans la miniature. De près et de loin, Vandermeulen est un grand peintre.

En continuant la revue des appartements, je fus frappé du contraste de la salle des Victoires du grand Condé avec les salles consacrées à rappeler les victoires de ses descendants. L'une déroule, sous le pinceau de Vandermeulen, les plus beaux faits d'armes du grand règne ; les autres n'offrent que des bois de cerfs, très-artistement empilés, et portant chacun la date de leur prise de possession. Il y a là de l'illustration pour sept ou huit Condés au moins et de quoi faire quatre mille manches de couteaux.

— Vous ne sauriez croire, monsieur, me dit le cadet de Chantilly, qui n'avait pas osé interrompre mon admiration, quelle passion ont toujours eue les Condés pour la chasse. La plupart en sont morts ; quelques-uns en ont été ridicules.

A la Saint-Hubert, illustre et vénéré patron des chasseurs, on célébrait ici la messe des chiens, afin d'attirer sur eux, sur les chiens, l'adresse et le flair, si nécessaires au meurtre du gibier. Cette chronique, monsieur, n'est pas une impiété : c'est un fait. La chapelle était parée comme aux grands jours; c'était fête au chenil. Des fleurs étaient répandues sur les saintes dalles, des fleurs jonchaient le chenil. Vous que le rapprochement offense, vous n'apprendrez pas sans étonnement que le chenil du château de Chantilly est composé d'une aile entière de la seconde cour circulaire.

A la Saint-Hubert donc, selon l'antique usage, et avant même les Montmorency, le plus vieux gentilhomme, monté sur le plus vieux cheval, suivi du plus vieux chien, accompagné du plus vieux piqueur, ouvrait la marche religieuse des chiens se rendant à la messe.

Il est inutile de dire que ce jour-là le peigne, la brosse et l'éponge donnaient au poil tout le lustre de l'étiquette, et que les queues et les oreilles adoptaient la forme la plus grave, la plus analogue à la sainteté de la cérémonie. Les remontrances et l'eau de savon venaient à bout des plus rebelles. A défaut, la diète pour les uns, un excellent déjeuner pour les autres, répondaient de la décence de tous. L'hypocrisie se glissait parfois dans la tenue de quelques-uns; mais il faut bien pardonner ce vice, surtout lorsqu'on l'exige.

Dans l'ordre du cortége du chenil à la chapelle :

Venaient d'abord les grands dignitaires du chenil, le ban et l'arrière-ban des bouledogues d'Allemagne, à la tête ronde, aux oreilles coupées, au collier hérissé de pointes de fer. Chanoines de l'ordre.

Suivaient les bouledogues d'Angleterre, joufflus et ridés, grande espèce. Aumôniers.

Suivaient les grands lévriers à poil ras, aux jambes peureuses, au ventre affamé, au museau de fouine; — enfans de chœur; les grands lévriers à poil long, métis du grand lévrier et de l'épagneul : bon œil, pas d'odorat, moitié de courtisans;

Suivis des lévriers de la moyenne espèce.

En sixième ordre, et perdant beaucoup à cause du voisinage des lévriers, arrivaient pesamment, comme des présidens de cour de cassation, la députation des braques : grande gravité d'oreilles.

Puis les limiers, chiens muets, ressemblant aux braques comme les huissiers aux présidens : oreilles plus épaisses, courte queue.

Puis les bassets, originaires de la Flandre et de

l'Artois, la terreur des blaireaux, et qui répondent au cri de *coule, coule, bassets !*

Puis les chiens couchans d'Espagne, qui chassent du haut nez, et *piquent la sonnette*.

Puis encore des lévriers charnaigres, qui bondissent; des lévriers harpés, sans ventre; des lévriers nobles, au râble large; des lévriers gigotés, aux os éloignés; des lévriers nobles, de longue encolure; des lévriers œuvrés, au palais noir.

Après se pressaient les chiens courans de race royale ou chiens français; les chiens de race commune, baubis et bigles.

Enfin, vaste état-major du chenil, on voyait les chiens allans, les chiens trouvans, les chiens batteurs, les chiens babillards, les chiens menteurs, les chiens vicieux, les chiens sages, les chiens de tête et d'entreprise, les chiens corneaux, clabauds; les chiens de change, armés, belle gorge, butés.

Et après tout, la populace des chiens, les mâtins sans origine connue, dont la vaste nomenclature aurait fait reculer la plume patiemment éloquente de Buffon.

Introduits, dans le même ordre, au centre de la chapelle, on les arrangeait de front, d'après l'âge ou le mérite, devant le tableau de saint Hubert, exposé sur le maître-autel; saint Hubert, je l'ai déjà dit, patron des chasseurs et des chiens;

personnage qui répond à saint Donin, patron des chasseurs italiens, et à saint Denis, patron des chasseurs provençaux.

Et quand les chiens avaient pris leur place, aussi respectueusement que possible, l'aumônier du château commençait le sacrifice de la messe, sous l'invocation de saint Hubert.

Rien n'était omis dans la liturgie. Il n'y a pas encore eu de Luther parmi les animaux.

Et quand le sacrifice, sous les deux espèces, était consommé, l'aumônier montait en chaire, et prononçait le panégyrique du grand saint dont on allait fêter la journée. Malheur au bouledogue qui eût bâillé à l'exorde! malheur au lévrier charnaigre qui eût dormi sur ses pattes au second point!

Cette cérémonie religieuse, que nous nous serions bien gardés d'imaginer, n'était pas plus une impiété pour ceux qui s'y prêtaient qu'elle n'en doit être une pour nous, qui la rapportons avec la même innocence d'esprit. Elle avait d'ailleurs un but : c'était de prier le ciel d'éloigner des chiens la gale, le flux de sang, les vers, le mal d'oreille, les crevasses, les morsures de serpens, les piqûres de plantes vénéneuses, les blessures du sanglier, et surtout la rage.

Il est vrai que, sans être casuiste profond, on reconnaissait dans cette sollicitude religieuse pour les chiens moins le désir abstrait de leur conservation que celui de ne pas perdre des animaux dont quelques-uns ne s'élevaient pas à moins de cent louis d'or. Je parle de ceux qui, par un soin particulier des gardes, n'avaient jamais compromis leur nationalité danoise, ou anglaise, ou royale, avec une nationalité de basse-cour, quelle que fût l'ardeur de la saison, quel que fût le charme irrésistible de la séduction. Aussi les chiens et les chiennes nobles ainsi conservés étaient enregistrés, à leur naissance, à l'état civil du chenil; leur accouplement y était inscrit, leur mort également. C'était là leur livre de noblesse, leur livre d'or; quelques-uns même ont eu leurs poètes et leur Panthéon. La Deshoulières ne les oubliait pas dans ses tragédies. Les curieux qu'un doux loisir amènera à Chantilly verront dans le cabinet d'histoire naturelle du château un chien sous verre. Le votif animal est exposé, non en souvenir de sa grâce ou de sa force, il est très-laid et très-chétif, mais en mémoire d'un service éminent qu'il rendit à son maître. Un chasseur allait être blessé par un sanglier; le chien se jeta entre son maître et l'animal furieux. Dans la lutte, le chien et le sanglier moururent; le chasseur fut sauvé. C'était monseigneur le prince de Condé, le grand Condé! ce trait-là n'est pas dans son histoire. Bossuet le funèbre, qui était fils d'un vacher, n'aurait pas dû oublier ce chien dans son oraison.

Cette puérilité d'aristocratie s'étendait partout, les carpes des étangs avaient aussi leur âge connu, les cerfs et les chiens leur parchemin; jusqu'aux arbres, jusqu'aux tilleuls! les tilleuls ont leur extrait de naissance au château. Il est étonnant que les chênes n'aient pas été faits ducs, et les hêtres marquis.

Je n'ai pas le courage de rire de cette manie de tout anoblir, quand je songe aux révolutions qui ont passé sur les châteaux et qui les ont guillotinés aussi bien que leurs possesseurs. Il va sans dire que les maîtres ont dû souffrir l'exil et la mort. Les révolutions ne sont pas faites pour s'attendrir; elles sont faites pour marcher. Mais les pierres? on les a pilées; les vases de marbre de Médicis? on les a broyés; on a jeté de la boue dans les étangs; on a scié les arbres séculaires des Montmorency jusqu'à la racine. En juillet 1830, par une manière étrange d'entendre le respect dû à la propriété, des hommes venus de Paris ont tué en quelques jours tout le gibier de la forêt de Chantilly. Cerfs, biches, daims, sangliers ont été assommés, jetés dans des charrettes et ramenés à la capitale. Le chevreuil s'est vendu quatre sous la livre à la Vallée; et il y a en France des inspecteurs des eaux et forêts payés 20,000 fr. par an.

Aussi, pendant une excursion d'un mois à travers la forêt, j'ai vu pour tout gibier un papillon blanc.

Quant aux chiens, et pour y revenir une dernière fois, voici quelle a été leur affreuse destinée. A la mort du dernier des Condés, ils ont été vendus par lots à des bouchers de Poissy ; quelques-uns aux écorcheurs de Montfaucon. — Eux qui avaient jadis une messe en musique!

Après avoir écouté l'histoire d'une fête donnée à Chantilly, sous le Grand Condé, à un fils de Louis XIV, il ne sera pas sans intérêt pour vous, dis-je à mon compagnon, d'apprendre comment, un siècle après, un descendant du même Condé fut traité dans son propre château, au retour d'une campagne heureusement terminée. Un siècle d'intervalle a singulièrement changé les mœurs des propriétaires féodaux du palais de Chantilly, quoiqu'on soit encore à vingt-six ans de distance de la grande révolution. Entre les rangs de la noblesse, la bourgeoisie s'est glissée. Elle est aussi de la fête : elle a son couvert à table, et sa place au bal.

Assis tous deux dans l'une des salles du château, nous lûmes, mon compagnon et moi, la relation fidèle que je transcris.

LE TRIOMPHE DE CHANTILLY,

Ou Lettre de M. QUIN à M * sur les fêtes qu'on y a données depuis trois mois.**

Ces fêtes furent données à l'occasion de la jonction qu'opéra le corps d'armée du prince de Condé, avec celui de(1762 ?) Hesse.

Il y eut deux fêtes, celle du 26 septembre et celle du 27 novembre suivant.

Celle du 26 septembre est ainsi racontée ; il est dit d'abord que les ordonnateurs furent : M. de Belleval, ancien capitaine au régiment de Bretagne, lieutenant de la capitainerie royale d'Halate, gouverneur et capitaine des chasses de Chantilly ; et M. Peyrard, principal concierge du château, versé dans le goût des grandes fêtes et de leurs décorations, par un long usage sous S. A. S. feu monseigneur le duc.

« La journée du 26 septembre fut ouverte par une décharge de vingt-quatre pièces de canon du château, le *Te Deum*, à cinq heures du soir, chanté dans l'élégante église de Chantilly, conformément au mandement de M. l'évêque de Senlis, par la musique de la cathédrale, avec une affluence de spectateurs de tous les rangs, invités, ou rassemblés par leur curiosité de toutes les parties du canton.

» Les personnes de distinction reçues d'abord avec toutes les grâces possibles chez M. de Belleval, par madame de Franclieu, sa fille ; les dames conduites à l'église par autant d'hommes, entre deux haies des gardes-chasse de S. A. S. en uniforme, placées et rangées avec le plus grand ordre, furent prises après le *Te Deum* dans les carrosses du prince pour être menées au palais d'Oronthée, qui était décoré d'une grande quantité de lustres et de lumières pour le bal.

» Pendant le *Te Deum* on fit plusieurs décharges d'artillerie et de mousqueterie.

» Sur les dix heures, la compagnie se rendit au château, d'où elle vit tirer un feu d'artifice sur le beau fossé qui borde le petit château, avec continuelle musique dans les îles et plusieurs barques revêtues de lanternes coloriées, qui voltigeaient régulièrement dans toutes les parties du fossé.

» Accès ouvert à tous les étrangers qui ont voulu se faire connaître par leurs noms.

» Dans une des salles du château, un souper splendide, de plus de quatre-vingts couverts, pour les dames de distinction, entre lesquelles on comptait madame la princesse de Robec, madame la duchesse de Rohan, et MM. d'Estissac, qui étaient venus de Liancourt pour prendre part au divertissement; les dames étaient servies par les messieurs, et dans une autre salle il y avait une table pour les hommes, qui n'avaient pu manger avec les dames ; deux autres tables, l'une de deux cents couverts dans l'Orangerie, pour les bourgeois de Chantilly et des environs, et l'autre de cent couverts dans le pavillon des étuves, qui termine la galerie des cerfs, pour l'équipage de S. A. S. et toute sa livrée.

» Décharge de l'artillerie, fanfares, harmonie de tous les instrumens pendant les santés.

» Après le souper, un second feu d'artifice pour servir de couronnement au dessert.

» Trois bals ensuite : l'un pour les personnes de distinction dans le grand salon du palais d'Oronthée; le second dans le petit salon du même palais, pour la bourgeoisie, et le troisième dans la galerie des cerfs, pour le peuple, à qui on distribua une abondance de vins et de toutes sortes de vivres. »

La seconde fête, à laquelle assista le prince en personne, honneur qu'il ne put faire à la première, étant encore à l'armée, eut lieu le 27 novembre. Quoique le prince eût désiré rentrer sans faste dans son château, il fut reçu de la manière qu'on va voir. Le même historiographe poursuit :

« Rien n'est impossible au zèle. M. de Belleval et M. Peyrard se consultent, ils ne sont pas effrayés de se trouver resserrés dans l'espace d'un seul jour. Ils imaginent une fête moitié militaire et moitié champêtre, pour laquelle il faut convenir qu'entre tous les lieux du monde Chantilly a les plus riches et les plus promptes ressources. Ils veulent aussi qu'elle paraisse un peu littéraire : M. l'abbé Prévost, qui passe une partie de l'année dans le canton, attaché à sa retraite par la beauté du séjour, par le plan de ses études (il compose actuellement l'histoire de la maison de Condé et de Conty), et sans aucun doute encore plus par les témoignages particuliers dont S. A. S. l'honore, est prié de le complimenter à son arrivée ; il accepte avec empressement l'honorable invitation.

» La révolution ordinaire des vingt-quatre heures amène le samedi, et le soleil du matin annonce un beau jour. Vers neuf heures, S. A. S. arrive au pont de Chaumontel, où recommencent proprement ses domaines, à deux lieues de Chantilly. Elle était dans une voiture légère accompagnée de M. le comte de Montrevel, de M. le marquis d'Amézague et de M. le marquis de la Vaupalière, tous en habit de chasse, de l'ancienne livrée de ce bon roi de Navarre, chamarrée d'argent comme on le sait, pour le prince et les chasseurs du cortége. Le premier objet sur lequel tombent ses yeux est une cavalerie leste, composée des principaux officiers de ses chasses, M. de Belleval, capitaine, messieurs Toudouze, de la Martinière, et Gapart, lieutenans, M. Manoury, inspecteur, etc., et d'un gros de ses vassaux, ou de voisins distingués, qui se présentent en belle ordonnance pour lui rendre les premiers hommages du canton. Son altesse les reçoit d'un air obligeant, traverse la plaine, prend l'allée qu'on nomme des Princes, qui le rend à l'ancienne et noble route du Connétable. Elle ne fait qu'un vol, jusqu'aux *Lions*. Au moment qu'elle y paraît, vingt-quatre pièces de gros canon, disposées sur la grande pelouse du vaste et magnifique édifice des écuries, font entendre leur tonnerre, pendant qu'une foule de peuple, répandue des deux côtés de la route, perce l'air de ses acclamations et du cri mille fois redoublé de *vive le roi et son Altesse !*

» Le prince continue d'avancer, passe la grille, entre dans l'esplanade qui forme l'avant-cour du château. Il y trouve tous les habitans notables de Chantilly et des paroisses circonvoisines rangés en deux haies pour le recevoir, et les deux haies prolongées jusqu'à l'entrepont pour les gardes à pied et à cheval, tant de sa livrée que de celle de la capitainerie.

» L'entrée et toute la longueur du pont étaient décorées de pilastres d'ifs, représentant des palmiers dont les branches entrelacées formaient de chaque côté cinq arcades. Dans les deux arcades du milieu étaient des trophées d'armes, sur des piédestaux de marbre blanc; et les milieux des huit autres arcades étaient remplis par de grandes caisses de lauriers. La porte d'entrée du château était ornée de deux grands palmiers soutenant un ample cartouche aux armes de S. A. S., entouré de drapeaux étrangers, d'instrumens militaires et de palmes, surmonté d'une couronne de lauriers; au-dessous du cartouche était un ruban en festons, sur lequel on lisait : *Vivat, vivat Condæus!*

» Son altesse trouva dans la cour, auprès des degrés de la salle à manger, un grand nombre d'officiers militaires, tous décorés de la croix de Saint-Louis, quantité d'honnêtes gens de tous les ordres, invités de la ville et des châteaux voisins, le clergé de Chantilly et les chapelains du château, plusieurs dames et les jeunes filles du bourg vêtues en petites nymphes, pour la partie champêtre de la fête. Elle descendit de sa voiture, elle reçut la respectueuse révérence de toute l'assemblée, et l'honora de la sienne avec un air admirable de noblesse et de bonté, en passant dans la salle à manger. Aussitôt la cour du château fut environnée de gardes en haie, et le milieu fut occupé par la vénerie, donnant des fanfares; l'artillerie de la pelouse avait fait une seconde décharge, pendant que S. A. entrait au château.

» L'honorable compagnie l'ayant suivie dans la salle, on attendit l'orateur. Il manquait dans l'assemblée; on le cherche, il paraît quelques momens après, mais essoufflé de sa marche. Sa demeure étant à quelque distance du château, il avait été trompé par la vitesse du prince. Il perce la foule déjà fort grossie, il se présente, et n'espérant plus de pouvoir se faire entendre, il exprime respectueusement ses intentions et son regret. S. A. répondit obligeamment qu'elle ne le tenait pas quitte, et qu'elle désirait par écrit ce que les circonstances ne permettaient plus de prononcer. Ce désir était un ordre auquel il s'empressa d'obéir.

» Comme la fête supposait un compliment, je le donne tel qu'il fut remis le lendemain à S. A.

» L'abbé Prévost aurait donc fait ouvrir l'assemblée en cercle, au milieu duquel il se serait placé, et il aurait dit :

» Monseigneur....... nous le voyons luire enfin, ce jour si lent pour l'impatience de nos désirs, si doux pour notre respectueuse et vive tendresse; ce cher et cet heureux jour qui rend votre altesse sérénissime à nos vœux. L'éclat de votre glorieuse campagne a fait notre admiration, sans doute, mais souvent aussi, trop souvent, le sujet de nos alarmes pour la sûreté de votre précieuse vie. Grâces à nos plus heureux destins, elle est échappée à tous les dangers auxquels votre valeur ne l'a que trop exposée! Qu'il soit permis, monseigneur, à nous, habitans de votre Chantilly, à nous, vos heureux sujets, dont le bonheur est attaché à la conservation du meilleur et du plus aimable des maîtres, de nous livrer aujourd'hui tout entiers à ce tendre sentiment! L'avenir amènera d'autres jours, où des circonstances plus tranquilles et des mouvemens de cœur moins tumultueux nous permettront de célébrer à loisir vos glorieux exploits et vos talens militaires; ces talens reconnus, décidés, pour le grand art des héros, déjà porté à sa plus haute perfection dans cette auguste race; ces talens, plus glorieux que vos exploits mêmes, puisqu'au jugement des arbitres de la gloire, vos exploits en sont le fruit. Aujourd'hui, monseigneur, nous ne connaissons pas d'autre bien, d'autre joie, nous ne sommes capables de sentir que l'inexprimable satisfaction de vous revoir.

» Là le vieil orateur, qui se piquait autrefois de chanter, aurait entonné gaîment deux ou trois couplets de sa façon, c'est-à-dire très-mauvais (car la nature ne l'a pas fait poète), mais vrais et naïfs, sur l'air d'un vieux noël qui est la gaîté même.

» Les voici :

S'étonne-t-on qu'on danse
Dans l'heureux Chantilly ?
De nos vœux pour la France
L'augure est accompli :
Une double victoire,
En cinq jours deux combats[1] ;
C'est marcher à grands pas.
Au héros de sa race
Brûlant de ressembler,
Valeur, prudence, audace,
Condé sait rassembler.
Dans son lustre sixième [2],
A grand'peine effleuré,
C'est un héros lui-même
Fait pour être adoré.
Aussi tout rend hommage
A ses brillans progrès ;
Mais c'est notre avantage
De l'adorer de près ;
Quand chacun, au passage,
Va, court le regarder,
Chantilly, ton partage
Est de le posséder.

» Le déjeuner, qui suivit immédiatement, se fit à la vue de toute l'assemblée, et fut animé par une conversation aimable et légère, mais souvent inter-

[1] Le vers suivant manque dans la relation que j'ai lue du triomphe de Chantilly. Le mot *gloire* s'y trouvait, cela va sans dire.

[2] Né au mois d'août 1736.

rompue par l'artillerie et les fanfares. Enfin l'ardeur de la chasse fit descendre S. A. dans la cour, où elle était attendue par un autre spectacle fort convenable au goût de la fête; c'étaient tous ses chiens amenés par leurs valets et précédés des piqueurs. On observa qu'après avoir reçu les caresses du prince, ils demeurèrent attentifs à le regarder avec un murmure extraordinaire d'ardeur et d'impatience.

» Le prince monte à cheval et force successivement deux cerfs dans l'espace de trois heures, faible mais heureuse représentation de sa valeur et de son activité dans la dernière campagne.

» Vous devez, monsieur, cette petite relation au chagrin que j'ai eu de voir la fête du 26 septembre demeurée sans écrivain. La crainte que celle-ci n'eût le même sort m'en a fait suivre toutes les circonstances, pour me hâter de les recueillir. Tout autre, sans doute, l'aurait fait avec plus d'esprit et d'agrément, personne avec plus d'exactitude et de vérité. Je connais d'ailleurs à quoi je suis borné par l'emploi d'inspecteur-général des jardins de S. A. sérénissime.

» J'ai l'honneur, monsieur, d'être votre très-humble et très-obéissant serviteur,

» QUIN.

» A Chantilly, ce 20 décembre 1762. »

— Vous auriez tort de croire pourtant, me dit le cadet de Chantilly, que les princes de Condé n'ont ici passé le temps qu'à la chasse ; ils ont enrichi ce pays, qui n'était qu'un village avant eux. Ces jolies habitations, si uniformément encadrées de jardins, sont des concessions de terrain faites par le château. Rien n'existerait sans la munificence de cette famille, une de celles que la révolution française a le plus maltraitées. Lorsque le prince Louis-Joseph de Condé, père du prince de Bourbon qui vient de mourir, revit Chantilly après vingt-cinq ans d'exil, il fut bien étonné des changemens arrivés pendant son absence.

— Avez-vous retenu quelques-unes des impressions qu'il éprouva?

— Ce fut une singulière matinée d'audience, celle où le prince, rentré de la veille dans ses anciennes attributions, attendit, selon l'usage, que ses vassaux et vavassaux vinssent, en inauguration de son retour, tirer chacun un coup de fusil au milieu de la cour, et mettre un genou en terre sur le perron, et que personne ne parut. Personne ne lui apporta, précédé de ces deux signes de joie et de respect, ou la poule grasse ou la mesure de grain, le sac de noix ou le sac de farine, la branche d'arbre ou la poignée de terre, la caille ou le brochet, symboles parlans de ses droits sur les basses-cours, les moulins, les vergers, les champs, les étangs, le ciel, la terre et l'eau. La cour fut vide, le perron désert, et les immenses échos du château ne lui apportèrent que le bruit suspect du cor, célébrant quelque chasse dont le gibier ne lui reviendrait pas. Alors sa douleur fut grande. Il y a dans le cœur des vieillards des douleurs qui font désirer la mort : désir terrible, car ils n'ont qu'à parler!

En soupirant, en fermant les croisées de la cour, il se dit : « Peut-être se sont-ils trompés sur le jour et sur l'heure; vingt-six ans d'absence n'habituent pas nos vassaux à l'exactitude. Je ferai replacer la grosse cloche du château. »

Il rentra; il pleurait.

Vers le soir, quand les habitans de Chantilly et des environs eurent retrouvé l'instant d'intermède à leurs travaux, heure de loisir délicieusement remplie par des promenades sur la plus belle pelouse du monde, sans excepter la terrasse de Saint-Germain, ils se dirigèrent vers le château pour rendre leur visite au prince.

Sa pauvre tête n'y tint plus de joie; il avait retrouvé ses vassaux, ses valets le lui avaient annoncé. Il se lève précipitamment pour voir ses vassaux; ses vassaux sont là! « Vite, mon costume de cérémonie; monsieur le gentilhomme, mon épée d'acier! vous, monsieur, mon ceinturon, —

» l'auriez-vous laissé à Munich ! — Hâtez-vous,
» messieurs. — Bien! l'autre manche! — Fixez
» donc mieux cette boucle. Ah ! l'émigration vous
» a gâté la main aussi, messieurs! on dirait que
» vous n'avez été de service que dans les cours du
» Nord au quinzième siècle. Allons donc ! ce sont
» mes vassaux qui attendent. Les pauvres gens,
» comme ils ont dû souffrir pendant vingt-six ans!
» que je vais les trouver changés, vieillis, misé-
» rables. Mettez de l'or dans cette poche, beau-
» coup d'or dans celle-ci! — Il est temps de me
» rendre à leurs désirs. — Messieurs, devancez-
» moi! — Ces pauvres vassaux! »

Bon prince! au lieu de pauvres serfs en guêtres déchirées, en pantalons brûlés par la boue, à la figure livide, il aperçoit la population la plus éclatante de santé et de luxe. C'est l'élégance de Paris et la fraîcheur de la campagne.

« Où donc ces pauvres vassaux ont-ils pris tant
» de beau drap bleu, tant de linge blanc ? de mal-
» heureuses vassales tant de soie et de plumes
» blanches! »

Il savait bien, M. le prince, qu'on fabriquait la dentelle à Chantilly; mais il ignorait qu'on la portât à Chantilly, et si bien, et avec tant de grâce. Autrefois la dentelle allait toute à la cour.

Il ne reconnaissait plus le passé dans ces visages,

dans ces riantes figures, et d'hommes et d'enfans, et de femmes, qui semblaient dire par tradition : *Bonjour, monseigneur*, et au fond :

« Qu'est-ce donc qu'un seigneur ? »

Il aurait bien voulu questionner ses gentilshommes; mais ses gentilshommes n'en savaient pas plus que lui. Ils étaient à Londres quand il était à Coblentz. Une émigration n'en sait pas plus que l'autre. Que faire ?

Enfin, plus courageuse que les autres, une dame s'approche la première, vassale de vingt ans, belle et parée à ravir ; elle monte le perron ; monseigneur tend la main pour qu'on la lui baise; pour toute réponse à ce geste suranné de grandeur et de féodalité, on lui pose une autre main plus blanche à la hauteur des lèvres. Vengeance de femme! Monseigneur baisa la main à la vassale, et la conduisit jusqu'au salon. Monseigneur venait de consacrer la révolution malgré lui : c'était grave! — mais il ajouta mentalement : « Vingt-six ans d'ab- » sence changent bien des choses, et les vassales » surtout! »

A l'intérieur il se passa aussi des scènes fort curieuses. La foule y pénétra, non comme jadis avec cette stupide curiosité de vilains, mais avec cette décence que donnent la dignité personnelle et la conscience de son rang. Il y avait du silence et de l'amour comme dans un temple; la voix seule de monseigneur le prince de Condé dominait; il fut même obligé de la modérer. En Allemagne il parlait un peu haut.

« Vous, monsieur, dit-il en s'adressant au plus âgé de la foule, me reconnaissez-vous? ma mémoire n'est pas aussi généreuse à votre égard. Votre nom? »

Ce nom fut dit.

Et le prince ajouta : « C'est cela! ancien palefrenier de mes jumens poulinières. Ai-je raison? »

Il y avait du triomphe dans le succès de mémoire du prince, et un dépit calme dans la personne interrogée, qui répondit avec une fermeté respectueuse :

— Oui, monseigneur! votre ancien palefrenier, mais depuis blessé à Lodi. Voyez ma tête et cette croix! Depuis, amputé du bras gauche à Salanieh en Égypte; aujourd'hui rentier à Chantilly.

Le prince s'inclina.

Il passa à un autre.

— Et vous, monsieur, votre nom! — Tout juste! Votre père était bûcheron de la partie de mes forêts de Mortefontaine; c'était un grand braconnier, Dieu lui pardonne!

— Monseigneur, ce bois m'appartient aujourd'hui ; et j'offre à votre honneur de lui rendre les lapins tués par mon père.

— Ce bois vous appartient!

Le prince déroba une larme. C'est dans le bois de Mortefontaine que fut coupé le bâton de maréchal du grand Condé ; ce bâton qui alla avec la grande voix de Condé tomber dans les lignes de Fribourg, et qui en revint avec la victoire.

— Merci de votre offre, monsieur ; je ne chasse que sur mes terres.

— Et vous, dit-il à un troisième, vous ressemblez beaucoup à Jean-Pierre ; seriez-vous parent de Jean-Pierre, ancien employé à mes carrières de Creil?

— Monseigneur, je suis son petit-fils. Mon père acheta ces carrières de la commune ; j'en ai hérité de mon père. Aujourd'hui, avec les pierres et la chaux de ces carrières, j'ai bâti une manufacture qui fait vivre le pays.

Après un moment d'émotion le prince répondit :

— C'est bien fait ; je vous reconnais pour le véritable seigneur de l'endroit, vous m'avez remplacé dignement.

Le pas était franchi, et monseigneur de Condé continua avec moins d'amertume son interrogatoire.

— Et vous?

— Moi, monseigneur, je me rappelle avoir vu ici de belles fêtes, car j'étais votre piqueur.

— Vous pouvez l'être encore, mon ami.

— Monseigneur, c'est impossible.

— Pourquoi cela?

— Parce que vous m'avez fait pendre.

— Pendre!

— Oui, monseigneur, j'ai été condamné à être pendu par votre conseil des chasses, pour avoir tué un chevreuil le jour de la Saint-Hubert.

— Nous te ferons avoir tes lettres de grâce.

— Monseigneur, je les ai déjà obtenues.

— Et de qui?

— De moi-même. Je suis président dans le canton; et je viens au nom de la cour vous offrir ses complimens bien sincères pour votre heureux retour.

— J'accepte avec reconnaissance les vœux de la cour, — par l'organe de mon piq... — je veux dire de son président. Diable! monsieur, comme vingt-six ans d'absence changent une commune!

Un autre, prévenant les questions du prince, s'avança et dit:

— Monseigneur, j'avais acheté à l'état une de vos propriétés du côté de Coye; je viens vous en remettre les titres.

— Monsieur, votre honnêteté...

— Les voilà. Il y a vingt-six ans que j'attends le moment de vous les restituer.

— Que puis-je faire pour reconnaître tant de probité?

— Rien monseigneur. Cette propriété était intrinsèquement de peu de valeur; mes huit enfans et moi l'avons si bien cultivée qu'elle rapporte aujourd'hui 30,000 francs; ce qui représente un capital de 500,000, somme que j'enverrai toucher à votre trésorier. Monseigneur ne prend pas les titres?

— Gardez-les, gardez-les, reprit vivement le prince.

Enfin, découragé dans ses tentatives, le prince de Condé comprit, en dépit de ses plus chères illusions, qu'il ne lui restait plus de tant de puissance et d'autorité du passé que le rang de propriétaire éligible à Chantilly. Ses immenses bois, domaines et forêts étaient tellement réduits, que plus tard, et à l'abri du despotisme de Louis XVIII, il exerça pour les ravoir des vexations sans nombre sur les légitimes acquéreurs. Enfin son mobilier seigneurial était si pauvre à son retour qu'on fut obligé d'emprunter au voisin un bonnet de coton pour le coucher de monseigneur, qui avait cru probablement retrouver encore son bonnet, après vingt-six ans d'émigration.

Et le cadet reprit :

— C'est dans cette église dont la cloche me rappelle à ma demeure que reposent les cœurs de sept Condés, et sous ce pilier qu'un enfant peut cacher avec sa tête... ils sont sept là dedans qui ont rempli le monde de leur nom illustre.

En 1793, les patriotes de Chantilly, voulant imiter ceux qui avaient dévalisé les caveaux de Saint Denis, s'emparèrent des sept cœurs et de leurs boîtes d'argent, gardèrent patriotiquement les sept boîtes, et jetèrent, comme de la viande à vautours, ces nobles cœurs par-dessus le mur d'un jardin contigu à l'église, où ils avaient été déposés il y avait à peine deux ans.

On assure qu'un sieur Petit, les ayant retrouvés, les garda soigneusement jusqu'en 1815, époque à laquelle, enfermés de nouveau dans une autre enveloppe d'argent, ils ont été scellés à la même place.

La nuit descendait, et pour un centenaire la fraîcheur de la forêt devenait d'instant en instant plus vive et plus pénétrante.

— C'est peut-être mon dernier soleil, me dit-il, mais il est beau ! aussi beau que celui qui brilla sur le château le jour où je vis fouler cette pelouse, aujourd'hui veuve de tant de beaux équipages, par le comte du Nord, plus tard Paul Ier, empereur de toutes les Russies.

— Encore cette histoire, lui dis-je; car, sans vous qui me la racontera?

Il s'appuya sur moi et parla :

— Le comte du Nord voyageait en Europe; il vint en France, à Paris. A la cour on lui parla de Chantilly : il voulut le voir. Le prince de Condé retrouvait dans ces momens de réception toute la munificence de ses aïeux. Il reçut le royal étranger comme l'eût fait le grand Condé après la bataille de Rocroy; comme l'eût fait Louis XIV au grand Condé, avec des lauriers dans la main.

La réception fut majestueuse : elle parut froide. C'était calculé : l'ennui de la première journée avait été prévu. Après le dîner, après la promenade, après le jeu, il y avait encore de l'ennui, comme pendant le jeu, la promenade et le dîner.

Alors monsieur le prince proposa au comte du Nord, pour passer plus agréablement le reste de la soirée, une partie de chasse dans sa forêt. Cette invitation, faite à dix heures de la nuit et d'un ton sérieux, étonna beaucoup le prince, qui se la fit répéter, et qui n'y adhéra que sous forme de plaisanterie, n'imaginant pas qu'il fût possible de courre le sanglier et le cerf au milieu de l'obscurité.

Aussitôt, à un signal donné par le prince, les chevaux, tout sellés, tout bridés, sont conduits dans la cour des écuries, les chiens réunis en groupe, les piqueurs rassemblés; gentilshommes, valets, coureurs, tout met le pied à l'étrier. Le cor sonne; les princes de Condé et le comte du Nord s'élancent sur leurs chevaux; quelques dames osent suivre ces aventureux chasseurs.

La soirée est belle; la lune rayonne sur les magnifiques bois de Sylvie; la pelouse, vaste lac de gazon, jette son parfum fade à la nuit; on la foule quelque temps en silence. Il y a de l'étonnement dans ces chiens et dans ces chevaux éveillés au milieu de leur sommeil pour obéir à l'impérieuse voix de la chasse, à l'heure où tout dort, jusqu'aux arbres. Ils cherchent leur soleil et leur rosée si fraîche du matin et ces masses sonores d'air, qui répètent, avec la pureté du cristal, les aboiemens, les hennissemens, les fanfares; ils ne comprennent pas pour quel étrange courre on a réuni leurs meutes. Humbles, comme tous les animaux le sont la nuit, les chevaux battent le gazon d'un galop douteux; les chiens, l'oreille basse et le museau en quête, ne savent où chercher leur piste, sous un ciel sans vent connu, plein d'exhalaisons où ne se mêle aucune trace de gibier. Le gibier dort, le sanglier dans ses joncs sauvages et ses mares, le cerf sous les charmes immobiles, sous les oiseaux immobiles, sous un ciel immobile. La grande ame de la forêt, avec toutes ses agitations et ses intelligences, repose.

Et les chasseurs ont déjà passé la grille du château; ils sont deux cents; maîtres et valets. C'est la grande route du connétable. Le cor retentit.

Une lumière brille, deux lumières, vingt lumières, mille; on y voit à vingt pas, à une lieue, à droite, à gauche, partout; mille sinuosités, trente ou quarante lieues de lignes courbes s'embrasent; les lumières y ruissellent comme des fleuves; les routes qui s'entrecoupent, étroites et rapides, s'illuminent aussi et vont comme une flèche jusqu'à ce qu'elles rencontrent une étoile, une table, un carrefour qui les fasse tourner ou jaillir en nouvelles routes de feu, pour plus loin, après avoir encore couru, être brisées de nouveau jusqu'aux limites indéterminées du bois, de carrefour en carrefour, de poteau en poteau, de rond-point en rond-point. Le jour n'a pas cet éclat. Sur le feuillage ou sous le feuillage, les mêmes tremblemens de lumière; les mêmes gouttes de clarté sur les branches intermédiaires, comme à midi, l'été; et à ce jour factice, les oiseaux s'éveillent, battent des ailes, et chantent; les chiens ont retrouvé leurs voix, les chevaux leurs pas. Dans les fourrés, le cerf remue; dans sa bauge le sanglier grogne. Toutes les harmonies s'éveillent sans l'ordre de Dieu. En avant les chevaux, les chiens et les hommes! en avant les limiers, qui débusquent le cerf, trompent toutes ses allures, qui saisissent dans l'air le cri qu'il y a jeté, sur la terre le souffle qu'il y a répandu, dans l'eau la trace qu'il y a laissée, qui vont, qui bondissent, qui nagent, avec cette rectitude de volonté dont la pensée s'épouvante! En avant donc les chiens! puisqu'il est midi! qu'on va sonner la curée! Il est midi, le ciel est rempli d'étoiles.

Ce fut une magnifique surprise pour M. le comte du Nord que cette forêt, qui contient près de huit mille arpens, illuminée comme un palais le jour de la naissance d'un souverain. Ce fut aussi dans cet instant que, se tournant avec sa grâce française, monsieur le comte dit au plus âgé des princes: « Jusqu'à présent les rois m'ont reçu en ami; au- » jourd'hui Condé me reçoit en roi. »

Le prestige de cette illumination était dû à des torches de résine portées par les vassaux de monseigneur. De dix pas en dix pas un paysan à la livrée du prince était le chandelier immobile d'une torche.

Sans parler des allées, contre-allées, qu'on se place seulement à *la Table*, principal carrefour de la forêt, et l'on sera le centre de douze routes, dont la moindre n'a pas moins d'une lieue d'étendue : qu'on calcule maintenant la population de vassaux attachés à la maison du prince. Il était impossible d'afficher avec plus de délicatesse et d'éclat, aux yeux de l'illustre étranger, en l'honneur de qui la fête était donnée, la richesse féodale de la maison. Pauvres vassaux! diront quelques-uns. — Ils se sont vengés. Il resta une torche de cette fête; avec celle-là on brûla bien des châteaux, et avec le manche on chassa de son socle de canons et de boulets la statue du connétable de Montmorency.

— Continuons la fête.

Les cerfs de la forêt, à ce midi sans aurore, reconnurent leur ennemi, l'homme, et s'élancèrent dans les allées par troupeaux, croyant à la réalité du jour. C'était vraiment grand et digne d'un prince que ce spectacle d'animaux courant sur une ligne de feu, entre d'immobiles flambeaux, surtout lorsqu'ils apparaissaient au fond de la perspective, alors qu'on ne distinguait plus que leur bois, et que les torches semblaient des étincelles. — C'était vraiment grand et beau! Le bruit du cor dans une nuit semblable, où le plaisir avait l'aspect du désastre, la joie le caractère de l'effroi, la fête celui d'un incendie.

Le cerf fut débusqué; alors un spectacle toujours

neuf, toujours admirable à la clarté du jour, emprunta de la clarté des flambeaux un aspect difficile à décrire. Chevaux, chiens et chasseurs dérobent en courant, à ce bariolage de couleurs, tranchées de vert sombre et de fumée de résine alternativement, des ombres fortes ou effacées par les lumières. Obligé de parcourir sans déviation la ligne de feu qui brûle ses deux prunelles, le cerf renverse, tantôt à droite, tantôt à gauche, six hommes ou six flambeaux, peu importe. Les vassaux se rapprochent, et la symétrie n'a pas à souffrir. Pauvre cerf! comme il va malgré les chiens pendus en grappe à ses flancs, malgré les chevaux, autres chiens plus forts, qui hennissent, malgré es hommes, autres chiens qui parlent! Il devance ces chiens, ces hommes, ces chevaux, le vent, la pensée; mais il ne peut devancer ce qui est immobile et qui ne finit pas, des hommes debout, des torches enflammées. Il sait le carrefour du Connétable; il y pense; il y est; c'est une lieue. Il en franchit d'un bond la table de pierre de cinquante couverts; autour de la table encore du feu. Il sait le carrefour de l'Abreuvoir; il y est; il est déjà plus loin, il a encore vu du feu. Alors sa vitesse n'est plus un élan, c'est un vol; ses quatre jambes pliées sous le ventre, sa tête disparue dans la ligne allongée de son corps, entièrement masquée par le massacre de son bois, il parcourt les espaces avant de les avoir conçus; les espaces ne sont plus que des êtres de raison; les hommes et les arbres sont des lignes noires, les torches une ligne rouge, lui une pensée. Il ne doit plus compter ni sur l'air ni sur la terre; la terre et l'air sont peuplés de bruits qui sonnent sa mort. Aux étangs! aux étangs! Il y en a cinq au milieu de la forêt. A des heures plus douces, et quand la lune les éclairait, il y est venu avec les faons et les biches y boire et s'y rafraîchir.

Aux étangs! il y court.

Les étangs, magnifiques pièces d'eau, qu'une étroite chaussée divise, et qui semblent, lorsque le soleil les éclaire, une rosace de cristal, dont le château de la reine Blanche, qui les domine, est le médaillon gothique.

Aux étangs, les chiens ont devancé le cerf, et là comme ailleurs la fatale illumination des torches l'attend. Rien n'est beau comme les étangs pourpres des flammes qui les cernent, réfléchissant les étoiles immobiles et la fumée qui court à leur surface. Le cerf y plonge, et le bruit de sa chute se perd au milieu du bruit des chevaux et des hommes qui arrivent, des chiens qui sont arrivés. Ce fut un moment dont le souvenir ne se perdra pas, celui où les princes et leur innombrable suite, penchés curieusement sur leurs chevaux, à la lueur de ce lac, alors véritable miroir ardent, furent témoins de la prise et de la mort du cerf. Tout était rouge; eaux, ciel, château, cavaliers, dames, chasseurs, chevaux, chiens; auprès et au loin tout était rouge.

On déchira le cerf; les chiens eurent le morceau d'élite; des dames de la cour rirent comme des folles; le cerf pleura. Cette fête coûta prodigieusement; mais monseigneur le comte du Nord avait eu une chasse au flambeau.

Au château le souper attendait le retour des chasseurs. Ils furent reçus sous une tente parée d'emblèmes analogues à la fête : des bois de cerf soutenaient les rideaux et les draperies. Au dessert, quand les prestiges du cuisinier et de l'échanson, deux emplois où les premiers mérites se sont toujours mis en relief dans la maison des Condé, témoin Vatel, eurent achevé d'éblouir l'imagination septentrionale de l'auguste étranger, le prince se leva et dit au comte du Nord: « Où monsieur le comte » croit-il être? — Je crois être, répond celui-ci, » dans le château de Condé, le plus noblement » hospitalier des princes, et dans son plus riche » appartement. »

Les rideaux s'écartent, les deux côtés du pavillon s'ouvrent, et le comte du Nord, à son inexprimable étonnement, se trouve au centre des écuries du château. Trois cents chevaux, chacun dans sa stalle, ceux-ci hennissant, ceux-ci courbés sur l'avoine, ceux-là perdant la sueur sous l'éponge, ceux là frappant les dalles, tous sous la main d'un domestique, complètent cette surprenante perspective.

C'était en effet une bizarre idée du prince d'avoir traité un futur souverain dans les écuries du château. Mais personne n'ignore, et nous l'avons dit plus haut, que les écuries du château de Chantilly sont une des merveilles architecturales de la France. Aussi, lorsqu'en 1814, au retour des princes dans leurs propriétés, une délicate précaution voulait leur éviter d'abord la vue de leur château démantelé par la bande noire, le prince de Condé se hâta de demander à son introducteur : « A-t-on respecté » les écuries ? — Oui, monseigneur. — Maintenant, » ajouta-t-il avec joie, vous pouvez tout m'ap- » prendre. »

Il était nuit, nous étions à la porte de l'hôpital de Chantilly ; le centenaire me dit adieu.

NOTES.

Page 94, ligne 18.

Il y a évidemment ici double emploi de la même histoire, ou anachronisme dans la mémoire du centenaire. L'événement est vrai ; mais il arriva au duc de Bourbon, le dernier du nom, et non pas au prince de Bourbon fils du grand Condé, à moins qu'il ne soit arrivé à tous les deux. Dans une Vie de Louis-Joseph de Condé, imprimée en 1790, il est parlé de la séduction exercée, avec résultat d'un garçon, sur une blanchisseuse de Chantilly par le duc de Bourbon. Le prince de Condé aurait exigé de son fils les mêmes indemnités que le grand Condé, et il aurait obtenu la même obéissance. Nous nousserions gardés pourtant de citer cette histoire pleine de calomnies envers les princes, si le fait qu'on y trouve ne nous avait été garanti par la tradition du pays. La blanchisseuse et son fils existent encore.

Page 97, ligne 11.

Il était sujet à l'apoplexie. On sait les circonstances qui accompagnèrent un même accident dont il fut surpris chez Fontenelle. L'abbé et le philosophe discutaient paisiblement sur le système planétaire, lorsque le cuisinier de la maison se présenta avec une magnifique botte d'asperges, fruit nouveau de la saison. Prévost voulait les manger à la sauce, Fontenelle à l'huile. La dispute s'échauffait déjà entre les deux savans, lorsque le cuisinier les mit d'accord en promettant d'accommoder la moitié de la botte à la sauce, l'autre moitié à l'huile. Arrangement convenu. Les asperges allaient leur train. Prévost est tout-à-coup renversé par une attaque d'apoplexie. Fontenelle se lève ; on croit qu'il va chercher un flacon de mélisse ; il se précipite à l'office et s'écrie d'un ton triomphant : Chef ! toutes à l'huile.

Page 99, ligne 16.

Cette histoire m'a été textuellement confirmée par une personne dont le témoignage ne sera pas mis en doute, par l'ancien curé de Saint-Firmin lui-même, l'ami de l'abbé Prévost. C'est donc peut-être à tort qu'on lit dans la *Biographie universelle* que « Prévot, le 23 novembre 1763, » comme il traversait la forêt de Chantilly, une apoplexie soudaine le » renversa au pied d'un arbre ».

Page 142, ligne 1.

Le grand Condé écrivait déjà à son père en 1635 : « J'ai entre-
» tenu, il est vrai, plus de chiens que le besoin ou le plaisir de la chasse
» n'en demandait. Vous pardonnerez cette faute à ma première ardeur
» pour cet amusement. Je me suis défait de tous mes chiens, excepté
» de neuf. »

Page 156, ligne 26.

Chantilly est le lieu de la France où l'on fabrique le mieux la dentelle.

Page 159, ligne 23.

Un acte à peu près semblable de générosité et de désintéressement eut lieu au retour des Bourbons. Le prince Alexandre Berthier vint rendre à Louis XVIII les titres du domaine de Grosbois. Après les avoir gardés vingt-quatre heures, le roi les rendit au prince paraphés et légalisés de sa propre main.

Page 169, ligne 16.

Le dernier des Condés a fait restaurer cette miniature gothique. A ses ordres, des maçons parisiens ont enlevé le moulin, ont exhaussé les deux tours, regratté la façade. C'est aujourd'hui aussi joli qu'une maison de la Chaussée d'Antin, avec logement de portier.

Page 171, ligne 6.

Mme de Sévigné reste bien loin de la magnificence de cette fête dans une lettre où elle décrit une réception que préparait le grand Condé à Louis XIV. Cependant elle en vaut la peine. « On croit que monsieur le
» prince n'en sera pas quitte pour 40,000 écus; il faut quatre repas, il
» y aura vingt-cinq tables servies à cinq services, sans compter une in-
» finité d'autres qui surviendront. Il y aura pour 1,000 écus de jonquil-
» les : jugez du reste à proportion. »

Page 171, ligne 9.

Cette noble hospitalité fut dignement récompensée. Lorsque les malheurs de l'exil poussèrent le prince de Condé, d'émigration en émigration, jusqu'en Russie, Paul Ier se souvint de l'accueil fait au comte du Nord. L'hôtel de Tzernichef fut décoré à la française et dans le goût de Chantilly. Les domestiques furent habillés à la livrée du prince, et sur la porte de l'hôtel était écrit en lettres d'or : HÔTEL DE CONDÉ.

ÉCOUEN.

ÉCOUEN.

La ruine des châteaux n'est pas l'œuvre exclusive de la révolution de 89. Il n'est ni vrai ni juste d'attribuer à la colère seule du peuple une tâche d'anéantissement mûrement méditée, poursuivie sans interruption, pendant trois siècles, par la monarchie, en lutte corps à corps avec la féodalité. Quand le peuple souverain brûla les ponts-levis, il y avait long-temps que les rois avaient nivelé les bastions. Richelieu ouvrit la brèche à Robespierre. Bien avant la révolution, il n'était pas plus dans les mœurs d'élever des habitations fortifiées qu'il n'entrait dans la constitution politique du royaume de les souffrir. La reddition des châteaux suivit la soumission des provinces.

Ceux, en très-petit nombre, qui furent ravagés par une population dont le droit de représailles ne peut pas plus être approuvé que contesté; ceux, en plus grand nombre, que la bande noire a passés au crible pour les convertir en plâtre, les uns et les autres, à quelques grandes exceptions près, n'étaient que des résidences seigneuriales, sans âge, sans époque, sans caractère dans leur architecture. La corruption de l'époque antérieure à la révolution les avait déjà avilis du nom frivole de *folies*, avant que la mine de l'entrepreneur à la toise ne les eût jetés sur l'herbe. Après tout, les châteaux démolis ne furent pas volés par la bande noire, comme ceux qui les lui ont vendus voudraient nous le faire croire, mais achetés à beaux deniers comptans par elle : il y eut contrat entre l'histoire et les maîtres maçons. Ceux qui vendirent au tombereau les palais de leurs aïeux, et à la livre les plombs du cercueil de eurs pères, n'auraient pas tiré le même avantage de leurs titres de seigneurie. La bande noire préféra avec raison les pierres aux titres. A beaucoup d'égards, il n'y a de sincèrement regrettable que quelques fades plafonds, que quelques tapisseries fanées des Gobelins, et peut-être encore quelques parcs où les lapins abondaient déjà plus que les cerfs.

Les châteaux-forts, les seuls, je présume, dont nos regrets se soucient, furent démolis par la suprême bande noire des rois Louis XI, Henri IV, Louis XIII et Louis XIV, et surtout par l'implacable révolutionnaire Richelieu, qui tua la tortue dans l'écaille, le seigneur dans la seigneurie. S'il lui plut d'en laisser quelques-uns pour modèles, ou plutôt comme exemples, au sommet de quelque montagne aiguë, entre deux gorges, au confluent d'une rivière, ceux-là existent encore; la révolution les a respectés. Il faut donc établir une foule de distinctions nécessaires entre les constructions féodales et les maisons seigneuriales, toutes faussement confondues aujourd'hui sous le nom de châteaux.

De ce que, durant toute l'ère féodale, les nobles méprisèrent, avec un instinct parfait de leur conservation, le séjour des capitales et des villes, mortel à l'inégalité, il y aurait erreur de croire que tout grand vassal fût un rebelle, toute retraite écartée un château-fort. Nos préjugés nous ont fait prendre des habitudes domestiques pour des précautions de résistance, pour des prétentions de souveraineté. Ce qu'on a lu là-dessus ne vaut guère mieux que ce qui a été imaginé. Pour un haut baron qui bâtissait sur la montagne et arborait la désobéissance à sa grosse tour, il existait des milliers de seigneurs qui, fidèles à la couronne, suivant leur roi à la guerre, accompagnant leur reine au conseil, ne s'entouraient de fossés que par tradition, ne se retranchaient derrière des murs de douze pieds d'épaisseur que par une routine de maçonnerie, et n'avaient des bastions, de doubles enceintes et des donjons, que pour obéir à la beauté de la symétrie. Tout seigneur avait sa terre, chaque terre son château. Est-ce que pour cela les châteaux en plaine ont jamais été des ouvrages de défense? Aussi sont-ils restés les plus nombreux sur le sol. La révolution de 89 les a détroussés, parce qu'ils étaient riches; mais qu'avait-elle besoin de les abattre?

En voyant la persistance de mes prédilections pour un passé où j'ai transporté quelques-unes de mes études, il me sera peut-être demandé un jour par les uns si je regrette l'édifice féodal, dont je me plais à ramasser les dernières pierres, avant que la machine à vapeur les ait broyées; et par les autres, à cause de beaucoup de critiques mêlées à beaucoup de regrets, si, semblable aux architectes de la bande noire, je recherche les châteaux derrière les bois qui les cachent, au-delà des fossés qui les protégent, dans la seule intention de les miner à la base, de faire de ma plume un levier démolisseur.

Mon enthousiasme n'est pas si aveugle, mon scepticisme si cruel. J'aime le passé de toute la foi que j'ai au présent. De désespoir de jamais comprendre l'histoire telle que les professeurs nous l'ont broyée, j'ai essayé de la lire au front des vieux monumens, patiemment, à pied, à petites journées, en courant les bois, en m'ouvrant un chemin dans la poussière des plaines, en m'asseyant sur les bornes de la route, en face de quelques vieilles grilles tordues et rouillées, dernières dents d'un beau manoir détruit.

Montez avec moi par l'escalier creusé à vif dans le roc, à la tourelle d'un de nos vieux manoirs, pour distinguer de là avec les yeux du passé et à la distance d'une flèche, d'abord, çà et là, rares, clair-semées, et de chaume, quelques huttes de bergers, quelques huttes de pêcheurs; semence invisible d'une colonie à naître, bourgeon douteux d'une civilisation fermée. Voyez l'enfant sauvage et nu grandir, la cabane s'adosser à la cabane, la hutte à la hutte, et la famille à la rue, celle-ci s'allongeant, celle-là s'augmentant; voyez l'une partir de la grande avenue du château, l'autre se grouper, faible et nécessiteuse, sous la large main protectrice du seigneur. Suivez d'un regard attentif la parenté qui s'éparpille, la famille dont le vent jette le grain partout, dans les limites et en dehors, séparée sans jamais se perdre; car elle se retrouve au puits commun, à la fontaine qu'on enclave, au four banal; mieux encore au monastère, où l'on prie pour le maître qui protége le four, le puits et la fontaine; car le monastère est bâti; il est debout. On voit de loin les tourelles du château; de loin on entend la cloche du monastère. C'est un attrait pour qu'on vienne; c'est un motif pour qu'on n'approche pas : hospitalité pour les bons, menace pour les mauvais. Nous en sommes déjà aux relations de voisinage, aux défiances de la guerre; et tout a procédé de là, remarquez bien : du château et du monastère. Ce sont les deux plus vieilles pierres de la fondation française. Partez de là et revenez-y, vous ne vous égarerez jamais : l'histoire est à terre.

Le bourg s'entoure de murs : c'est pour résister; d'eau : c'est pour se défendre. Nous avons donc déjà des murs et des fossés. Le sujet de la guerre, la position du bourg nous l'indique : c'est une rivière que les deux populations qu'elle divise se disputent; c'est une route où chacune d'elles prétend seule avoir le droit de passer; un lac dont la pêche est contestée;

c'est un bois dont chacun veut la coupe et le gibier. De là des prétentions fondées sur des origines obscures, la tradition; de là des coutumes grossières, berceau du droit; de là des habitudes de vivre, l'histoire des mœurs. Avec les différences qui leur sont propres, tenez compte de ces mille traditions, de ces mille coutumes, et vous aurez réuni toutes les pièces éparses de l'armure solide que portait le géant de la féodalité quand il couvrait la France.

Mais les époques de guerre sont passées; le château reste encore debout pour vous dire ses jours de magnificence, à l'abri de la royauté qui le protége; ses embellissemens, et parallèlement ceux des villes vassales. Si le château a sa belle avenue, c'est pour la joindre au pavé de la ville. Les largesses du seigneur balancent sa souveraineté. Sa générosité demande grâce pour sa puissance. Déjà la ville a ses priviléges; le paysan a son champ. Le privilége, c'est de ne pas suivre le seigneur à la guerre. Peut-être le paysan empêchera-t-il bientôt le seigneur de chasser dans son champ. Voyez : l'histoire n'a pas changé de place, tout est sous vos yeux; autrefois le seigneur gouvernait depuis l'endroit où nous sommes jusqu'à l'horizon, — tout un pays; — puis, il ne fut plus maître que jusqu'à cette colline, — traqué pour Louis XI; — puis, que jusqu'à ce moulin, puis, que jusqu'au bout de son bois, — limé jusqu'à la chair par Richelieu; — puis, que jusqu'à sa grille, puis, que jusqu'à sa porte; puis il ne fut plus maître de lui-même, et on le coupa en deux. Les châteaux nous disent cela, et voilà pourquoi il faut les aimer, ou plutôt les étudier. On s'exhausse sur eux comme un nageur sur un rocher élevé, afin de plonger plus profondément dans les eaux du passé.

Quand, parti de Paris, on a couru quatre lieues vers le nord, en laissant Saint-Denis derrière soi, on est dans le bourg d'Écouen, au pied du château de ce nom. D'où vient ce nom d'Écouen et quand fut bâti ce château ? c'est ce que madame Dutocq ne saurait vous apprendre. Madame Dutocq n'est pas une autorité historique, mais l'aubergiste de l'endroit. Nous justifierons plus loin le rapprochement que nous établissons ici entre le château d'Écouen et madame Dutocq; qu'il suffise d'abord au lecteur de savoir que l'hôtel de cette dame est le meilleur pied-à-terre pour les voyageurs qui relaient, allant vers le nord. Il est non seulement le meilleur, mais le plus cher. Sans crime on pourrait oublier Écouen sur la carte de France; mais on serait inexcusable de ne pas consacrer quelques lignes à madame Dutocq sur l'album de voyage. Dès cinq heures du matin, son hôtel devient un caravansérail, aux Orientaux près, qu'on ne voit pas souvent à Écouen. Des postillons rouges et camards fument sur la porte de l'hôtel, des postillons camards et rouges enfourchent leurs chevaux et retournent en sifflant à leur relais; des Anglaises, le voile vert abaissé sur les yeux, languissent de faim dans la salle à manger, tandis que leurs domestiques entourent d'un blocus continental tous les beefsteakes de la cuisine, transformée en toutes sortes d'établissemens, en boucherie ici, en cabaret plus loin. — Du porc frais à monsieur! — Du bordeaux à mylord! Les Anglais se font appeler mylords sur les grands chemins; ils paient en conséquence. Cette cuisine mémorable, toute ruisselante d'affamés, semble se multiplier sous les mille destinations qu'on lui impose. Et toujours de nouveaux venus qui demandent des poulets et des œufs. Où la France puise-t-elle tant d'œufs et de poulets? d'où Écouen en particulier les tire-t-il?

Depuis trente-huit ans madame Dutocq est là, à cette place, parée d'un gracieux battant-l'œil le matin, en habit habillé à deux heures; en robe de soie feuille-morte quand la nuit vient, quand les broches s'éteignent et que la basse-cour est tranquille de tous les chapons qui sont allés dans un monde meilleur. La révolution a passé, l'empire, la restauration, les deux restaurations, les deux empires, et madame Dutocq ne s'est pas plus émue au canon du 18 brumaire qu'au canon de Sacken; elle n'a participé à ces transfigurations politiques que par quelques altérations que la prudence l'a obligée de faire subir à sa carte du jour: au lieu de côtelettes à la Soubise, elle appela la même partie de l'animal, dans les jours de terreur, côtelettes à la *Couthon;* aux poulets à la Marengo, elle donna à l'époque moins héroïque de la restauration le nom de *volatile à la Condé*. Hors cela, rien pour elle n'est changé à la France, qu'elle peut toujours croire gouvernée par Louis XV, dont elle rappelle les beaux jours par son costume, par son intarissable conversation musquée, par ses souvenirs, fontaine de petites anecdotes roses, grises, tendres; par sa figure au pastel et son nez de la régence; ce nez seul qui l'eût compromise pendant la révolution et l'eût forcée d'émigrer.

Et c'eût été dommage: car madame Dutocq n'est pas uniquement une femme remarquable parce que, depuis trente-huit ans, elle abreuve et reconforte les voyageurs, mais elle est précieuse à consulter, et voici où je voulais en venir, en ce qu'elle est une des rares personnes capables de fournir quelques renseignemens sur le château d'Écouen, dont elle a connu la splendeur et les vicissitudes sous les Condé et la république, sous le directoire et l'empire; et enfin sous la restauration, qui le rendit aux Condé.

Madame Dutocq ne vous parlera pas des Montmorency, ni ne vous dira que c'est à Anne le connétable qu'on doit le château d'Écouen, ou plutôt la restauration de ce bâtiment par Bullant; mais elle vous racontera une foule de petits faits dont elle a été témoin, et au milieu desquels elle s'est, fort innocemment quelquefois, trouvée actrice. Essayez de l'interroger.

Madame Dutocq, votre vin rouge est délicieux.

— Ne m'en parlez pas; il date des vélites : cela nous reporte loin.

— Des vélites romains, madame Dutocq?

— Des vélites de l'empereur Napoléon, en 1805. Huit cents hommes superbes par chaque bataillon. Les grenadiers de ce corps étaient cantonnés à Fontainebleau, les chasseurs à Écouen. De beaux jeunes gens, verts comme un brin. Le plus âgé n'avait pas vingt ans.

— Vous n'aviez guère alors que trente et quelques années, madame Dutocq? — Un bel âge pour être hôtesse!

— Et qui appartenaient aux meilleures familles; il fallait voir : tous, comme portait le réglement, sachant lire, écrire, calculer, servant au gouvernement une rente annuelle de 300 francs.

— Vous vous les rappelez parfaitement ?

— Comme s'ils avaient dîné hier ici, où ils prenaient tous leurs repas : le cœur sur la main, la main percée, ces braves jeunes gens ! Avec vingt-trois sous par jour ils ne pouvaient pas faire un grand festin, mais je leur aurais livré ma basse-cour sur leur bonne mine. Gracieux comme des gardes-françaises : habit bleu, revers blancs, gilet, pantalon de la même couleur, guêtres noires, bonnet à poil.

— Ils étaient donc logés dans le voisinage, pour venir manger chez vous ?

—Voisinage ! Je crois bien ; au château d'Écouen même, où Napoléon les faisait élever pour les incorporer dans la garde impériale. Et quel ordre ! quelle propreté ! monsieur, levés à cinq heures du matin, couchés à neuf heures le soir, comme de belles filles.—On y va ! —C'est une chaise qui s'arrête. — On y va !

Madame Dutocq disparaît un instant ; on jette une bûche de plus au feu ; on entend les cris d'un poulet qu'on égorge, le bruit des œufs qui tombent dans la poêle. C'est décidément un mylord qui arrive.

Madame Dutocq rentre dans la salle.

— Comme je vous disais, on les habillait de blanc tous les dimanches ; chaque section avait une ceinture de couleur différente et obéissait à une sous-maîtresse.

— Permettez, madame Dutocq; on habillait, dites-vous, les vélites de blanc, et de jeunes militaires obéissaient à une sous-maîtresse!

— Est-ce que nous n'en étions pas sur le pensionnat de madame Campan, monsieur?

— Mais du tout, madame, nous discourions sur les vélites.

Madame Dutocq, riant :

— Pardon! je confondais deux époques; celle où Écouen était une école militaire, et celle où il devint le pensionnat de madame Campan. Mylord a brouillé mes souvenirs. C'est un mylord qui vient de descendre.

Ils n'avaient presque pas de moustaches, avaient la taille fine, toujours la plaisanterie sur les lèvres.

— Vous ne parlez plus des élèves de madame Campan.

— C'était une excellente dame madame Campan, qui avait vécu à la cour du feu roi, et avait voulu s'enfermer dans la prison du Temple avec Marie-Antoinette, à la mémoire de laquelle elle est toujours restée fidèle.

Madame Dutocq s'attendrit.

Je respecte sa douleur.

— Madame ! madame !

— Qu'y a-t-il ?

— Mylord veut du vin.

— Quel vin ?

— Une bouteille de bordeaux.

— Donnez-lui du cachet sombre.

— Et une bouteille de vieux beaune.

— Cachet sombre.

Madame Dutocq cherche à renouer son récit.

— Nous en étions d'abord aux vélites; et s'il vous plaisait.....

— Ils prenaient leurs repas ici. Je m'aperçus au bout d'un certain temps que la dépense allait grand train. Il n'y avait pas de bon sens à cela. Figurez-vous des adolescens qui s'étaient mis sur le pied de se traiter alternativement ; il en résultait des comptes à faire pâlir un mylord : 60 francs, 80 francs !

— Au bout d'un certain temps vous vous en aperçûtes.

— Et songez que, fils des meilleures maisons, ces jeunes gens m'étaient personnellement recommandés par leurs parens. Un jour j'entrai au dessert, et je leur dis, la carte à payer d'une main et le champagne de l'autre : Messieurs, c'est le dernier repas que vous prenez chez moi, si vous ne me jurez pas d'accepter la proposition que je vais vous soumettre.

Tous se levèrent avec respect et jurèrent.

—Et quelle était cette proposition, madame Dutocq ?

— Que chacun paierait son écot ; que désormais aucun d'eux ne régalerait les autres.

— A combien s'élevait la carte ce jour-là ?

— A 90 francs. — C'était affreux !

— Et vous rabattîtes ?....

— Rien. — C'était une leçon que je leur donnais.

Je compris la leçon des vélites, payai mon écot sans rien rabattre à madame Dutocq, admirant la sagacité des parens qui recommandent leurs enfans aux aubergistes. Je sortis.

Je gravis le sentier stratégique, ouvert dans le roc, qui serpente jusqu'au pied des fossés, et qui isole sur une hauteur le château d'Écouen. Avec le temps, l'industrie a flanqué ce chemin de défense de petites maisons villageoises, et de magasins où se vendent les épiceries pour la consommation locale, la poudre du roi et le tabac de la régie. Puissans Montmorency ! hauts barons ! là où vous attendaient autrefois, sur deux haies, des hommes d'armes immobiles, espèce d'escalier de fer, par où vous passiez pour vous rendre à votre manoir, il n'y a plus que les chandelles de bois de l'épicier, le petit plat à barbe du perruquier, et la carotte rouge des contributions indirectes. La fin des plus belles choses de ce monde est triste, et ce serait à ne pas se consoler, si, par un regard jeté en arrière, on ne découvrait, au fond du passé, toute la misère des origines.

L'origine des Montmorency, personne ne l'ignore, a devancé de beaucoup la fondation du château d'Écouen, bâti au xve siècle sur l'emplacement d'un autre château d'une date perdue, relevé par Anne le connétable, pendant le règne de François Ier. Ils habitaient, plus loin, le bourg de leur nom, véritable berceau de leur famille, et qui a dû être, il faut bien le croire, une ville autrefois importante, puisqu'il est dit dans les chroniques que les Anglais, en 1356, après la bataille de Poitiers, firent le siége de Montmorency, prirent le château et le brûlèrent.

On explique les violences exercées par les Anglais sur les terres des Montmorency par la fraternité de bonne et de mauvaise fortune qui liait ces derniers à la cause des rois de France. On sait aussi que, par la mauvaise délimitation de leurs propriétés, ils étaient continuellement en collision avec les puissans abbés de Saint-Denis. A l'époque où le nom de cette famille se cachait derrière celui de Bouchard, pour l'éclipser plus tard et l'effacer complétement, la tradition place de naïves anecdotes, toutes ayant trait aux prétentions réciproques de l'abbaye de Saint-Denis et de ses redoutables voisins. Mais elles pèchent par beaucoup d'osbcurité. Par un temps de brouillard il y a moins de ténèbres amassées autour de la flèche de Saint-Denis qu'il ne s'en trouve, lorsqu'on remonte les temps, à la surface des événemens dont cette flèche est la vénérable sœur en âge.

Si cette belle flèche avait une voix, comme au temps des fées, elle vous dirait, sous sa responsabilité, comment le noble Bouchard, dont les descendans épurés furent des Montmorency, avait choisi pour théâtre de ses excursions ce plateau montueux qui part de Saint-Denis et se circonscrit entre les buttes de Champlâtreux et l'Ile-Adam. Bouchard n'avait pas encore de château seigneurial avec ponts, fossés et tourelles; pas de palais, si ce n'est celui du ciel, où ses collatéraux devaient loger un jour une parente divine, protectrice spéciale de leur famille. Cette parente, on le sait, fut tout simplement la sainte Vierge, mère de Dieu, cousine des Montmorency; excellente cousine qui, priant, un jour d'été, l'un de ses cousins de se couvrir devant elle, en obtint pour réponse : — Ma cousine, c'est par commodité.

Bouchard, malgré sa céleste parenté future, ne croyait ni à Dieu ni à diable; ce qui ne l'empêchait pas d'être un hardi détrousseur de grandes routes. La nuit venue, il endossait sur ses membres velus une casaque couleur d'écorce d'arbre, s'armait d'une lance ou d'un bâton ; et, placé à la Patte-d'Oie de Saint-Denis, limite qu'il ne franchissait jamais, à cause de certaines précautions de l'abbé du monastère, ou bien en embuscade sur le chemin de Beaumont ou de Senlis, il guettait le chariot de vivres se dirigeant vers Paris, la mule opulente de l'homme d'église ; à défaut, le simple piéton, pour peu qu'il eût une allure aisée ; la villageoise, pour peu qu'elle fût jolie.

L'erreur topographique serait des plus graves si l'on se figurait le terrain parcouru par le sire de Bouchard tel qu'il ne fut que des siècles après, coupé de larges routes ombragées d'ormes, peuplé de jolis hameaux, dont les noms sont aussi frais que leur paysage : Pierrefitte, cellier vineux des moines de Saint-Denis, Sarcelles, Villiers-le-Bel, Épinay, Sannois, Eaubonne ; terrain couronné par Montmorency, la ville des cerises ; la cerise ! royauté que le temps ne lui a pas enlevée, après avoir abattu le formidable château de ses ducs.

Bouchard ne voulait être ordinairement accompagné de personne pour mener à bien ses entreprises, que sauvaient d'unequalification injurieuse des prétextes de guerre ; il allait seul à travers des lacs dont celui d'Enghien n'est plus qu'une goutte oubliée, par des bois pleins de loups qui semblaient le connaître, ou le long de la Seine, dont les flots solitaires ne réfléchissaient que de rustiques cabanes de bûcherons. Vainqueur, il entraînait sa proie dans sa demeure, et là il la dépouillait jusqu'à la dernière plume, ce que constatent les chroniques.

Elles racontent des merveilles du musée de rapines qu'il s'était composé, grâce à ses représailles de guerre envers les abbés de Saint-Denis. Il faut croire que la poésie de la tradition aura exagéré l'amour de la collection chez le redoutable Bouchard. Il avait, assure la chronique, des chambres pleines de soutanes d'abbés, ce qu'il appelait plaisamment son concile; des greniers encombrés de selles de chevaux, le long desquels il aimait à se promener, comme dans un jardin de cuir et dans le Panthéon de sa gloire. Il avait encore des salles comblées de cornes de bœufs, élevées en trophées, en pyramides; des cornes de bœufs qu'il avait volés; mais sa plus riche, sa plus étincelante, sa plus ambitieuse pièce, sa salle du trône, était celle dite des *fers à cheval.* Aux quatre murs de cette salle étaient cloués du haut en bas, de long en large, des milliers de fers à cheval, rangés avec symétrie, autre souvenir de ses guet-apens nocturnes. Bouchard avait ainsi déroulé autour de lui une suite d'images mémoratives de ses conquêtes.

La structure de Bouchard répondait à l'idée qu'on pouvait s'en faire d'après de pareilles mœurs. Il était trapu, velu et fourbu, dit en maligne assonance un moine chroniqueur de Saint-Denis. Sa force était prodigieuse, sa rapacité celle d'un loup, sa figure celle d'un sanglier. Il avait des tourbières de cils qui lui cachaient les yeux, tant ils étaient fournis, et ses yeux étaient rouillés ; sa barbe était si atrocement mêlée, tressée, tordue, impénétrable au peigne, qu'on le désignait et qu'on le désigne encore, dans les arbres généalogiques des Montmorency, dont il est le tronc robuste, sous le nom de *Bouchard-le-Barbu* ou *Bouchard-à-la-Barbe-Torte.*

Barbe-Torte était la terreur des environs de Paris. De Senlis à Chantilly et de Chantilly à Pontoise, dans ce vaste circuit où courent la Seine et l'Oise, son nom était suspendu comme une flamme au-dessus des chaumières. Dans toutes les transactions qui avaient lieu pour des échanges de marchandises à transporter, à l'époque de la foire de Saint-Denis, on faisait la part de Bouchard, comme on fait la part de l'inondation et du feu. C'était un temps de jubilation pour le vindicatif Bouchard, car la foire de Saint-Denis était célèbre dans le monde entier. « Les marchands s'y rendaient non seulement de toutes provinces de France, mais encore des pays étrangers, de Saxe, de Hongrie, de Lombardie, d'Angleterre, d'Espagne et des autres royaumes. » Il n'y a que Barbe-Bleue et Barbe-Rousse qui, à des degrés différens d'authenticité, aient laissé une réputation d'effroi égale à celle de Barbe-Torte.

Ce furieux Barbe-Torte commit tant de dégâts, dépouilla tant d'abbés de leurs soutanes, tant de chevaux de leurs selles et de leurs fers, sans doute pour compléter sa collection, que l'abbé de Saint-Denis résolut de s'offrir en sacrifice pour délivrer le pays de ce monstre, de ce Minotaure, qui n'avait pas encore rencontré son Thésée.

Sublime dévouement! Mais comment pénétrer dans l'antre du dragon sans en être dévoré, avant d'avoir essayé de la persuasion sur son esprit? car le bon abbé ne voulait et ne pouvait avoir recours qu'aux armes de la parole pour opérer une sainte conversion dans l'ame de Barbe-Torte, ame plus torse encore que sa barbe; et pourtant il n'ignorait pas que Bouchard était sans pitié pour les hommes d'église. Bouchard n'allait ni à la messe ni à confesse, ne faisait ni ses pâques ni son jubilé; un vrai mécréant, qui n'était pas même le premier voleur chrétien avant d'être, pour l'éternelle illustration de sa race, un des premiers barons chrétiens.

Tout est possible à ceux qui croient. L'abbé fut inspiré par son dévouement. Habillé en marchand de bestiaux, il monte sur sa mule et se met en route par une nuit d'hiver, chassant devant lui un troupeau de bœufs.

A peine était-il par le travers des propriétés de Barbe-Torte, entre Andilly et le Plessis-Bouchard, qu'un coup de bâton ferré le renverse et l'abat aux pieds de sa mule. En se relevant, l'abbé reconnaît Barbe-Torte. — Dieu soit béni ! Celui-ci lui commande de le suivre, ainsi que ses bœufs. Il est obéi.

Le saint abbé ferma les yeux en entrant dans la caverne de Bouchard pour ne pas voir les fers à cheval dont la première salle était décorée. Barbe-Torte, au contraire, était fier de les étaler. Il semblait dire, derrière son ironique sourire : — Avant demain, les quatre fers de ta mule, mon hôte, seront cloués là ; ta selle là-haut ; toi où il me plaira de t'envoyer, à la charrue ou à la brouette. Aucune menace n'émut le faux marchand de bœufs.

Minuit, c'était l'heure du souper de Barbe-Torte. On lui apporta des viandes de toute espèce : viandes volées, portées dans des plats volés, par des domestiques volés. Bouchard mangea avec assez d'appetit. Au second coup qu'il but, il s'informa avec intérêt si le commerce des bestiaux était florissant aux environs. Le bon abbé, qui n'entendait rien au commerce des bestiaux, toussa; si la foire de Saint-Denis en France promettait d'être meilleure cette année : même indécision de la part de l'hôte de Bouchard, qui, le regardant de travers, lui dit : — Tu n'es pas marchand de bœufs, maître rusé; tu me trompes. — Si tu étais un voleur!

L'accusation était étrange dans la bouche de Bouchard; elle fut une inspiration pour le faux marchand de bœufs, qui, mettant sa confiance en Dieu, répondit : — Oui, je suis un voleur!

Barbe-Torte pâlit.

— N'aie pas peur, Bouchard, lui dit l'abbé, qui s'imaginait, dans l'excès de sa candeur, que le criminel avait réellement peur de lui. N'aie pas peur, répéta-t-il.

— Mon vœu est près de finir, s'écria Bouchard; voilà ma peur.

— Quel est donc ce vœu?

— J'ai juré de ne renoncer à la vie que je mène que le jour où ce château verrait entrer en même temps par sa porte deux voleurs, dont un saint. Nous sommes entrés cette nuit tous les deux par la même porte.

— Tu es voleur; mais es-tu saint? réponds!

Sommé de répondre s'il était voleur, l'abbé, par humilité et par espoir de sauver une ame, avait dit oui; mais avouer au même prix qu'il était saint lui semblait un sacrilége; c'était jouer gros jeu. Il répondit : — Non, je ne suis pas un saint.

— Tu m'as sauvé, reprit Barbe-Torte. Bois; car si tu eusses été un saint, que serais-je devenu, obligé de quitter cette vie dont tu connais tout le prix puisque tu es du métier, ou forcé, pour la continuer, d'être parjure? Oui, tu m'as sauvé. Fêtons un si beau moment. Buvons.—Attends! je vais chercher du meilleur. Nous boirons à notre santé et à l'heureux espoir de ne pas quitter de sitôt cette vie. Attends-moi; je vais à la cave et je remonte.

Resté seul, le prélat songea, dans l'amertume de son ame, à l'endurcissement de ce pécheur, qui plaçait son salut, comme tant de gens sans religion, dans l'accomplissement d'un vœu impossible à réaliser. Il fut sur le point de se repentir de n'avoir pas avoué qu'il était un saint. Il pria jusqu'au retour de Barbe-Torte, qui, en rentrant dans la salle, fou, désespéré, hors de lui, courut se précipiter aux pieds de l'abbé.

—Oui, je vous reconnais; vous n'êtes pas un marchand de bœufs, mais abbé de Saint-Denis. Comment en douter? Votre mule a un fer d'argent à l'un de ses sabots, un fer d'argent! ce que les abbés de Saint-Denis ont seuls le droit de faire porter à leur monture.

Mon vœu est fini.

Bouchard Barbe-Torte exhala un long soupir.

Sans raisonner le mérite d'une conversion résultant évidemment du vol des fers de sa mule qu'allait commettre Barbe-Torte, l'abbé, attendri jusqu'aux larmes, pardonna et bénit le pénitent.

Bouchard promit, de son côté, de vivre en chrétien, de faire ses pâques. Il reconnut l'abbé de Saint-Denis, qui, à son tour, le reconnut pour seigneur de Montmorency et d'Écouen. La paix fut faite, du moins pour quelques années. Les environs, pendant cette trève, furent à l'abri de beaucoup de rapines.

Du même coup, l'abbé de Saint-Denis passa pour un saint, et Bouchard fit paisiblement souche de premiers barons chrétiens.

Ce Bouchard, qui vivait peut-être sous le roi Robert, en 998, n'est pas assurément, à moins qu'il n'ait vécu cent cinquante ans, le Bouchard dont Louis-le-Gros obtint la soumission en 1105, pendant qu'Adam, prédécesseur de l'abbé Suger, dirigeait le gouvernement de l'abbaye de Saint-Denis. Ce même abbé Suger nous apprend, dans la vie de Louis-le-Gros, qu'un des premiers exploits de ce jeune prince fut d'arrêter les violences de Bouchard de Montmorency. Appelé à l'audience du roi Philippe Ier, au château de Poissy, Bouchard promit de rentrer dans le devoir et n'en fit rien. Le prince Louis, à qui cette résistance parut un attentat contre la majesté royale, se mit en campagne avec *une armée*, dans le dessein de dompter le seigneur rebelle. Il ravagea ses terres; il l'assiégea dans son château de Montmorency, et le força enfin de se soumettre à tout ce qu'on voulut.

Notre Bouchard était, il y a lieu de le croire par la confrontation des dates, celui dont il est question dans une charte du roi Robert, où on lit tout au long l'accommodement de ce baron turbulent avec l'abbé de Saint-Denis. Voici l'origine de leurs éternels différends : « Dans l'île de la Seine, proche de Saint-Denis, il y avait un château que Bouchard tenait du chef de sa femme. Elle l'avait eu de son premier mari, Hugues Basseth, feudataire de l'abbaye. Comme ce lieu était fortifié, Bouchard prit de là occasion de maltraiter ses voisins. L'abbé et les religieux de Saint-Denis, après en avoir beaucoup souffert, se plaignirent au roi. Ordre de raser le château de Basseth. Bouchard n'en tint compte. Enfin, Robert et la reine Constance lui permirent de se fortifier dans Montmorency, à condition qu'il reconnaîtrait l'abbé de

Saint-Denis et ses successeurs pour les biens qu'il tenait de leur église. Bouchard serait en outre obligé d'envoyer, tous les ans, aux fêtes de Pâques, deux vassaux qui resteraient comme otages à l'abbaye, pour les dégâts qui auraient pu être commis contre elle. Le contrat fut passé dans le monastère de Saint-Denis. »

Il n'est pas facile de dresser l'inventaire historique des innombrables salles du château d'Écouen, ouvrant l'une dans l'autre, glaciales à parcourir, sonores sous les pieds qui se lassent à les mesurer, muettes lorsqu'on les interroge. Elles sont bien mortes.

Dès que vous avez franchi le seuil de la première porte et gravi l'escalier en colimaçon du premier étage, vous êtes dans la salle des Gardes, où la tristesse du désert vous enveloppe. On y voyait autrefois des tableaux représentant des campagnes du grand Condé, entre autres le campement de Villeneuve-Saint-George, le siége de Gravelines et celui de Montmédi. Ces tableaux doivent être aujourd'hui dans la *Galerie-des-Victoires* de Chantilly, peinte par Vandermeulen. La salle des Gardes vous prépare au sentiment de lugubre viduité qui vous attend plus loin. Passez. Entrez dans les quatre autres salles. On se croirait dans une hypogée d'Égypte.

Rien n'offre un appui à l'imagination perdue dans ces solitudes de murailles. Il n'y a pas un vieux siége de chêne où asseoir quelque grand vassal pour le saluer en passant et lui baiser la main ; pas un lambeau de rideau à faire crier sur sa tringle rouillée, et qui laisse à découvert un lit de parade, occupé par une pâle châtelaine, morte depuis des siècles. Quatre murs blancs comme une tombe, de hautes croisées de cachot, murées jusqu'aux dernières travées ; un parquet efflorescent de moisissure ; des poutres saillantes, décharnées, vieux ossemens d'un squelette de château ; d'immenses cheminées pleines de vent : on a peur.

Graduellement l'esprit se familiarise avec ce sépulcre, et on ose en toucher les parois. Peu à peu, habitués au jour avare qui s'échappe, les yeux croient distinguer quelques nuances, quelques filets de peinture évanouie derrière la vapeur répandue autour des poutres ; c'est de l'or. Prenez garde. Votre souffle l'enlèverait. Cet or serpentait autrefois au soleil et aux flambeaux en d'interminables arabesques. Quelles richesses resplendissaient donc ici, dans ces appartemens, pour que les poutres fussent d'or? De quoi étaient recouverts les murs, le plancher? qui logeait ici?

En portant de plus près mon attention sur la couche de plâtre qui voile les murs, et qui est si peu en harmonie avec les dorures du plafond, je remarquai des couleurs troubles sous ce plâtre. Je lavai par place le mur et je mis à nu, à mon grand étonnement, les merveilles d'une fresque. Primatice embellit le château d'Écouen. Primatice a donc peint ces fleurs, ces guirlandes aux plus gracieux enlacemens, ce jardin vertical sur lequel pèse un nuage de chaux. L'illusion n'avait plus rien à faire. Je vivais au milieu des pompeuses réalités que j'avais découvertes. En un instant, et sans effort, j'étendis, par la pensée, mon travail autour de moi. Les poutres dorées s'appuyèrent sur une salle royale. La vaste cheminée de marbre rouge s'alluma, les croisées s'ouvrirent sur le parc, plein de cerfs, plein d'oiseaux; les fauteuils, les tentures frisées sur frise, les portières de damas, venues d'Orient, gonflées, exhalant le musc, complétèrent cet ameublement. Quand je me tournai vers le concierge pour lui demander s'il savait qui, dans les temps passés, avait occupé cette salle, j'étais presque sûr de sa réponse.

— Chambre de Madame Claude, me dit-il.

— La femme de François Ier, n'est-ce pas?

— Oui, monsieur.

Je me recueillis.

Le premier janvier 1540, sous le règne de François Ier, Paris, qui était presque aussi vaste et aussi peuplé alors qu'aujourd'hui, s'éveilla au bruit du canon et des cloches. Les rues étaient jonchées de fleurs; peine de mort à qui aurait souillé le pavé d'un jet de paille; les fontaines coulaient du vin; moyen économique pour n'en donner à personne. Aux croisées chargées de curieux flottaient des tentures de mille couleurs. C'était plus beau que pour l'entrée d'un souverain; on le croira sans peine, puisque deux souverains entraient dans Paris.

L'un était François Ier; l'autre n'était pas, comme on serait tenté de le supposer, un roi allié, visitant à la manière des anciens princes d'Orient un ami couronné. Le plus dangereux ennemi de François Ier, son vainqueur sans générosité à Pavie, son tyran implacable à Madrid, son détracteur en plein consistoire de Rome, son rival en tout, excepté en délicatesse, Charles-Quint, empereur d'Allemagne, roi d'Espagne et des Indes, passait, monté sur un *beau cheval moreau*, sous la porte Saint-Antoine. Et François Ier, ce qui n'était pas moins étonnant, était allé à la rencontre de Charles-Quint jusqu'à Chatellerault; il avait voyagé côte à côte avec lui jusqu'à Paris, et tous deux y faisaient leur entrée aux bruyans noëls de la noblesse et du peuple.

Voilà pourquoi les cloches sonnaient.

Contre l'avis de son conseil, plus prudent et non pas plus fin que lui, Charles-Quint avait demandé à François Ier la singulière permission de traverser la France, afin d'aller apaiser une révolte qui avait éclaté à Gand, où il était né, où il avait été baptisé, et dont il se disait le premier bourgeois. Les tisserands gantois apprirent plus tard ce qu'il en coûte d'accorder aux rois des titres de bourgeoisie. Le premier bourgeois fit pendre cinquante d'entre eux pour sceller la glorieuse pacification de la bonne ville de Gand.

Si Charles-Quint n'était pas directement descendu en Allemagne pour se rendre à Gand, c'est que ses finances n'étaient pas en assez bon état alors pour lui permettre de se montrer dans son empire avec la pompe convenable; s'il n'avait pas fait non plus le trajet par mer jusqu'en Hollande, c'est que Henri VIII, avec lequel il n'était plus dans de bons termes, depuis l'entrevue d'Aigues-Mortes, entretenait une flotte menaçante sur les mers d'Allemagne; et si, en dernière ressource, il s'était décidé à demander le passage par la France, c'est qu'il savait combien il flatterait l'orgueil de François Ier en se reposant sur sa foi chevaleresque. Il n'avait à redouter que de n'avoir pas assez blessé ce souverain. Il pouvait craindre de ne l'avoir pas suffisamment obligé à se montrer envers lui grand, magnanime, au-dessus des injures.

Il arriva ainsi que Charles-Quint l'avait prévu.

Excepté de le nommer roi à sa place, François Ier lui prodigua toutes les preuves d'amitié imaginables. Les récits du temps fourmillent de descriptions de fêtes, d'arcs de triomphe, de mystères joués dans les rues, de bals, de banquets, de largesses au peuple. Il y a là-dessus, à l'Hôtel-de-Ville de Paris, trente in-folios avec gravures, dédicaces et sonnets.

Contradiction étrange ! faiblesse des résolutions humaines ! une fois dans Paris, Charles-Quint fut surpris, dépaysé, ébloui ; il eut peur de cette innombrable population, idolâtre de François Ier, et de la vivacité de laquelle il n'avait jamais eu aucune idée ; population qui pouvait bien, sans crime, manquer de générosité, en se souvenant de celui qui en avait eu si peu pour le glorieux vaincu de Pavie. Charles-Quint perdit la tête sans trop le laisser voir pourtant. Sa crainte ne se manifesta, à plusieurs reprises et en termes pressans, que par le vif désir qu'il ressentait d'aller réprimer au plus vite la rébellion des Gantois.

Il raconta lui-même plus tard avec beaucoup de franchise le supplice comique de sa situation, lorsqu'il se trouva dans le guêpier de la ville de Paris, où il avait fait naître, treize ans auparavant, par la détention de François Ier, la famine, la peste, l'incendie et la guerre civile.

Quand le premier président du parlement de Paris le harangua, il s'imagina qu'il allait lui lire l'ordre du roi de l'arrêter et de le conduire à la Bastille. Il en fut quitte pour être comparé à Hercule.

En touchant aux clefs de la ville que le prévôt des marchands lui tendit dans un plat, il songea à la clef de l'Alcazar de Madrid qui était restée près d'un an sans ouvrir à François Ier. Il fut frappé de la mauvaise mine de ce prévôt.

Nombreuse aux croisées, pendue aux murs, serrée sur ses pas, tumultueuse, courant à ses flancs, lui faisant un rempart d'une lieue d'épaisseur devant, un rempart d'une lieue d'épaiseur derrière, la population parisienne l'envahit, et il se vit, non sans effroi, seul avec François Ier, le plus élevé sur ce socle hurlant. — Vous possédez une superbe population, dit-il à François Ier. — Mais vous n'avez encore rien vu, lui répondit celui-ci; — attendez.

S'il voyait de jeunes filles vêtues en nymphes chanter et danser autour de lui, il était forcé de se rappeler qu'il avait employé la même galanterie envers François Ier pendant les premiers jours de sa captivité. Ces jeunes filles lui parurent belles, mais perfides. Son imagination, ébranlée par les assauts continuels de la même préoccupation, lui montra dans chaque habitant l'acteur convenu de la comédie dont il était le jouet. Pourquoi n'avait-il pas préféré le trajet par mer? Quelles tempêtes égalaient en péril ces six ou huit cent mille rescifs bouillonnans?

A chaque coup de mousquet qu'on tirait à ses oreilles, en signe de réjouissance, il tressaillait, et regardait, pour se rasseoir un peu, François Ier, qui souriait. Évidemment il y avait de la raillerie dans ce sourire.

A la place Baudoyer, un échafaudage sur lequel on jouait un mystère s'étant écroulé, et cet accident ayant produit quelque agitation, il eut la fatale pensée que c'était un coup monté pour l'enlever à la faveur du tumulte.

A l'Hôtel-de-Ville, le corps des marchands lui ayant offert un bouillon, il le but avec appréhension. Il avait été soupçonné, en 1536, d'avoir fait empoisonner, par Montécuculli, le dauphin, fils aîné du roi. Ce bouillon lui parut avoir un goût étrange.

Enfin, arrivé au Louvre, comblé d'acclamations, rassasié d'effroi, il se trouva face à face avec tous les capitaines blessés, mutilés, faits prisonniers à la bataille de Pavie, avec le grand connétable Anne de Montmorency, contre l'avis duquel cette bataille avait été livrée, et dont la rançon fut estimée cent cinquante mille écus. François Ier les lui désigna tous par leur nom. Dans ce moment sa mémoire effrayée lui rappela qu'il avait osé dire à Rome, en présence du pape, du sacré collége, des ambassadeurs de France et de ceux de presque toute la république chrétienne, que si ses soldats et ses capitaines avaient le malheur de ressembler aux capitaines et aux soldats français, il irait, les mains liées et la corde au cou, implorer la clémence de son ennemi.

Quelque haute idée qu'il eût de la loyauté de ces capitaines, Charles-Quint ne découvrit sur leurs figures martiales qu'un respect glacé.

Il passa la plus horrible nuit de sa vie au milieu des clartés, des illuminations et des feux de joie dont il était l'objet.

Et comme le matin, selon son habitude, il se promenait à cheval, feignant un calme qu'il n'avait pas, il sentit quelqu'un qui, ayant sauté derrière lui en croupe, le saisit, l'atteignit par-dessous les bras, et lui cria : — *Ah! je vous tiens! — vous êtes mon prisonnier!*

C'en était fait de Charles-Quint.

En se retournant il vit un bel enfant qui riait et s'appelait d'Orléans.

Il voulut rire : mais il se souvint qu'il avait retenu ce bel enfant en otage jusqu'à l'entier acquittement des promesses jurées par son père pour sortir de la prison de Madrid.

Brûlé par ces craintes toujours renaissantes, il obtint de François Ier, sous le prétexte d'aller le plus promptement possible apaiser les Gantois, qu'il partirait dans trois jours pour Gand. Il désira, en outre, passer ces trois jours à la campagne. L'air de Paris ne lui était pas bon.

François Ier s'empressa de mettre à sa disposition le château de Chantilly, qui appartenait alors au connétable de Montmorency.

Au connétable! recevoir l'hospitalité du maréchal de Montmorency, qui, quatre ans auparavant, l'avait chassé de la Provence, comme à coups de fourche, pendant que lui, le grand empereur, s'informait avec fatuité combien il y avait de journées pour se rendre à Paris; étouffer cette honte pour se loger chez celui qui lui avait tué ses meilleurs généraux : Antoine de Lève, Baptiste Gastaldo, le comte de Hornes, Garcilaso de la Véga! Pourtant il n'osa refuser. Il partit pour le château de Chantilly.

Chantilly n'est qu'à sept lieues d'Écouen.

La salle qui porte le nom de madame Claude est changée en chambre de conseil. Des généraux, des membres du parlement, les princes du sang, le connétable de Montmorency et le roi lui-même,

François Ier, sont assis autour d'une table. A la clarté d'une lampe qui verse sa lueur du plafond, ils délibèrent au milieu du silence qui règne dans le château.

Il s'agit de décider si l'on retiendra Charles-Quint prisonnier en France jusqu'à ce qu'on ait obtenu de lui la restitution de la rançon qu'il fit payer au roi, l'investiture du Milanais pour le duc d'Orléans, ou bien si on le laissera sottement partir, au risque de recommencer avec lui une guerre ruineuse.

La délibération ouverte, François Ier débuta par les protestations chevaleresques passées en habitude chez lui; et il finit par dire qu'il ne prétendait pas se priver du droit de se plaindre toute sa vie du manque de foi de Charles-Quint en trahissant la sienne propre.

— De chevalier à chevalier ces maximes sont bonnes, s'écria la duchesse d'Étampes, que, par une faiblesse blâmée chez François Ier, ce prince admettait à ses conseils; — mais de chevalier à geôlier elles sont une duperie. Il vous a tenu dans une cage où vous avez été la risée du monde. Votre corps s'est voûté, votre tête a blanchi dans la captivité. Puis, pour garantie de la rançon promise, il a demandé vos fils en otage; pour rendre vos fils, il a exigé trois bateaux chargés d'or, et des provinces : puis il a voulu toutes vos provinces;

et sans M. de Montmorency, nous serions tous Allemands à l'heure qu'il est. Quatre soldats à sa porte, une lettre à Henri VIII, un ambassadeur aux princes protestans, et ce nouveau Charlemagne ne sortira de la Picardie qu'à bonnes fins. Laissez ensuite crier à la violation de l'hospitalité. Vous demanderez à ceux qui vous accuseront de l'avoir violée si vous ne valiez pas bien la peine d'attirer leur pitié qui se tut parce que vous étiez le vaincu. Vous êtes vainqueur, faites : on se taira.

Profitant de l'hésitation qu'avait fait naître dans l'esprit de François Ier l'opinion de la duchesse d'Étampes, le cardinal de Tournon se hâta d'y conformer la sienne. Il prouva que le roi n'avait pas eu raison de prendre des engagemens de générosité qui excédaient sa puissance; d'ailleurs, qu'une fois hors de la France, Charles-Quint se moquerait de la crédulité ajoutée à ses promesses de remboursement et d'investiture; que le peuple de Paris ne se montrait déjà que trop mécontent de ce que le roi avait eu l'inexplicable faiblesse de refuser sa protection aux Gantois.

Peu à peu François Ier se montra moins chevaleresque; il consulta ses capitaines, qui n'osèrent pas être d'un avis contraire à celui de la duchesse d'Étampes et du cardinal de Tournon, l'une maîtresse, l'autre confesseur du roi.

Ils se levaient déjà pour monter à cheval et aller s'emparer de Charles-Quint, quand le connétable, qui n'avait encore rien dit, parla :

— Je ne connais pas d'empereur, pas d'homme plus astucieux que Charles d'Autriche, plus faux que lui ; il a l'ame d'un lansquenet et le cœur d'un reître ; il vend le pape aux électeurs, les électeurs au pape, deux ou trois fois par an ; il a trois récoltes de trahison, comme mes paysans de leur foin.

Il ne sait vaincre que par les autres. Il lui a fallu l'épée d'un Français pour triompher des Français ; il spécule sur les prisonniers comme un boucher sur la chair ; il fait la guerre pour avoir des rançons : c'est son métier. Il n'est pas un de nous qui n'ait à se plaindre des souffrances qu'il lui a fait subir dans la captivité ; abhorré des Allemands, des Espagnols, des Italiens, des catholiques, des réformés, du ciel et de la terre, il prend l'argent des uns pour faire couler le sang des autres.....

— Eh bien ! qu'attendons-nous ? s'écrièrent tous les membres du conseil à ces paroles du connétable ; partons et emparons-nous-en........

— Eh bien ! plus lâches que lui seraient ceux qui, trahissant l'hospitalité, toucheraient à un fil de son pourpoint. Ne comparons pas deux positions différentes, madame la duchesse, monsieur le cardinal, sire. A Madrid vous étiez son prisonnier, sire. C'est chance de guerre, et droit du vainqueur. Êtes-vous son vainqueur, êtes-vous en guerre avec lui? non. Il est menteur à sa parole..... que Dieu le juge. Il est votre hôte; il a brûlé Rome, que Dieu le frappe; il est votre hôte. Permettez encore, sire. Charles a avec lui un de ses capitaines. Ce capitaine m'a ouvert le crâne d'un coup d'épée, et brisé l'épaule d'un coup de pistolet, sur le champ de bataille de Pavie. Irai-je aujourd'hui dans le parc de Chantilly le lier à un arbre pour lui ouvrir la tête et lui casser le bras? — Si jamais je le rencontre face à face à la guerre, j'acquitterai ma dette: mais ici, sur mes terres, sous ma tente, — protection et sauve-garde! — Je vous imite, sire! soldat, je fais pour un soldat ce que roi vous ferez pour un roi.

Tandis que la discussion s'échauffait ainsi dans le château d'Écouen, respirant sous le beau ciel de la Picardie, Charles-Quint comptait les heures qui le séparaient du moment de son départ. S'il n'avait craint d'être arrêté en route, il serait parti de Chantilly, au milieu de la nuit, tant il était peu rassuré sur l'issue de sa résidence. — Chaque bruit qu'il entendait le faisait tressaillir. — Il n'avait pas moins joué que sa couronne de Flandre et d'Italie dans cette témérité tout au plus pardonnable à l'étourderie de François Ier. — Puis le ridicule d'être pris au piége dressé par lui-même ! En s'interrogeant il n'osait se rejeter sur la bonne foi de son hôte. — Il pensa qu'il était peut-être dans la prison qu'on lui destinait ; que déjà les cavaliers gardaient les portes et les grilles.

Erreur de son imagination exaltée par la peur ou réalité, il vit passer devant ses fenêtres un homme couvert d'une cuirasse, armé d'une longue épée, et s'acheminant vers la porte de son appartement. Il se leva. — Ce n'était pas une illusion. Quand cet homme se trouva devant lui, — il se découvrit avec respect, et se nomma.

C'était le connétable Anne de Montmorency.

— Sire, dans le conseil du roi qui vient de se tenir dans mon château d'Écouen, il a été discuté si l'on vous retiendrait prisonnier en France ou si l'on vous laisserait partir.

L'avis du roi a été qu'on vous laisserait libre.

Le mien qu'on devait vous retenir prisonnier.

Charles-Quint frémit.

— En donnant ce conseil, j'ai rempli mon devoir de sujet.

En vous en faisant part, je remplis celui de votre hôte.

Sire, tenez-vous pour averti.

Charles-Quint partit le lendemain de Chantilly.

On sait qu'il ne lui arriva rien, — qu'il parvint

sain et sauf à Gand, où il n'exécuta aucune des promesses qu'il avait jurées, mais où son premier soin fut de priver la ville de ses priviléges, après avoir fait trancher la tête à cinquante maîtres tisserands, qui étaient bourgeois comme lui.

Le connétable fut disgracié.

Depuis qu'il n'y a plus en France de grandes familles, à prendre cette expression dans le sens de large confédération qu'elle présentait autrefois, le souvenir s'est perdu de l'influence dont elles jouissaient dans l'état, et par suite s'est évanouie la mémoire des bons services qui justifiaient cette influence. On ne sait plus, et c'est de l'ingratitude autant que de l'ignorance, ce que ces familles tenaient en réserve de force, d'intelligence, de fidélité et d'union, pour venir en aide au pays, quand il était compromis soit par les atteintes de l'étranger, soit par les empiètemens du souverain. Le peuple est aujourd'hui l'unique appui des royautés : la confiance est bien placée; mais si l'on ne faisait rien pour le peuple alors, c'est qu'on s'en passait; il n'était jamais appelé à partager les fatigues ni les dangers de la guerre, cette situation violente et pourtant continuelle de la constitution française. Aux gentilshommes exclusivement était dévolu le périlleux privilége de mourir pour défendre le territoire, pour l'agrandir, pour en chasser l'étranger.

Anne de Montmorency, qui fit bâtir Écouen, est le formidable représentant, s'il en est la personnification expirante, de cette assistance infatigable, toujours en haleine, quelquefois brutale, qu'avait la noblesse à la disposition de la royauté. Il réunit les fières et rudes vertus du soldat, du vassal, du négociateur, du prince et de l'ami. Il naît presque la même année que son roi, en signe de la fraternité qui l'attachera à lui. Ce roi est François Ier, le dernier souverain en qui la valeur personnelle, le courage isolé, soient encore utiles au moment où ils vont disparaître pour toujours, et faire place à la lutte des armées. Le roi et le baron sont de taille à fermer la carrière. Celui-là a six pieds; celui-ci oblige un cheval à ployer en le pressant des genoux. Marignan, la bataille des géans, les voit combattre tous deux et demeurer vainqueurs; Pavie les ramasse tous deux vaincus et prisonniers.

Un moment, il n'y a plus de roi en France: Charles-Quint retient en prison François Ier, qui va mourir. Montmorency vend pour cent cinquante mille écus de terre, se rachète, vient à Paris et gouverne. Tout ce qui eut lieu de décisif contre l'étranger, qui essaya de profiter de l'absence du roi pour rentrer en France, fut l'œuvre de Montmorency. Il régna prés d'un an. François Ier, au retour de sa captivité, nomma Montmorency grand-maître de France; il serait tout aussi exact de dire que Montmorency nomma François Ier roi de France au retour de sa captivité.

Comme toutes les supériorités, qui n'ont que faire des petits suffrages du cœur, il ne fut jamais aimé; il ne parut à la cour que pour chasser les courtisans du revers de son gantelet. Il préférait à la cour son château d'Écouen, retraite solitaire, où il lisait Plutarque, plantait des chênes et causait, assis par terre, avec ses vassaux. Des années s'écoulaient sans qu'il allât au Louvre. Entouré de sa maison, composée de la fleur de la noblesse militaire, il présidait, avec une simplicité pleine de religion, aux travaux dont il embellissait sa demeure. Il faisait construire par Bullant et décorer par Jean Goujon une merveilleuse chapelle, peinte, sculptée, dorée et ciselée comme les basiliques de l'Orient. Après trois cents ans sa gracieuse austérité la protége encore. Aux murs il suspendait une *Cène* de Léonard de Vinci et *la Femme adultère*, par J. Belin. Bernard Palissy coulait avec sa terre cuite, sur un pavé de faïence, tous les Actes des apôtres. Quand le dimanche sonnait, il s'agenouillait devant l'autel de cette chapelle, avec sa famille, ses artistes et ses gentilshommes. Et ce devait être d'un aspect pieux que cette prière, sévère distraction du château, faite sous ces voûtes aux pendentifs dorés, sur ce pavé bleu et jaune, par le premier baron chrétien et sa femme, Madeleine de Tende, fille des Lascaris, empereurs de Constantinople.

Quand il sortait de son château d'Écouen, ce n'était que pour aller représenter le roi de France auprès de Henri VIII, ou pour mesurer sa longue épée avec les armées de Charles-Quint, auquel rien ne manquait pour abaisser la gloire de François Ier, ni les troupes, ni l'or, ni les capitaines, — les meilleurs capitaines du temps, Antoine de Lève, le duc d'Albe, Fernand de Gonzague, André Doria. Au comble de sa puissance, envieux de réaliser son rêve de domination, qui était d'unir le midi de la France à ses états d'Italie et d'Espagne, Charles-Quint opéra une descente en Provence. Le voilà en France, à quelques journées de marche de la capitale. Quand tous les plans de défense sont reconnus impuissans pour repousser l'étranger, on appelle Montmorency. Chargé dès ce moment de la responsabilité entière du pays, il s'établit dans le comtat. Là, il commence un plan d'attaque dont les moyens épouvantent par leur désespoir; il rase tout ce qui s'élève sur le sol; il coupe les forêts, abat les bourgs, passe le râteau, fait courir la flamme sur les moissons, arrache les plantes; il ne laisse debout que des soldats auxquels, sous peine de mort, il défend de tirer un seul coup de fusil, et que des arbres chargés de fruits mûrs : c'était pendant l'été; puis il consigne le roi dans sa tente, se retire dans la sienne et attend. L'attente dura plusieurs mois. L'impétuosité française l'accuse enfin de faiblesse, d'ignorance, presque de lâcheté; car l'empereur avance toujours : il est partout, à Arles, à Toulon, à Marseille. François Ier, qui bouillonne dans sa cuirasse, se mêle aux clameurs soulevées contre Montmorency; il veut se battre; il écrit au maréchal qu'il n'a pas une épée pour remplir la charge d'un commissaire de vivres. — Vous ne vous battrez pas, répond froidement Montmorency. Malheur à qui touchera à un cheveu de l'ennemi! malheur à qui cueillera un des fruits mûrs qui pendent aux arbres!

Enfin, accablés par six mois de chaleur, les soldats de l'empereur se jettent sur la seule nourriture qui leur a été laissée, au milieu d'une contrée torride, sans ombre, sans abris; ils mangent des fruits, dorment au soleil et meurent au même instant. Ces fruits les ont tués; vingt mille cadavres jonchent les routes; le reste regagne l'Espagne, mutilé dans la plus désastreuse retraite qui ait jamais été exécutée.

La France est sauvée! c'est à Montmorency qu'on le doit. A tant de gloire sans exemple, il manquait une récompense plus précieuse que celle du titre de connétable : la disgrâce ! Il l'obtint. Sa probité antique, on l'a vu, s'étant révoltée au projet de la cour, qui avait résolu de retenir Charles-Quint prisonnier à son passage en France, il fut perdu dans le cœur des favoris. Comme il n'avait encore servi le roi que depuis trente-cinq ans, il attendit qu'un autre roi le relevât de l'exil. Pendant sa disgrâce, les empereurs d'Orient lui envoient des ambassades. Sur la route d'Écouen, les tigres de Dragut et les lions de Soliman se croisent pour aller s'offrir en hommage au premier baron chrétien. Du haut de son perron de pierre, il salue les noirs envoyés d'Afrique, comme s'il s'appelait Richard Cœur-de-Lion. Des lèvres basanées baisent son gantelet de fer.

Mais la chevalerie s'en va, et il s'en va aussi, n'ayant plus rien à démêler ici-bas avec les guerres qui se font par peuplades, par multitudes, à la distance de la mitraille, et où le mathématicien est plus fort que le brave. Il tombe à Saint-Quentin ; mais la blessure qu'il reçut à la hanche fut moins grave que celle dont il éprouva la douleur en arrivant à la cour. Sa défaite lui fut imputée à crime. François II le relégua plus tard à Chantilly. Ceci ne le décourage point ; il n'a encore servi que cinquante ans la monarchie, il n'a versé son sang que pour trois rois, François Ier,

Henri II, François II ; son compte n'y est pas. Charles IX monte sur le trône, et la guerre civile recommence. Jusqu'ici nous n'avons vu que le baron, le chrétien va se montrer, et, terrible, il se montrera contre l'erreur, qu'il combattra avec plus d'énergie que de lumière. Il n'a d'ailleurs que soixante-huit ans, le grand connétable. Les réformés, selon lui, étaient ces rebelles qui, de tout temps, ont levé le drapeau démocratique contre l'autorité établie. Les calvinistes étaient pour lui un parti politique autant qu'un parti religieux. Il ne s'agissait pas seulement de les endoctriner, eux qui avaient à leur tête les meilleurs hommes de guerre, qui occupaient militairement Lyon, Rouen, Blois, Tours, Bourges, Angers, La Rochelle, Montauban, Nîmes, Montpellier, Castres, Grenoble, Châlons, Mâcon, le Havre, Dieppe, Caen ! Fallait-il tant de villes pour prêcher et rompre du pain, au lieu de communier sous les apparences ? Les calvinistes voulaient régner, asseoir un roi de leur communion sur le trône ; n'était-ce pas là de la politique, un parti politique, des révoltés politiques ? La Saint-Barthélemy, qui les extermina, fut un acte d'odieuse prudence, car l'assassinat ne se justifie jamais, mais concevable en politique, car, quelques années plus tard, les protestans auraient fait une Saint-Barthélemy de catholiques.

Le connétable ne vécut pas d'ailleurs jusqu'à cette funeste époque ; mais il n'en mourut pas moins, comme il devait, pour la défense du pays, tout troublé par des prétextes de religion. A soixante-quatorze ans, il prend ses armes pour se rendre dans la plaine de Saint-Denis, et y combattre Condé à la tête des rebelles, des calvinistes. Blessé sept fois à la tête, et son épée sanglante et pendante au poignet, il reçut dans les reins un coup de pistolet d'un Écossais, nommé Robert Stuart. Il en mourut ; il mourut bien. Un gentilhomme ne devait finir que de la main d'un homme du peuple ; le serviteur de la royauté tomba sous le coup de l'homme de la révolte ; le baron chrétien fut tué par le démocrate protestant. Cette belle mort a un sens historique : elle est une figure de la décadence monarchique.

Le siècle suivant, on trancha impunément la tête à un autre Montmorency.

Le siècle d'après, un autre Montmorency vint déchirer ses titres à la barre du peuple.

Ces trois fins sont à méditer. — Le dernier Montmorency l'emporte sur Louis XIII et Robert Stuart. Il ne tue pas, il ne décapite pas les siens : il les nie.

Et comme je reportais une dernière fois mes regards sur ces murs qui n'avaient plus pour moi leur triste nudité, une horrible inscription vint flétrir mes plus belles fresques. Je lus au-dessus d'une guirlande : *Section Marat*.

Pendant la révolution, se hâta de me dire M. Bernard, mon guide, les patriotes des environs ayant fait un club du château, donnèrent le nom de section Marat à cette salle, celui de section Couthon à la suivante, ainsi des autres.

Et quelle est cette pipe dessinée en noir sur le mur? Est-ce encore un emblème patriotique?

— C'est un passe-temps de vélite.

— La salle où nous sommes a donc successivement appartenu à une reine, à des républicains et à des militaires en garnison?

— Et à madame Campan, ajouta M. Bernard, qui la transforma en dortoir : tenez, la place des lits y est encore.

Je vis, en effet, de distance en distance, indiquée par des places rouges sur le reste des carreaux déteints, l'empreinte des lits en fer qui garnissaient la salle.

A mesure que je m'initiais aux vicissitudes de cet appartement, il me semblait que j'assistais à la lecture des mémoires de quelque aventurier de haut renom, tantôt reçu à la cour, tantôt vivant avec les brigands, tantôt dans un hôpital.

— Je ne pense pas, monsieur Bernard, que ce

nombre 80, tracé sur la porte, ait également sa signification historique.

— Mille pardons, monsieur, ce chiffre indique le nombre de soldats russes que la salle pouvait contenir.

— Des soldats russes dans les dortoirs de madame Campan!

— Quand les étrangers vinrent à Paris, on eut un instant le projet de caserner des Russes au château : mais M. le prince de Condé, qui était rentré en possession d'Écouen, s'y opposa, et le château ne reçut pas de garnison.

D'abord je n'avais rien vu dans l'appartement; maintenant je perdais le souvenir de toutes ces résidences amoncelées.

— M. Bernard, qui donc a fait effacer les belles fresques des murs?

— C'est Napoléon, afin que la pudeur des élèves de madame Campan ne fût pas blessée.

— Il a donc blanchi tout le château?

— Tout le château, trente ou quarante salles.

— La pudeur de l'empire nous coûte un peu cher.

Étrange intérêt qu'inspire le château à ceux qui le possèdent. Aux Condé? un Condé renverse un corps de bâtiment; à la république? la république brise les statues et défigure les salles; à l'empire?

l'empire badigeonne les murs. Fasse le ciel que M. le duc d'Aumale n'ait pas l'heureuse inspiration de changer le château en usine !

Dans cette même salle, il y avait autrefois l'écusson en faïence de Palissy, le glorieux écusson des Montmorency. Brisé à coups de hache par les révolutionnaires de 93, il fut remis en place et rajusté par les carreleurs de la restauration. Seulement ceux-ci le descendirent à l'étage inférieur, et ils le collèrent au hasard, de telle sorte que les alérions sont en dehors de l'écu, et que le grand cordon est haché par bribes. Pour nous servir d'un terme typographique, les armes des Montmorency *sont en pâte*. Eux-mêmes s'y retrouveraient difficilement. Involontairement l'incident de l'écu nous rappela un incident de famille ; et le voici.

Possesseurs glorieux du plus beau nom de la noblesse européenne, les Montmorency ne se doutaient guère sous la restauration qu'il existait en Angleterre, au fond d'un canton pierreux de l'Irlande, une famille aussi antique, aussi illustre, aussi renommée que la leur. Ou cela est contestable, avaient à répondre les Montmorency en apprenant cette nouvelle, ou cette famille est la nôtre. C'était la leur, ce qu'ils ne contestèrent pas moins. L'étonnement valait avant tout un démenti. Il fut donné.

En 1828 parut un ouvrage intitulé : « *Les Montmorency de France et les Montmorency d'Irlande*, ou Précis historique des démarches faites, à l'occasion de la reprise du nom de ses ancêtres par la branche de *Montmorency-Marisco-Morrès*, par le chef de cette dernière maison, avec la généalogie complète et détaillée des Montmorency d'Irlande. » Si ce livre eût paru il y a deux cents ans, toutes les cours d'Europe eussent été attentives à la discussion qu'il eût fait naître. Les juges-d'armes d'Irlande, d'Écosse, d'Allemagne, de France et de Portugal, eussent couvert les routes de courriers. Les plus vieux arbres généalogiques auraient frémi dans leurs plus hautes feuilles. Le *Monasticon* se fût fermé de lui-même. D'Hozier en eût perdu le sommeil. Il n'y a pas d'exagération là-dedans; un homme qui serait venu dire à Louis XIV : « Je suis votre frère aîné, Bourbon autant que vous et Bourbon avant vous, » n'aurait été guère plus hardi que celui dont la prétention ne s'élevait pas à moins qu'à se proclamer Montmorency en face des Montmorency.

Cette prétention n'a pourtant soulevé aucune rumeur en Europe, ni même dans le faubourg Saint-Germain, auquel on révèle, peut-être pour la première fois, qu'un étranger de par-delà la Manche a demandé à faire ses preuves et les a faites, pour avoir le droit de porter en France le nom, le titre et les armes des Montmorency, aussi bien que s'il n'eût jamais cessé d'être gouverneur pour le roi de France en ses provinces, ou connétable.

Rien ne s'est passé plus paisiblement que le conflit de famille élevé au sujet de la requête de M. Marisco-Morrès, colonel, en 1814, au service de la France auprès de Louis XVIII. La petite poste a dérobé l'éclat de la contestation qui, du sac de cuir du facteur, est tombée dans les cartons des archives du royaume, d'où il m'a été permis de l'exhumer, grâce à la précieuse complaisance de notre grand historien, M. Michelet.

On ne saurait être plus loyal que M. Morrès lorsqu'il sollicite, pièces en mains, l'honneur de porter sans usurpation le nom des premiers barons chrétiens; on ne saurait être plus poli que MM. de Montmorency en refusant cette faveur à M. Morrès. De part et d'autre on sent la prudence la plus adroite à ne pas laisser pénétrer dans le public le bruit d'une dispute née un siècle trop tard. Les champions, en habit noir, en gants blancs, sans cuirasses, se défient à voix basse; ils ne s'appellent pas en champ clos, mais sur la lice parquetée du cabinet; enfin, ils ne s'en remettent pas au jugement de Dieu pour prononcer sur leurs différends, mais à celui d'un savant obscur, garde général des archives du royaume, à M. de La Rue, qui décide : « Qu'il lui est bien démontré que la » maison de Morrès, alliée constamment aux pre» mières familles d'Irlande et d'Angleterre, est une » branche de l'illustre race des Montmorency. »

Tout est merveilleux de surprise dans ces deux races de Montmorency, qui, après huit cents ans de séparation, se trouvent face à face, n'ayant jamais soupçonné leur existence réciproque. Ce sont deux hémisphères; il faut que l'un découvre l'autre. Séparées par une invasion, celle des Normands en Angleterre, en 1066, une autre invasion les rapproche, celle des Anglais en France, en 1814. Pendant huit cents ans, une race s'illustre en-deçà, l'autre au-delà du détroit, sans se voir, et pourtant avec émulation, comme si elles rivalisaient pour un but caché qui doit un jour se découvrir. Même vaillance d'un côté que de l'autre. On ne sait dire qui frappe le plus fort, de l'épée à deux mains ou de la hache de fer de l'Irlandais. Les Montmorency français ont des tombes sur le couvercle desquelles ils dorment, couchés avec leurs cuirasses, leurs barbes sur leurs poitrines, leurs gantelets ; les Montmorency irlandais ont aussi leurs chevaliers étendus sur des tombes. Ici le château des Montmorency français, là, au bord de la mer, le château des sauvages Montmorency d'Irlande.

Ayant acquis une fois le droit d'être Montmorency en France aussi bien qu'en Irlande, M. Marisco-Morrès aura-t-il prétendu, comme un Montmorency de ses aïeux, entrer en guerre avec les barons de Dammartin? Mais où sont les barons de Dammartin? Aura-t-il, comme un autre Montmorency de ses aïeux, envoyé un cartel aux abbés de Saint-Denis en les menaçant de faire des châsses de leurs corps; menaces d'un véritable baron chrétien? Mais où sont les abbés de Saint-Denis? Aura-t-il été de quelque conspiration, comme un autre Montmorency de ses aïeux, contre l'autorité d'un autre Louis? Mais où sont les nobles qui conspirent? où sont les Richelieu qui auraient assez de cœur pour faucher à travers champ des têtes de nobles? Aura-t-il, comme un autre Montmorency de ses aïeux, voyagé en Terre-Sainte pour occire des Sarrasins? Les Sarrasins, où sont-ils? Ils ont un ambassadeur fort bien en cour de France. Aura-t-il à une autre bataille de Pavie, comme un autre Montmorency de ses aïeux, reçu, tout couvert de sang, son roi dans ses bras? Où sont les batailles de Pavie? Aura-t-il, comme ce même Montmorency son aïeul, commandé le feu contre les protestans à la porte Saint-Denis? Où sont les protestans qu'on persécute?

Me voilà fort embarrassé de savoir ce qu'on fait d'un nom noble lorsqu'il n'y a plus de barons, d'abbés, de Sarrasins, de protestans, et fort embarrassé surtout de savoir le parti qu'a tiré de celui de Montmorency M. Marisco-Morrès après l'avoir demandé avec la conscience si forte de son droit. Il est probable que M. de Marisco-Morrès signe aujourd'hui le nom de Montmorency, qu'au fond, chose singulière, il portait déjà ; car *Marisco* et *Morrès*, qui signifient l'un et l'autre, en mauvaise langue celtique latinisée, *pays marécageux*, sont visiblement compris dans les trois dernières syllabes de Montmorency. Or Montmorency n'étant que la jonction du mot *Mons* avec Morrès ou Mariscis, *Mons-Morrès*, *Mons-Mariscis*, le prétendant irlandais ne se serait tant donné de mal que pour obtenir une syllabe de plus et un trait-d'union de moins ; ce qui lui aurait été cruellement refusé par les Montmorency.

En sortant de la chambre dite de madame Claude, on pénètre dans l'ancienne galerie de tableaux où l'on admirait autrefois les trente vitraux coloriés en grisaille, qui représentaient l'histoire de Psyché, d'après Raphael. Après la révolution, ces vitraux furent transportés par M. Lenoir, conservateur des monumens français, au musée des Petits-Augustins et placés dans la salle du seizième siècle. Ce savant archéologue rapporte, dans sa description des *Monumens de sculpture réunis au Musée des monumens français*, qu'un vitrier d'Écouen, voulant nettoyer les vitraux de la galerie dont il est ici question, « les frotta avec du grès en poudre ; il enleva par ce moyen toutes les demi-teintes et laissa de grandes parties de verre à nu. » En matière de barbarie, ceux qui brisent ne viennent qu'après ceux qui réparent. Vingt Attila sont moins à redouter qu'un vitrier.

Il n'y a plus que de l'espace dans cette galerie survoûtée; elle n'a rien à envier à la lugubre nudité des autres salles. Pour comble de tristesse, elle paraît neuve, comme le reste du château. On dirait que les maçons sont partis, que les frotteurs viendront demain accompagnés du tapissier. Tout est fini; rien n'est usé à Écouen. Je ne sais pas d'aspect plus désolant que des escaliers de trois siècles, dont les angles sont vifs comme si le ciseau achevait de les équarrir. Les ruines sont moins accablantes, on l'éprouve à Écouen, que cette implacable jeunesse du plâtre et du fer. L'Europe renouvellera huit fois, dix fois sa population, et cet arrangement de pierres n'aura pas subi la plus légère altération. Ce qui n'a pas d'ame est éternel, et notre fragilité en souffre comme d'un affront. A tous les coins du château s'avancent, pour vous saluer, des salamandres rieuses et folâtres, qui ont toujours quinze ans, qui ont souri à dix générations mortes; elles nous sourient encore, à nous qui mourrons de même : elles riront sans cesse. Aussi l'unique sentiment de reconnaissance dont on est animé pour les récompenser de leur gentillesse, c'est de leur casser la tête, en passant, d'un coup de bâton. Je cède ici à un mouvement philosophique et non à une réflexion d'artiste. Il ne faut rien casser, même lorsqu'on n'est pas chez soi.

Autre déception! Après avoir marché pendant une heure à travers des salles toutes plus froides et plus historiques les unes que les autres, où revivent en écho les noms de François Ier, de Henri II, de François II, d'Anne de Bretagne, de madame Claude et de Diane de Poitiers, vous espérez qu'en reculant toujours dans le passé, en vous enfonçant sans relâche dans les profondeurs du château, vous arriverez enfin à quelque appartement de roi chevelu : erreur! Vos courses aboutissent à une chambre bourgeoise, tapissée en papier bleu pâle, de 3 francs le rouleau, parquetée en noyer, enrichie d'une cheminée façon granit que couronne une mauvaise glace indigo de l'empire. — Chambre de madame Campan! proclame votre conducteur. Superbe chambre! elle pouvait bien contenir six fauteuils et un lit à bateau. Je n'oublie pas la pendule d'albâtre.

Madame Campan, chacun le sait, fut la directrice de l'institution de la Légion-d'Honneur, fondée à Écouen le lendemain de la bataille de Friedland. Elle dirigeait auparavant, à Saint-Germain-en-Laye, une maison d'éducation où étaient élevées de jeunes personnes appartenant la plupart aux débris des rares familles distinguées qu'avait épargnées la révolution. Son emploi de lectrice à la cour de Louis XVI, sa fidélité inaltérable à Marie-Antoinette, ses principes de religion, un peu mêlés de dignité aristocratique, le choix de ses pensionnaires, prises dans un rang qui n'avait pas peut-être donné assez de gages à la république; son système d'éducation, calculé d'après celui de Saint-Cyr, éveillèrent plus d'une fois la susceptibilité des divers gouvernemens précurseurs de l'empire, qui n'eut aucun motif pour soupçonner, ni aucun désir d'arrêter, je pense, ses prédilections appliquées à l'enseignement.

Notre plan n'admet pas, même abrégée, l'appréciation des livres élémentaires d'éducation que les familles doivent à la plume expérimentée, claire, causeuse, sans prétention, de madame Campan. Si de nouvelles découvertes dans l'art si progressif d'enseigner relèguent jamais au rang des ouvrages, non sans mérite, mais sans application, son *Traité d'éducation*, les esprits curieux des événemens qui précédèrent la révolution de 89 et qui y contribuèrent peut-être, consulteront toujours avec certitude les *Mémoires sur la vie privée de Marie-Antoinette*. Sans tomber même dans un défaut de proportion, difficile parfois à éviter, nous ne pourrions dresser une biographie complète des hautes qualités morales qui méritèrent à madame Campan l'attention de l'empereur quand il la choisit, entre une foule de concurrentes, pour diriger la maison d'Écouen. Nous aimons mieux citer sur l'intérieur et le personnel de cette institution quelques passages d'une lettre que nous devons à la mémoire obligeante d'une élève de cette femme célèbre.

« Madame Campan avait une figure distinguée, mais je doute qu'elle ait jamais été belle ; elle était toujours mise en noir ; son organe était fort doux, fort calme ; elle s'écoutait parler comme une personne qui se sent sur son terrain, surtout quand elle racontait. Elle aimait la flatterie, qui même n'avait pas besoin d'être délicatement exprimée pour lui plaire.

» Madame de Montgelas était sous-intendante : — une grande femme remplie de dignité, qui assistait toujours au réfectoire et à l'église ; on la craignait comme le feu. Venaient ensuite madame

Vincent, sous-maîtresse; madame Mélanie Beaulieu, qui a fait un abrégé de l'histoire de France et trois ou quatre romans aussi prétentieux que ceux de mademoiselle Scudéry; madame la comtesse d'Hautpoul, femme d'esprit, rimant de jolis vers, et rêvant encore des romans en donnant des leçons de littérature; elle est l'auteur d'un cours de littérature, à l'usage des jeunes élèves d'Écouen, écrit avec la plus parfaite décence et sans que le mot amour y soit prononcé. L'empereur exigea qu'il n'y fût pas parlé de César. M. le baron de Pommereuil effaça lui-même les passages.

» On entendait une messe basse tous les jours, et les dimanches grand'messe et vêpres. Jamais les élèves n'étaient seules ni pour manger, ni pour jouer, ni pour dormir.

» La distribution des prix donnait toujours lieu à beaucoup d'apparat. C'était alors qu'on changeait de ceinture et de classe. La ceinture des commençantes était verte, puis venaient le violet, l'orange, le bleu, le nacarat; enfin la première classe était blanche. On restait à Écouen jusqu'à dix-huit ans. Chaque élève travaillait à son linge et à ses robes.

» Madame Campan avait souvent des élèves à dîner à sa table; souvent aussi elle les réunissait le soir, et elle les menait tour à tour à Saint-

Leu et à la Malmaison ; mais c'étaient toujours les plus brillantes et les plus jolies. Il y avait une route charmante qui conduisait, par le bois d'Écouen, à Saint-Leu, qu'on appelait la route de la reine Hortense ; elle était bordée d'un grand nombre d'hortensias.

» On apprenait à Écouen à jouer de tous les instrumens et à parler toutes les langues. Il y avait une jeune fille qui parlait le grec. Quelques élèves ont fait des vers à Napoléon : elles dansaient et poussaient des cris de joie aux nouvelles de la grande armée ; mais quand arrivèrent les malheurs de celui à qui elles devaient tout, quelques-unes furent, dit-on, ingrates envers leur père. »

Il ne faut pas demander aux livres de l'époque impériale, peu portée à se peindre elle-même, le récit des visites que Napoléon faisait souvent à Écouen, sa fondation favorite. Ordinairement il s'y rendait seul et sans avoir fait prévenir personne. Son bonheur était de tomber au milieu des élèves, qui, à son aspect, se levaient toutes et rougissaient, comme s'il eût fixé son regard sur chacune d'elles à la fois

Je le tiens de la précieuse confidence d'une des élèves de madame Campan. Rien ne peut se comparer à la joie des pensionnaires quand elles avaient au milieu d'elles leur père, ainsi qu'elles appelaient

Napoléon. Ni récréation, ni fête, ni distribution des prix, ne faisait battre leur cœur comme ce mot, qui volait plus vite que le son de la cloche d'un bout du château à l'autre bout : L'Empereur ! Le chapeau à la main, sous un costume d'une simplicité peu héroïque, il passait, le sourire sur les lèvres, entre les tables d'étude, et il examinait d'un coup d'œil la tenue de chaque division. Il aimait beaucoup le soin dans la coiffure ; s'il apercevait quelque natte égarée, il appliquait avec une familiarité toute paternelle une petite tape sur la joue de l'élève en défaut. La correction avait l'attrait d'une récompense. Il voyait tout à la fois le progrès des pensionnaires par les cahiers ouverts devant lui, leur santé à leurs visages solides et roses, un peu mâchurés d'encre, et même leur petite tristesse, quand elles en avaient, à leur front, où il avait le don de lire. Aussi bien que le nom de ses soldats, il savait les noms des jeunes filles d'Écouen, leurs familles, leur rang, le grade de leurs pères, dont il ne manquait jamais de les entretenir.

— Vous, disait-il à l'une, votre père a été nommé colonel ; écrivez-lui que je me réjouis de son avancement ; entendez-vous ?

Et si une voix indiscrète d'espiègle disait : « Elle ne sait pas encore écrire en fin, » l'élève, confondue, cerise de timidité, émue d'un bel orgueil, s'écriait : « C'est vrai ! mais je saurai écrire dans un mois. » Même histoire que celle du conscrit qui demande la croix d'honneur. « Je la gagnerai ! » Et son général la lui laisse.

Et le bon empereur était sûr, en effet, de l'engagement que contractait l'élève devant lui ; il passait.

Quand, sur son passage, il en rencontrait de celles dont les pères ou les frères étaient morts à son service, il les embrassait et leur parlait bas.

Soit qu'il n'ignorât pas la prédilection blâmée de madame Campan pour les jolies pensionnaires, aux dépens des autres, peu propres à rehausser l'éclat de la maison, soit qu'il eût le sentiment de tout ce qui est généreux, il montrait une préférence marquée pour les moins bien partagées en agrémens du corps. Il les questionnait plus souvent, afin d'avoir plus souvent l'occasion d'applaudir leurs réponses.

Avant de quitter ces enfans, dont toutes les petites ames rayonnaient autour de la sienne, il avait l'habitude de leur donner le sujet de la composition du jour. Une pensionnaire allait prendre ce mot d'ordre classique et l'inscrivait au tableau. Presque toujours le sujet était un siége, une bataille, une victoire ; et si, par exemple, on lisait sur le tableau : *Passage du mont Cenis !* l'on entendait de petites voix qui disaient : « Papa était à cette bataille. — Le mien aussi ; il était alors sous-officier. — Le mien lieutenant. » — Madame Campan l'a écrit elle-même dans son *Traité d'Éducation*. « Déjà, dans Écouen, les élèves savent très-bien la supériorité du grade du général de division sur celui de brigade, et de ce dernier sur le colonel, ainsi de suite ; la hiérarchie militaire leur est connue à presque toutes, aussi bien qu'à un chef de division de la guerre. »

Dès que l'empereur était sorti de la classe, vite on écrivait ses réponses, qu'on rétablissait avec le soin d'une tradition impérissable ; on gravait ses mots heureux dans la mémoire, on les brodait, ils étaient envoyés aux parens. Parmi les pensionnaires qu'il avait exaltées d'un regard, d'un compliment, d'une tape, d'une poignée de bonbons, les plus glorieuses étaient celles qui, l'ayant suivi pas à pas, avaient furtivement ramassé, grain à grain, sur ses traces, le tabac tombé de sa tabatière, et l'avaient enfermé, cousu dans un sachet, pour le porter sur leur cœur ; les fidèles pensionnaires d'Écouen ont encore de ces sachets, reliques saintes qu'elles légueront à leurs filles.

L'empereur, à qui rien n'échappait, à qui rien n'était indifférent, voulait connaître, dans les moindres détails, l'intérieur domestique de l'établissement, qui, du reste, fut constamment tenu avec le plus grand soin. Il goûtait aux mets, visitait la lingerie, qui était placée où était autrefois l'ancien chartrier du château, dans une salle haute, touchant à l'une des tourelles, et aujourd'hui encore toute boisée, dorée et émaillée du chiffre des Montmorenci. Accompagné du médecin de la maison, M. Desgenettes, il parcourait l'infirmerie, s'informant de la maladie, des progrès de la guérison des rares élèves qui s'y trouvaient. Il avait des encouragemens flatteurs pour la salubrité d'un établissement qui, depuis 1804 jusqu'à 1814, pendant dix ans, n'a pas compté, sur deux mille élèves, un seul décès.

Puis, quand sa tournée était achevée, il demandait, en réjouissance de sa visite, récréation entière pour ses enfans.

Cette prière n'était jamais refusée.

C'était alors un cri de joie qui montait aux nues, à cette grâce toujours attendue et toujours nouvelle. On sortait, on s'enlaçait en rond, on courait, on dansait, on chantait sous les arbres des chansons où le nom du bon empereur revenait sans cesse; et lui, souriant, bon, adoré, la main dans son habit entr'ouvert, respirait à l'aise, était heureux de la joie qu'il causait aux filles de ses braves; il l'était de la ressemblance de ses noirs capitaines avec leurs blondes filles, de leur son de voix mâle avec le son de voix argentin de leurs filles; et quand ces petites bouches, ces petits cris disaient : Vive l'empereur! il passait la main sur ses yeux. — Il y avait tant de pères à Eylau!

J'ai fait toutes les démarches imaginables pour remonter à la source des bruits malveillans qui, à une époque malheureusement très-rapprochée de la translation de la Légion-d'Honneur à Saint-Denis, ont couru sur la maison d'Écouen. J'ai été assez heureux pour ne recueillir que des renseignemens peu d'accord avec ces bruits.

Un seul événement a pu fournir à la calomnie un texte qu'elle a brodé avec complaisance, mais qui, bien connu aujourd'hui, publié sans réticence, par une liberté que la circonspection de la presse impériale n'aurait osé prendre, trouvera grâce devant les contemporains.

Voici cet événement.

C'était l'été; le souper venait de finir.

Après le souper, la permission fut accordée aux pensionnaires d'aller, selon l'usage, respirer sur la plate-forme.

L'air était embrasé ce soir-là : voilées et laiteuses comme en Afrique, les étoiles scintillaient à peine dans le lac sulfureux d'Enghien; le couchant était enflammé, Montmorenci en feu; son aiguille semblait rougie et amincie à la forge. Le bois qui enveloppe le château d'Écouen était immobile comme une peinture, rien qui agitât sa crête, ni les oiseaux, ni le vent, ni ce mouvement nerveux qu'ont les arbres, même lorsqu'il n'y a pas un brin de vent. Au sud, Paris était effacé dans une brume violette; on ne le soupçonnait qu'à ce dôme blafard formé de poussière, de lueurs de réverbères et d'haleines d'hommes, éternellement suspendu sur ses douze cent mille habitans. Frappée par la lune, la flèche de Saint-Denis allongeait quatre lieues d'ombre sur la campagne endormie. Oubliées à leurs ailes, les toiles blanches des moulins de Champlâtreux semblaient de larges nénufars noyés dans la vapeur; au loin, des bruits divers, mais éteints, mais confus, se faisaient entendre. Dans l'espace sonnait doucement un cor de chasse de par-delà le Mesnil-Aubry, de par-delà les lacs de Comelle, et le cornet à bouquin des forêts d'Andilly y répondait, tandis que l'on entendait venir, troublant le cri du grillon, l'épaisse diligence sur la poussière mate, ou tandis que tintait, goutte à goutte, la sonnette de fer du roulier. Ces voix faibles, éloignées, distantes, qui se mêlaient aux haleines fortes de la terre, à l'odeur poivrée de la vigne, à l'odeur fade du chêne, à la fumée du romarin qui montait droite comme une colonne blanche des cheminées du village ; le ciel tout enflammé, la terre tout odorante ; tout semblait languir, s'évaporer, mourir.

Parées, selon leur division, de ceintures vertes, aurores, bleues et nacarat, quatre cents jeunes filles, légèrement vêtues, en cheveux, simples dans leur négligé du soir, se répandirent sur la plate-forme, défendue par les fossés du château, et au-delà des fossés par une grille en fer. Une fois en liberté, elles se groupaient selon leur âge, s'appelant de leur nom d'amitié, second baptême de collége, se cherchant selon leur affection de pays. Elles allaient ordinairement par essaim, par flocons, parlant bas, causant de leur pays qu'elles reverraient un jour, dotées par la nation, instruites aux leçons de Paris ; d'autres rêvaient, enlacées et cachées sous les ombres des sycomores, le premier prix et la couronne, ce prix donné par les mains du grand-chancelier de la Légion-d'Honneur, cette couronne de lauriers que poserait sur leur front la grande impératrice Marie-Louise ; d'autres, assises sur des bancs d'osier, chantaient en chœur des chansons de leurs contrées lointaines ; car Napoléon, qui avait à son service des soldats de tous les pays, de l'Italie, de l'Espagne, de l'Amérique, de la Grèce, de l'Égypte, des Indes même, avait ouvert Écouen à leurs filles aussi bien qu'aux enfans des militaires français. Et toutes ces jeunes filles, étrangères par leur accent, par leur figure, par leur teint, mais françaises par la gloire de leurs pères, s'élevaient dans cette majestueuse institution et y prenaient le caractère original des plantes rares transplantées. Quand elles et leurs pères retourneraient dans leur patrie, ceux-ci y deviendraient le témoignage de la pensée conquérante de Napoléon; celles-là, de sa pensée fondatrice; et par les uns et par les autres la langue forte et sage qu'il parla au monde aurait un mot significatif partout : il fallait que, dans tous les lieux où les hommes seraient assemblés, ce nouveau Christ se trouvât au milieu d'eux.

Dans une nuit chaude, étouffée, sous un ciel ardent, où chaque étoile était l'étincelle perdue d'un vaste incendie, les jeunes élèves d'Écouen, toutes légères de leur robe d'été, répandues sur le gazon comme des cygnes altérés, tendant le cou à la moindre brise qui passait, rêveuses sans amour, distraites sans cause, silencieuses sans tristesse, ouvraient leur ame aux émanations de cette solitude de parfums et de lumières.

Les croisées du château étaient ouvertes : de l'une s'échappaient les sons du clavecin, de l'autre le frémissement de la harpe ; toutes dessinaient leur cadre de feu dans l'obscurité de la nuit qui enveloppait le château, en effaçait les angles, en prolongeait les tourelles jusqu'aux nues.

Quel frein possible imposer à ces imaginations de jeunes filles, dont le plus grand nombre flottait entre quatorze et dix-sept ans? Quelle leçon de morale pour les empêcher de se créer un monde d'illusions, peuplé de désirs sans cesse satisfaits, sans cesse renaissans, toujours jeune, moitié fleur, moitié homme, entrevu dans les rêves, pressenti dans la prière, révélé peut-être par les yeux noirs, les traits différens d'une compagne? Comment dire, sans dire trop, à leur cou de ne pas s'incliner, à leurs lèvres de ne pas avoir cette langueur ouverte, à leur taille de ne pas fléchir, à leurs paroles de ne pas être lentes, à leurs regards de n'être pas humides? Quel mauvais principe serait plus dangereux qu'une telle leçon!

Où sont les institutrices qui auraient, dans cette soirée d'Écouen, empêché leurs élèves d'être altérées d'émotion, accablées de leurs quinze ans, persécutées par leur jeunesse, avides de résoudre ces doutes qui leur arrivaient par leurs sens dilatés?

Et quand l'heure de la prière eut sonné, les pensionnaires rentrèrent dans le château, deux à deux, défilant devant les sous-maîtresses qui les dirigeaient vers la chapelle. Cette inspection révéla à l'une des surveillantes l'absence de deux élèves, de deux sœurs. Elle s'étonne, cherche avec plus d'attention; elle ne trouve pas les deux élèves; compte par tête toutes celles qui composent sa division : toujours la même différence. Elle va sur la plate-forme : rien; dans la cour d'honneur : rien; dans le dortoir, où il est pourtant défendu de monter pendant le jour : personne; personne dans la lingerie; aucune des deux sœurs, soit chez la trésorière, soit chez la tourière; et la prière est commencée.

La prière s'achève dans cette cruelle anxiété pour la sous-maîtresse, qui maladroitement laisse apercevoir son trouble aux pensionnaires. Les questions leur en apprennent la cause. Les chuchotemens s'entament à tête basse; les suppositions, les réflexions affluent d'abord timides, puis plus hardies; enfin deux opinions bien tranchées fixent toutes les opinions : les deux camarades ont été enlevées ou se sont évadées. La préférence est donnée à l'enlèvement : elles ont été enlevées. Au bout de dix minutes, toute la maison, depuis le concierge jusqu'à madame Campan, savait la terrible catastrophe.

L'effroi fut dans la maison.

On sonne déjà toutes les cloches; les corridors retentissent du nom des deux sœurs; on sonde les fossés, on secoue les grilles; les garde-chasse vont fouiller le bois, quand madame Campan, réunissant toutes les élèves, toutes les maîtresses et sous-maîtresses dans la salle de réception, leur apprend avec beaucoup de calme que les deux sœurs sont retrouvées, qu'elles n'ont même jamais été perdues, puisque depuis le dîner elles sont toutes les deux à l'infirmerie, l'aînée pour veiller auprès du lit de sa sœur cadette, incommodée pour avoir mangé trop précipitamment.

Le calme rentra dans la maison.

Les pensionnaires allèrent se coucher, désespérées sans doute de voir un beau roman si tôt fini.

Dix minutes après, le château était endormi.

Madame Campan seule était éveillée, écrivant au grand-chancelier de la Légion-d'Honneur pour lui offrir sa démission d'intendante de l'établissement d'Écouen, à jamais perdu par le déplorable enlèvement de deux pensionnaires.

Les élèves ne s'étaient pas trompées : on avait enlevé les deux sœurs.

Comment? C'est ce qui étonne, c'est ce qui effraie, lorsqu'on songe à la hauteur des murs, à la profondeur des fossés, au rapprochement des barreaux de fer, à vingt autres précautions intérieures que nous apprécierions mal aujourd'hui, telles que portes, doubles portes à ouvrir, gardiens à fasciner, gens d'Écouen à éviter, vigies naturelles de la maison, qui n'auraient pas manqué de ramener les deux fugitives.

Le grand-chancelier reçut la nouvelle de l'enlèvement au milieu de la nuit, et sa réponse, qui parvint avant le jour à madame Campan, fut qu'il en parlerait à l'empereur, n'osant prendre sur lui l'exécution de mesures capables d'attirer une attention scandaleuse sur l'institution.

Quand, au petit lever, Napoléon eut pris connaissance de l'événement, il fit quelques questions sur l'âge et la famille des deux pensionnaires; il demanda le réglement intérieur de la maison. Après l'avoir lu avec sa pénétration d'aigle, il posa le doigt avec force sur un article, et sourit; puis il roula le réglement d'Écouen et recommanda au chancelier de ne rien entreprendre pour retrouver les deux pensionnaires.

Le soir, le chancelier remettait à l'empereur une lettre où madame Campan annonçait que les deux sœurs, rendues à leurs classes, ne s'étaient évadées que pour embrasser leur mère, qui les attendait dans un hôtel d'Écouen. Elles avaient été poussées à cette évasion par la rigueur du réglement, qui ne permettait aux filles de communiquer avec leurs mères qu'une fois tous les quinze jours. Elles n'avaient pu se résigner à une aussi longue privation.

— Écrivez à madame Campan, dit Napoléon, que les deux sœurs seront mises aux arrêts pendant une heure.

Mais ajoutez qu'à dater d'aujourd'hui il sera libre à toutes les pensionnaires d'embrasser leurs mères quand elles le demanderont.

Ne faites pas doubler les grilles; corrigez les réglemens : je réponds du reste.

Rappelons encore un épisode dans lequel se retrouve l'affection que madame Campan avait su établir entre ses élèves, et dont la source découlait de sa haute intelligence et de la perfection de son cœur.

A Écouen il régnait entre les pensionnaires de la Légion-d'Honneur une amitié universelle. Cette amitié était si vive et si pure qu'elle effaçait les inégalités de la naissance. Quoique ces jeunes filles fussent toutes des rameaux d'un arbre vénérable, toutes n'appartenaient pas à des familles d'une égale illustration militaire. Plus fortunée que la renommée des pères, l'amitié des enfans ne connaissait pas de différences. La fille du lieutenant appelait du doux nom de sœur la fille du général; l'héritière d'un maréchal de France avait pour confidente de ses ambitions d'étude l'orpheline du simple soldat tué à Wagram. Napoléon encourageait cette égalité.

Quand il allait à Écouen, et il s'y rendait souvent, il saluait avec respect, sans distinction pour les grades plus ou moins élevés des parens, tous ces enfans dont il se disait le père.

Parmi ces jeunes élèves venues à Écouen de tous les climats, pour aller représenter plus tard la gloire de la France dans leur patrie, il en était trois dont l'attachement était si profond qu'on le citait comme un modèle, même dans une institution où, je l'ai dit, l'émulation n'atteignait jamais aux limites de l'envie, et où le succès des unes était le bonheur des autres. Et quels succès ! Les prix annuels étaient proclamés par le grand-chancelier de France, et les couronnes de laurier étaient posées sur la tête des élèves par l'impératrice, la femme de Napoléon !

Ces trois élèves se nommaient : Marie, Clarisse et Hortense. Marie était la fille d'un pauvre sous-lieutenant, qui avait perdu la vue par suite d'un coup de feu dans les campagnes du Rhin ; Clarisse était la fille d'un de ces généraux que la guerre avait enrichis, et auxquels Napoléon avait donné des principautés, en attendant mieux ; et Hortense, la troisième amie, était encore d'une plus illustre naissance.

Je ne sais si les trois amies étaient les meilleures élèves de madame Campan, mais elles marchaient d'un pas si égal dans leurs études, qu'aux distributions des prix, on était toujours sûr d'entendre prononcer leurs trois noms à la suite par le grand-chancelier, et de les voir toutes trois se lever pour recevoir la même récompense.

Seulement, tandis que la foule des mères applaudissait, tandis que des mains de généraux couvertes de cicatrices saluaient Clarisse et Hortense, les filles de leurs camarades, il y avait dans un coin une mère qui n'applaudissait pas. Comment l'aurait-elle pu ? Ses mains étaient sur ses yeux. C'était la mère de Marie, la femme du pauvre sous-lieutenant blessé d'un coup de feu pendant les campagnes du Rhin.

Des années s'écoulèrent, et l'intimité des trois jeunes pensionnaires ne s'affaiblit pas; mais elle fut soumise un jour à une rude épreuve, à une de ces épreuves dont la pensée remplit les yeux de larmes. Il fallut se séparer ! De trois ne rester plus que deux ! Qu'allait devenir celle qui partait? Que deviendraient les deux autres amies? Plus de plaisir aux récréations tant désirées, sous les tilleuls d'Écouen, le soir, quand le vent parlait de Paris, la grande ville, et se parfumait de l'odeur résineuse des bois de Chantilly. Il fut versé bien des larmes entre ces tourelles, derrière ces murs couverts de lierre et auprès de cette chapelle d'Écouen.

Celle des deux amies qui quittait les deux autres,

c'était Marie; sa mère étant morte, le sous-lieutenant aveugle avait besoin de sa fille pour soutien et pour compagne.

Promettons-nous, dit Clarisse, la fille du général, — celle qui bientôt allait aussi quitter Écouen, mais pour paraître dans le monde le plus brillant, — jurons-nous, quoi qu'il nous arrive dans notre vie, de nous trouver dans dix ans, à dater d'aujourd'hui, à la grille des Tuileries.

— Oui, s'écria Hortense, je te le jure, Clarisse; je te le jure, Marie, dans dix ans, je serai à la grille des Tuileries. Y seras-tu, Marie?

— En doutes-tu, Hortense? En doutes-tu, Clarisse?

— Georges, dit Hortense à un des jardiniers d'Écouen qui se trouvait là, soyez témoin de ce serment : — Moi Hortense, Clarisse et Marie, nous nous jurons de nous réunir dans dix ans, à pareil jour, à pareille heure, à six heures du soir, à la grille des Tuileries.

Et Marie quitta Écouen.

Trois mois après, Clarisse en sortit et se maria. Un an ne s'était pas écoulé depuis le départ de Clarisse, qu'on retirait Hortense de l'institution de madame Campan; son éducation était finie.

Dix ans! dix ans passent vite dans le monde, et surtout quand on est heureuse comme Clarisse était appelée à l'être. On parlait du luxe de sa maison, de la distinction de ses manières; enfin elle se lança avec tant de pompe à la suite de son mari, un des plus riches banquiers de l'Europe, que bientôt on la perdit de vue.

Si dix ans sont un jour dans la vie d'une femme heureuse, que sont-ils pour une grande dame comme le fut Hortense, qui avait plus que de l'or, qui avait des titres et ne voyait rien au-dessus d'elle?

Quant à la pauvre Marie, elle n'avait ni équipage, ni maison, comme Clarisse et Hortense; elle n'avait sans doute qu'un père à consoler et à conduire au soleil, qu'aiment tant ceux qui ne peuvent plus le voir.

Enfin huit ans s'écoulèrent, neuf ans, vint la dixième année, vint le jour convenu, le jour solennel où les trois amies d'Écouen avaient promis de se rencontrer à la grille des Tuileries, quels qu'eussent été les événemens de leur vie.

Ce jour tombait un dimanche; on était en automne; les Tuileries étaient dorées de leurs feuilles qui commençaient à jaunir; c'était, comme toujours, derrière les grilles de beaux arbres, derrière les arbres des statues, à travers les arbres et les statues des jets d'eau, à gauche le château, au fond le dôme d'or des Invalides.

Plaçons-nous à la grille des Tuileries, et attendons; voici l'heure. Six heures moins dix minutes, personne encore; six heures moins cinq minutes, personne encore!

Il n'y a donc pas d'amitié sur la terre?

Six heures moins une minute, et personne! personne!

Six heures!

Une voiture à quatre chevaux arrive, s'arrête: des chevaux anglais, de l'or sur les roues; la portière s'ouvre.

Une femme très-jeune encore descend et regarde de tous côtés; elle est belle, elle est somptueusement parée; on se presse à la grille des Tuileries pour l'admirer.

Cette dame, c'est Marie, la pauvre Marie, la fille du lieutenant devenu aveugle à la suite d'un coup de feu dans la campagne du Rhin.

Comment était-elle si riche? Voici: l'empire s'était écroulé; la restauration avait rendu aux parens de Marie tous les biens dont la révolution les avait privés.

Je vous ai dit que dix ans se passaient vite; l'empire de Napoléon était passé avec eux.

Mais tandis que Marie cherchait encore autour d'elle, vêtue d'une robe modeste, dans une tenue dont la propreté ne cachait pas la misère, une femme la salue avec respect et s'approche d'elle avec indécision. — Marie est dans les bras de Clarisse.

Clarisse, la fille du général, la riche Clarisse, était ruinée, et ruinée depuis long-temps. A la suite de funestes opérations de banque, son mari avait fait faillite et était parti pour l'étranger.

— Tu me raconteras ton histoire à mon hôtel, interrompit Marie : tu ne me quitteras plus; redeviens mon amie; j'étais pauvre à Écouen, et tu m'aimais; je suis riche à mon tour, ne sois pas plus fière que moi; accepte l'égalité d'Écouen.

Clarisse allait monter dans la voiture de Marie. Tout-à-coup les deux amies se regardent.

— Et Hortense?

— Et Hortense?

— Tu sais ce qu'elle fut? dit Marie en soupirant.

— Tu sais ce qu'elle est? ajouta Clarisse en laissant tomber une larme.

Dans l'espace de dix ans, la pauvre Marie était devenue riche; l'opulente Clarisse manquait du nécessaire, et Hortense pleurait un long exil en Allemagne.

— Ne vous appelez-vous pas Marie?

Ne vous appelez-vous pas Clarisse?

Celui qui adressait cette question à Clarisse et à Marie, c'était le jardinier Georges, témoin du serment des trois amies, le soir de la séparation à Écouen.

—Ceci est pour vous, dit Georges, et ceci pour vous.

Et Georges disparut.

Les deux amies ouvrirent chacune la petite boite que l'ancien jardinier d'Écouen leur avait remise.

Dans la première boîte se trouvait la moitié de la couronne d'Hortense, ancienne reine de Hollande et belle-sœur de Napoléon ;

Et dans l'autre boîte l'autre moitié.

Créée par l'empire, soutenue par le triomphe des armes, la maison d'Écouen partagea toutes les vicissitudes de Napoléon. Lorsqu'il tomba, sa fondation s'écroula avec lui.

Nos revers militaires amenèrent, à la suite de la campagne de France, l'armée de la coalition dans les plaines de Paris. Après avoir bouleversé le sol de la Champagne, saccagé les villes sur son passage, incendié les chaumières pour réchauffer ses membres engourdis, elle arriva de tous les points, haletante, affamée, au pas de retraite, en lambeaux, sur ses chevaux altérés et maigres, en vue de la capitale. La capitale, cette France d'un million d'hommes, et d'hommes plus vieux que les soldats d'Aboukir, plus jeunes que les recrues de Lutzen ; la capitale, ce corps de réserve intact, ce bataillon sacré du pays, auquel il ne manqua pour vaincre qu'un Napoléon bourgeois, qu'un écolier de Brienne; moins que cela, qu'un de ces commissaires dévoués à la mort, dont la convention nationale embrasait l'ame pour livrer une dernière bataille, décisive, mortelle; moins que cela, une heure de la Terreur de 93; la Terreur, ce roi qui régna quand il n'y eut plus de roi; la Terreur, ce législateur qui gouverna quand il n'y eut plus de loi; la Terreur, ce grand capitaine qui, ayant chassé l'ennemi des frontières, pouvait bien le repousser une seconde fois de nos murs : car l'épée était rompue, la plume des négociations écrasée, le dévouement douteux, les soldats vieillis ou morts, les généraux amollis, le trésor épuisé, la gloire maudite, la trahison partout, la France envahie, l'ennemi là. L'ennemi pressentait cette heure de désespoir qui sauve les pays. Il craignait tout du peuple depuis qu'il avait vaincu les soldats; il n'avançait qu'en hésitant. Il glissait sous le sabot de ses chevaux plutôt qu'il n'avançait. Jamais fuite n'eut l'épouvante de cette attaque; jamais redoute escarpée, à pic, hérissée de canons la tête en bas, ne glaça de terreur comme cette masse sombre, au niveau du sol, immobile : Paris. Trois cent mille hommes, cent mille chevaux retenaient l'haleine avant de pousser leur élan contre ce bloc noirâtre, immense, posé devant eux; forteresse de désespoir, sans drapeau, sans lumière, corps d'armée de pierre. Sous un ciel éteint, sali par la brume, froid et vert comme l'océan, le jour montra Paris aux ennemis dans ses formidables proportions. Le soleil sévère de mars éclaira, et ils en eurent de l'effroi, le Panthéon et le dôme d'or des Invalides, deux capitaines, s'élevant avec leurs casques de bataille sur vingt mille maisons, immobiles soldats de la grande armée du sol. Les vainqueurs de la veille doutèrent de leur victoire de la journée. Montmirail leur avait bu tant de sang, qu'ils calculèrent s'il leur en restait encore assez pour arriver jusque là, pour entrer dans ces murailles toutes pleines d'hommes, de canons, de pierres, de vengeances. Les avant-postes firent quelques pas en avant, mesurèrent la solitude menaçante de la campagne; puis ils s'arrêtèrent et regardèrent derrière eux. Derrière eux, les cavaliers de l'Ukraine se haussaient de leur orteil sur leur étrier de corde, et regardaient aussi; derrière les cavaliers et les artilleurs, nuées poussées par des nuées, les fantassins apparaissaient entre les échappées des bois, et pâlissaient après avoir vu; chaque espace supportait un étonnement, chaque tronc d'arbre laissait passer la moitié d'une terreur, chaque branche cachait une épouvante.

Pourtant les canons eurent du cœur pour les hommes; ils s'enhardirent, ils tonnèrent, ils lancèrent des boulets dans la terre rouge des campagnes; semence de fer, grêlons d'acier que le laboureur trouva plus tard dans ses sillons meurtris. Vers midi, ralliés sur une ligne courbe de quinze lieues, cheval contre cheval, bataillons pressés contre bataillons, canons derrière des canons, cent mille chevaux n'en faisant qu'un seul d'une seule crinière, d'un seul œil qui voyait cent mille fois Paris, d'un seul sabot qui frappait quatre cent mille fois la terre, cuirasses formant une plaque d'une horizon entier, myriades d'hommes qui coudoyaient cet horizon, masse monstrueuse, compacte, ailée de ses innombrables drapeaux, ébranlant l'air par sa respiration, ils s'avancèrent enfin contre la ville muette. L'Europe avança.

Entre Paris et cette armée formée de cinq ou six armées, un pensionnat de jeunes demoiselles était placé. Écouen et ses trois cents pensionnaires se trouvaient sous la sauvegarde des Prussiens, des Russes et des Cosaques qui arrivaient. Frappant l'attention par sa situation élevée au milieu de la grande route, dominant la campagne comme une position militaire, le château d'Écouen allait immanquablement être fouillé et occupé par l'avant-garde de l'armée. Et quelle armée! aigrie par les défaites, l'heure d'après chaque victoire, toujours affaiblie par ses victoires mêmes, devenue impitoyable à force de contrariétés, décidée à en finir avec cette France si dure à mourir ; et quelle proie à saisir au passage ! Un pensionnat de demoiselles, de trois cents jeunes filles, timides, faibles, belles de leur frayeur, soumises par l'épouvante, déjà fascinées par les hurlemens du lion qui rôdait. Quelle riche revanche à prendre sur les filles de ces soldats, de ces séduisans capitaines, dont les galanteries avaient autant causé de ravages que les armes en Italie, en Allemagne, en Espagne ! Jamais plus facile occasion de se venger de ces conquêtes de garnison, marquées par tant de jalouses préférences en faveur des Français. Les représailles étaient un droit de guerre. Passant par-dessus les motifs de séduction, les vainqueurs feraient triompher la loi du talion aux yeux même de la capitale. Désormais les Français seraient plus circonspects à se vanter de leurs triomphes sur les Saxonnes, ces femmes si nombreusement belles et faciles, dit un proverbe allemand, qu'elles viennent aux arbres, où les Français n'eurent que la peine de les cueillir.

Et pas de moyens de fuite ! Écouen est en plaine. Quatre lieues découvertes d'Écouen à Paris. La chaussée est déserte : les boulets seuls la traversent. Risquez trois cents jeunes filles sur cette chaussée, pour les faire couper en deux par les boulets. Et pour aller où? Paris s'est barricadé de porte en porte. Rien ne pénètre dans Paris.

Ce fut une horrible situation, un moment de délire, une douleur dont aucune mère n'a d'idée, les mères qui ont tant de douleurs, pour la pauvre et faible directrice de la maison d'Écouen, de voir tant d'enfans se pressant autour d'elle dans une vague épouvante, et lui demandant de les sauver; enfans dont elle répondait devant la nation, devant Dieu et devant leurs mères, ce qui est plus que Dieu; enfans qu'elle avait juré de rendre à leurs mères, blanches comme leur trousseau, vertueuses comme elle les avait reçues; enfans qu'elle chérissait par les soins qu'elle leur avait prodigués, par la gloire qu'elles avaient répandue sur sa longue carrière d'honneur, et par les caresses qu'elle leur donnait, le soir, quand elles étaient toutes alignées dans leur lit de lin, le matin, quand elles revenaient de la prière, le front blanc et pur de l'eau fraîche où elles s'étaient baignées.

Toutes pleuraient, et elle pleurait avec toutes. On alla dans la chapelle et l'on pria. Peu savaient le danger qu'elles couraient. Elles s'agenouillèrent dans la chapelle, dont les vitraux s'ébranlaient au bruit du canon. La mystérieuse terreur des sacrifices antiques planait sur cette scène. Les chants des pensionnaires s'arrêtaient de temps en temps pour laisser entendre la canonnade continue de l'artillerie dans la campagne. Toutes ces têtes gracieuses s'abaissaient alors ; les yeux se fermaient ; les mains se joignaient à d'autres mains ; pendant une heure entière, cette oraison, cet adieu déchirant de l'innocence, monta vers le ciel sur les ardentes colonnes de la fumée des combats.

Puis, quand Dieu fut chargé de cette immense responsabilité, trop forte pour une pauvre mère, la directrice d'Écouen dit à toutes ces filles, dont les pères et les frères mouraient au même instant, de venir l'embrasser pour la dernière fois.

Et comme on entendait déjà le bruit des roues de fer de l'artillerie, criant sur les pavés de la grande route, elle et ses élèves montèrent sur la terrasse qui domine l'horizon. L'horizon marchait: un horizon d'hommes.

Là, madame Campan fit appeler les quatre soldats et le caporal que le général Hullin lui avait envoyés pour la défendre contre trois cent mille hommes, les trois pompiers et les deux gardes-chasse attachés au service de la maison ; et jugeant, avec raison, que cette apparence de résistance, toute faible qu'elle fût, pouvait la compromettre auprès des ennemis, elle les congédia, pleine d'attendrissement pour le dernier dévouement dont ces braves gens voulaient se rendre dignes. Elle fut sourde à leur protestation de mourir en défendant l'établissement. Ils furent obligés de partir. Pas un homme ne resta. Seulement elle envoya par l'un d'eux, au général russe Saken, une lettre où elle mettait sous sa protection de vainqueur, d'homme et de chrétien, l'établissement d'Écouen et l'honneur de cinq ou six cents familles. Quel sort pouvait avoir cette lettre?

Aucun devoir ne restait plus à remplir.

Alors madame Campan, après avoir fait placer toutes ses pensionnaires sur la terrasse, en vue de l'ennemi, ordonna qu'on ouvrît toutes les portes, et alla se placer sur les marches de l'entrée, afin de mourir la première.

Jusqu'au soir de la grande bataille, les filles d'Écouen, dont les pères étaient morts ou mouraient dans les fossés de la route, attendirent.

A la nuit, quatre soldats russes firent retentir leur talon de fer sur les marches du perron ; un frisson parcourut la maison.

Ils se présentèrent devant madame Campan.

Saken avait reçu la lettre.

L'un des quatre soldats russes était décoré de la Légion-d'Honneur.

Des exemples n'indiquent-ils pas la nécessité de mesurer l'opportunité des établissemens à l'esprit des temps? Saint-Cyr fut une admirable fondation sous la monarchie fortement catholique de Louis XIV. Une parfaite harmonie existait entre la loi des héritages qui dotait les aînées au préjudice des filles cadettes, et la loi religieuse qui offrait un asile, une éducation, ménageait un avenir à celles-ci. Par Saint-Cyr, j'entends et j'explique toutes les institutions monastiques. Admise dans l'état, la religion étayait par dévouement, endoctrinait par intérêt de corps, et s'appropriait, par excès du pouvoir qu'on lui avait abandonné, tout ce que la société laissait tomber de ses mains mal jointes. C'était peut-être un abus; mais un abus qui en surveille un autre, pour qu'il ne devienne pas plus grand, ne mérite pas absolument du mépris.

Saint Basile, saint François, saint Augustin, saint Dominique, apparurent comme des législateurs au sein d'un monde plein de confusion. N'étant pas rois, ils furent saints; à défaut de lois, ils publièrent des règles. Voilà leur sainteté! Ces grands hommes eurent l'intelligence sociale qui manquait aux souverains de l'époque pour gouverner. Regardez-y de près, et écartez un instant la lampe biblique qui élève deux rayons mystérieux au sommet de leur front. Ces sages découvrirent que les maux de l'homme étaient infinis, ainsi que ceux de la femme. Poussés par une idée religieuse, ils enfoncèrent leurs mains dans les ténèbres, et bâtirent à pierres perdues. Pour chaque infirmité ils créèrent un remède. La maladie aux mille faces hideuses eut ses mille hôpitaux : la pâle faim, qu'aucune industrie ne pouvait assouvir, trouva des tables abondamment servies dans des salles silencieuses : la virginité, et celle que voulait conserver le cœur, et celle qu'imposait la pauvreté ; le veuvage, exposé à la pitié ou au libertinage, eurent, la virginité des cellules inviolables, le veuvage des occupations maternelles auprès des orphelins qui devenaient des filles et des fils par les liens de la charité. Les membres de la colonie humaine, brisés par la conquête étrangère, à la merci de l'épée et du bâton, se réunirent, se rapprochèrent à l'unité fécondante des monastères, palpitèrent, vécurent, furent la société.

Poursuivons l'histoire des pensées fondatrices.

Il y a un immense élan de générosité dans la pensée de Napoléon, lorsqu'il ouvre Écouen aux filles et aux nièces de ses compagnons d'armes. Pour la première fois, la reconnaissance de l'état se trouve de niveau avec le dévouement des sujets. L'état paie, par de l'honneur versé sur la famille, par de l'instruction à l'enfant, le sang qu'a prodigué au pays le chef de cette famille, le père de cet enfant. C'est presque faire aimer la blessure que de la soigner avec tant de religion ; c'est avoir légitimé l'ambition du conquérant que d'avoir amené la nation à adopter les descendans de celui qu'on a mutilé pour conquérir.

Napoléon fit cela, et il savait bien pourquoi. Celui qui ne se trompait jamais, même en cessant d'être généreux, lorsqu'il l'était se comprenait sans doute.

Napoléon avait fait un camp de la France, mais un camp antique, à la manière des vieux guerriers romains. Tout s'abrite sous sa tente, soutenue par des lances : les mœurs, le commerce, les arts. Nos montagnes sont des remparts, nos fleuves des fossés, nos villes des casernes. La France s'appelle légion. Tout ce qui flotte est drapeau ; tout ce qui tonne, canon ; tout ce qui parle, proclamation ; tout ce qui marche, soldat. Écouen sort du milieu de la poudre ; Écouen est un beau pavillon de soie et d'or qui s'élève au bruit des fanfares. L'empire a son idéal, son Olympe militaire, beau à rêver dans les nuits étoilées du bivouac. Écouen se peuple, pour l'imagination des soldats de Marengo et de Friedland, de jeunes filles rêveuses, endormies sous des drapeaux, assises sur des affûts de canon, appuyant leurs mains blanches sur des épées d'or, ou debout, attachant à des uniformes déchirés par le sabre les étoiles d'honneur de la constellation impériale, dont Napoléon est le soleil. Quand le jeune soldat s'est bravement battu, quand il a reçu un coup de sabre au front, il espère la croix et une femme instruite par Écouen, dotée par le pays. La gloire se marie à la gloire; l'empire ne se mésallie pas. Le capitaine épouse la fille du colonel; l'orpheline d'un général accepte la main victorieuse d'un sous-lieutenant. C'est à faire de la France une famille martiale, un androgyne armé, une idée invincible.

Le temps manqua à l'œuvre; la France fut brisée à la poignée. Vous le savez.

Écouen cessa d'être le dépôt des demoiselles de la Légion-d'Honneur. Sous d'autres réglemens, et surtout dans un autre esprit, l'institution fut transférée à Saint-Denis, où elle est encore. Nous avons pris d'un peu haut ce que nous avons à dire sur cette institution à notre époque; disons-le.

Regardons autour de nous, et demandons-nous ensuite si l'établissement de la Légion-d'Honneur a la même signification aujourd'hui qu'autrefois; s'il n'est pas une reconnaissance nationale qui étonne par ses proportions, comparée aux services rendus; s'il n'est pas un prétexte pour donner la croix d'honneur aux pères qui, à défaut de gloire, ont le bonheur d'avoir des filles?

Nous serions disposés à fermer les yeux sur les raisons qu'a le gouvernement d'être généreux, ce qu'en aucun cas il n'est prudent de lui reprocher, si du moins il ne nous était démontré qu'il y a malheur réel pour les filles de la Légion-d'Honneur à recevoir l'éducation de ces sortes d'établissemens, au nombre de trois, nous pensons.

Le monde a-t-il, comme sous l'empire, un place pour elles, lorsque, toutes belles, délicatement élevées, dédaigneuses, avec quelque raison, de la bourgeoisie, elles sortent de cette institution militaire? La tradition d'estime qui les faisait accueillir en 1812, et leur préparait dix alliances pour une, s'est-elle conservée à travers une restauration plus dévote que militaire, et est-elle venue jusqu'à nous, société marchande et financière? Où est la foi vive qui, à l'extérieur, réponde à cette tradition? Napoléon est déjà césar; les idées qui lui ont survécu ont tort : le bronze les étouffe. La fille du capitaine comptera-t-elle sur la main du lieutenant? Où est le lieutenant? où est la grande armée? Et si ces colonies militaires sont tellement réduites, que sur vingt pensionnaires on en compte à peine deux vraiment filles de soldat, tandis que le reste appartient à des origines bourgeoises, n'est-il pas exact de publier que ces filles reçoivent une éducation menteuse, décevante, usurpée sur l'éducation des reines? J'en conviens, on danse à ravir aux divers établissemens de la Légion-d'Honneur; on y apprend à peindre avec goût; l'art de bien dire, de se bien tenir et celui de bien penser, je présume, y sont enseignés avec une incontestable supériorité. Je crois qu'on y excelle sur le piano et même sur la harpe. Il ne serait pas impossible que le blason y fût en honneur.

Où logerez-vous ces chefs-d'œuvre qui sortent de là avec 400 francs de dot? Avez-vous beaucoup de princes Louis Bonaparte pour faire des reines de Hollande de ces Hortenses du faubourg Saint-Martin? Quel petit marchand osera mesurer son actif avec l'immense avenir promis à ces demoiselles, dont la moindre prétention est peut-être d'avoir une harpe de 5,000 francs, sortie des ateliers harmonieux de Pleyel; un piano d'Érard, du même prix; un ameublement gothique de Chenavard, des bronzes de Thomire?— Savez-vous tenir les livres? Je le vois, il faut décidément des époux gradés aux pensionnaires de la Légion-d'Honneur, et, en conséquence, la guerre, et le vent n'y est pas; et la guerre perpétuelle : c'est encore plus difficile; et et ensuite un Napoléon qui gagnât Austerlitz et Friedland. C'est trop cher, de pareilles dots.

Quel remède à ceci? Fermer l'établissement de la Légion-d'Honneur, comme la révolution ferma les couvens. Un chevalier de Malte n'est pas, de nos jours, une anomalie plus choquante qu'une demoiselle de la Légion-d'Honneur. Cependant finissez-en avec générosité : mariez toutes ces demoiselles.

Les contestations judiciaires qui se sont élevées relativement à l'exécution du testament du prince de Condé ont entraîné, entre autres résultats, l'annulation du legs d'Écouen, que ce prince destinait à un établissement où auraient été reçus les fils des émigrés vendéens. Par suite des changemens survenus dans la forme de l'état, ce legs a paru aux législateurs d'une réalisation impossible ; et sans y avoir égard, le château d'Écouen est retourné au légataire universel, M. le duc d'Aumale.

Nous n'avons pas mission de conseiller les rois ni d'apprendre à leurs fils que la volonté des mourans est chose pénible à fouler aux pieds. Sans moraliser les trônes d'un ton si haut, ne pourrait-on demander si, parmi toutes les destinations qu'on essaiera, et cela sans succès, de donner au château d'Écouen, celle dont le prince de Condé avait eu l'idée ne mériterait pas d'être appréciée ? Tout n'est pas à rejeter d'une inspiration généreuse. Si, des fils de Vendéens, il n'y avait à espérer que des hommes révoltés contre l'état, nul doute que l'institution projetée par M. le prince de Condé ne fût une insulte pour le pays. Le pays ne doit ni science ni lumières à qui tournera sa force contre lui. M. de Condé avait des sympathies plus raisonnables. Le legs d'Écouen était une récompense, une preuve de bon souvenir, donnée à des affections militaires nées autrefois dans les mauvais temps de l'exil, et non un encouragement à des principes que M. le prince de Condé savait bien ne pouvoir plus se perpétuer. Voici plutôt comment il comprenait le but et l'utilité du bienfait qu'il léguait aux enfans de ses compagnons d'armes. Sans altérer les traditions de royalisme des pères, il aspirait à rendre dans le cœur des enfans la foi monarchique plus pure, plus éclairée, plus nationale. A une génération d'hommes sauvages, rudes dans leur fidélité, poussant le dévouement jusqu'au crime, il voulait faire succéder des hommes forts par la parole, à une époque où elle est tout; égaux en lumières avec qui que ce fût, redoutables à la tribune, où les opinions triomphent, de nos jours, mieux qu'au fond des bocages, à la lueur des mousquets. Qui osera interpréter autrement, sans outrager la raison du testateur, le legs en faveur des enfans vendéens?

En admettant même que les espérances du prince de Condé n'eussent pas été aussi désintéressées, il y a au bout de tout enseignement mille destinées imprévues qui eussent trompé ses calculs. A qui est-il permis de s'assurer d'avance le bénéfice d'une éducation ? Qui a jamais su sur quelle doctrine sociale se grefferait la science acquise? L'homme sème, Dieu fait croître. Des jupes noires de la scolastique est sorti le hideux matérialisme du dix-huitième siècle.

Ouvrez donc sans crainte Écouen, ses vastes salles d'études, ses cours solitaires, aux enfans des Vendéens. Une fois sous votre clef, vengez-vous, mais vengez-vous bien! Les pères ne savaient pas lire; que les enfans lisent, écrivent, calculent! Les pères brûlaient; que les enfans apprennent à bâtir! Ceux-là étaient incendiaires, ceux-ci seront architectes; les uns cultivaient à peine une terre aride, les autres connaîtront l'industrie qui féconde les marais, promène la charrue dans les plaines et répand du gazon sur les rochers! Les pères se cachaient dans les joncs; les fils se promèneront à travers les blés! Les pères n'obéissaient à aucune loi, les fils les respecteront toutes, parce qu'ils les comprendront et parce qu'ils les auront faites! Et par là vous aurez, sans subornation, étouffé les germes de la guerre civile, déplacé, du moins pour long-temps, son principal foyer, et, du même coup, accompli le vœu du prince de Condé!

[illegible] calculs. A qui [illegible]

[illegible]

MARQUISAT DE BRUNOY.

MARQUISAT DE BRUNOY.

I

Ce village perdu entre deux ou trois forêts qui se disputent à qui l'enveloppera le mieux d'ombre, de fraîcheur et de silence, ces cent cinquante maisons dont il se compose, ces tuyaux de cheminée qui fument joyeusement au-dessus des peupliers pour annoncer au loin que la broche n'est pas un instrument inconnu dans l'endroit ; ces belles oies bleues, noires, blanches, dodues et criardes, qui vous haranguent, les ailes déployées, à l'entrée de la pacifique localité; ces truies grasses comme des procureurs, errant en liberté et par escouade, à la manière des chiens de Constantinople; ces poules qui font la boule dans le sable, ces coqs qui chantent au premier étage, ces chats bien fourrés dans leur pelleterie soyeuse brossée par le bonheur, endormis au bord des toits de chaume; ces enfans qui semblent être nés il y a une heure après la pluie, sous un rayon de soleil; ces petits intérieurs rustiques où la table de chêne, le râtelier de roseau garni d'argenterie de plomb, le lit tiré à quatre épingles, révèlent de quoi se compose la félicité des locataires; ces habitans occupés à dépecer des moutons, à les hacher, à les embrocher, à les larder de lavande et de thym; ce bruit éternel de friture, cette vapeur de cuisine qui roussit l'air, ce pain passant par chaudes pannerées au front de toutes les portes; ces chaudrons de cuivre dont le fond étamé luit au soleil, qui, descendu sur un rayon, semble y manger l'enduit de confiture dont ils sont vernissés; ces vases de lait pour la crême, ces brocs de vin pour la matelote, ce château où le concierge ce n'est personne, et où le propriétaire c'est tout le monde, et où tout le monde entre en effet, et d'où chacun sort, qui avec un habit neuf, qui avec le ventre plein, qui avec une femme dotée, qui avec du vin jusqu'aux yeux, qui avec une chape d'or brodée; ces roses semées partout et en si grande quantité qu'il y en a pour quinze mille francs ; ces jets d'eau qui au lieu d'eau lancent à cent pieds de la clairette de Limoux et enivrent les mouches au passage; ces tables dressées dans le château, chacune de cinquante couverts; ce seigneur de dix-huit ans, riche à quarante millions, pâle, l'œil vif, la physionomie spirituelle, tutoyant les palefreniers par qui il est tutoyé, s'asseyant sur le genou des nourrices, et faisant asseoir des enfans sur ses genoux : tout cela, ce n'est pas le pays de Cocagne, rêve de quelque poëte affamé; c'est Brunoy tel qu'il fut un jour du dix-huitième siècle et à peu près depuis 1767 jusqu'en 1776, pendant neuf ans; Brunoy, village à cinq lieues de Paris, sur la petite rivière d'Hyère, entre le grand chemin de Brie-Comte-Robert et celui de Melun, à un quart de lieue de la forêt de Sénart.

Aucun enchantement n'avait présidé à la construction du château de Brunoy, cascade de toutes les prodigalités où s'abreuvait le bourg de ce nom, composé à peine de six cents habitans. L'enchanteur fut un financier.

Bâti par un garde du trésor royal nommé Brunet, il fut vendu à M. de Montmartel, l'un des quatre frères Pâris, munitionnaires généraux, devenus si riches de si pauvres qu'ils étaient auparavant, que l'aîné, Pâris de Montmartel, anobli récemment, prit dans l'acte de baptême de son fils aîné et unique le titre de comte de Sampigny, baron de Dagouville, seigneur de Brunoy, de Villers, de Fourcy, de Fontaine, de Château-Neuf, etc., conseiller d'état, garde du trésor royal.

Outre ses titres et ses châteaux, M. Pâris de Montmartel acquit aussi une femme, qui n'était autre que Mlle Marie-Armande de Béthune, fille de Louis, comte de Béthune, lieutenant-général des armées navales. Le fils d'un hôtelier des Alpes s'allia à la race des Sully.

De cette union naquit, l'an 1748, le célèbre marquis de Brunoy, l'homme qui peint le mieux l'agonie du dix-huitième siècle, figure triste, figure bouffonne, marquée au front de la fatalité et à la joue des taches de la débauche, un de ces hommes qui finissent à la fois un siècle, une race, un nom, une immense fortune.

Élevé avec les plus tendres soins sous les yeux d'une mère qui le trouvait assez beau pour ne pas lui tenir compte, en l'aimant, de l'extraction médiocre de son père, chéri de M. de Montmartel, son père, qui ne croyait pas de son côté être dispensé de lui donner une bonne éducation, parce qu'il était gentilhomme et qu'il serait un jour quarante fois millionnaire, le jeune comte de Brunoy reçut des leçons en tout genre des hommes les plus remarquables de l'époque. Il répondit moins par son aptitude que par une étonnante facilité de conception aux efforts de ses excellens parens, sous la haute protection desquels il fut accueilli dans le monde et bien reçu d'abord à la cour. Le jeune marquis offrait le modèle de cette existence pleine de paresse et de belles manières qui nous semble fabuleuse après la révolution, qui la remplaça par de si rudes mœurs. Se lever à midi, passer du sommeil du lit au sommeil du bain, se rajeunir dans des détails de toilette, qui sont la plus ravissante futilité de la vie; livrer son corps assoupi aux mains délicates d'un perruquier qui vous enveloppe d'une atmosphère de poudre odorante, et fait à loisir de votre visage un beau pastel de La Tour; essayer de se mettre debout sur des tapis, gazons artificiels, où accourent sans bruit, mais avec empressement, quatre valets, les uns pour vous passer les bras dans les manches de votre habit du matin, les autres pour introduire votre pied dans la chaussure brodée, tandis que votre jabot se déploie sous vos doigts chargés de brillans; recevoir, dans le salon où le déjeuner vous attend, des amis riches en projets de parties pour la journée; effeuiller tous les événemens de la veille, sans s'intéresser à aucun ; ou bien discuter gravement pour savoir qui a tort de Mme Dubarry, qui veut marier le danseur d'Auberval avec Mlle Arnould, ou du danseur d'Auberval qui a refusé par rapport aux mœurs; aller de là à Saint-Sulpice pour entendre les nouvelles orgues, puis rentrer pour changer d'habit, et paraître décemment au Palais-Royal, où M. le duc de Chartres préside à des embellissemens extraordinaires, tel qu'un éclairage à l'huile composé de cent cinquante lanternes; se rendre au dîner de M. le prince de Marsan, qui rappelle, par ses fêtes et ses comédies où ne jouent que des personnes de qualité, les fameuses réceptions de M. le comte de Clermont; se retirer au petit jour, et trouver sur sa table une invitation pour être de la chasse du roi à Compiègne le lendemain ; avoir vu tous ses désirs accomplis, toutes ses joies satisfaites dans les heures ni trop courtes ni trop longues de la journée; avoir eu de l'esprit envers tous, de l'adresse au manége, de la grâce auprès des femmes : tel était le résumé d'occupations qui pouvaient dresser, à quelques variations près, à cette époque, un jeune marquis de vingt ans, qui n'était pas escroc comme *le Chevalier à la mode* de Dancourt, ni empoisonneur de femmes comme le marquis de Sade.

Le marquis de Brunoy parut à la cour avec un

luxe dont peu auraient soutenu la rivalité, surtout à une époque qui se ressentait encore vivement de la banqueroute de Law. Rien ne lui coûta, ni des équipages admirés de tout Paris, ni un ameublement dont il fallait se hâter de louer le goût exquis, car il en changeait à chaque saison, ni une existence enfin où tous les plaisirs délicats étaient admis, sans mélange d'excès, si ce n'est celui d'une prodigalité bien pardonnable à un jeune homme, héritier présomptif de quarante millions. Quand son nom vient à se montrer plus tard dans les *Mémoires secrets*, ce n'est que pour y réclamer une publicité de folie, et non d'immoralité. Le caractère de ses dissipations est alors aussi étonnant que sa fortune, s'il n'en justifie pas l'abus.

Les cours les plus populaires, les plus corrompues, comme celle de Louis XV, sont des pays ténébreux où, avec la plus cynique liberté de manières, on en revient toujours, à des heures données, à se demander compte des qualités de naissance d'un homme. Si les titres humectés par le vin tombaient au fond du tonneau, sous le règne bachique de Louis XV, on les retrouvait au fond du tonneau quand le vin était bu. Lorsque le sang-froid était revenu, on eût rougi d'être tombé sous la table avec un homme de rien ou de peu. Quelque philosophe qu'on fût, on voulait savoir avec qui l'on s'encanaillait : c'était bien le moins.

Ce fut un prétexte admirablement trouvé pour blesser la fierté du jeune marquis de Brunoy, que la précocité de sa noblesse de finance. Les haines se résolvent en poison invisible là où les épées d'acier ne sont jamais tirées pour une injure, car on n'injurie pas à la cour. On fait estropier votre nom par le domestique qui annonce; on rit alors de l'antiquité d'une race dont un valet ne peut épeler les premières syllabes inconnues. Quelques-uns prennent votre défense, dont on leur sait bon gré, par une charité polie; autre moyen d'assassiner. Vous rougissez, on rit; vous êtes ridicule, vous êtes mort.

Nul n'a jamais su quel affront de ce genre reçut le jeune marquis de Brunoy, mais tout-à-coup, dans l'intervalle d'une nuit à l'autre, il changea sa vie, ses mœurs, ses goûts, son caractère; il comprit, s'il avait été offensé, qu'on ne tuait pas en duel une opinion représentée par des milliers d'hommes; il renonça à la vengeance du sang; il se démontra sans doute aussi qu'il ne fallait pas chercher à prouver qu'un gentilhomme de cinquante ans est tout aussi noble qu'un gentilhomme de mille ans de généalogie. Qui aurait décidé la question? le peuple? il se proposait de trancher la difficulté, dans vingt ans, en pleine place de Grève. Il eût bien voulu, sans doute, se cacher au fond de ses mines d'or, et de là mépriser qui l'avait méprisé; mais il était trop tard. Le marquis avait recherché les gens de qualité avec l'avidité d'un parvenu, il s'était frotté à eux pour se parfumer de naissance; son dédain sans noblesse eût été de la rancune et non de la fierté. Comme elle était jeune, hautaine, et primitivement du peuple au fond, son ame dut rugir dans sa poitrine.

Il sauta sur une idée étrange; rentré chez lui, la honte dans le cœur, il foule son chapeau, déchire ses gants, maudit la cour, lance son épée à travers une glace; il sonne, ses ordres sont donnés; on vendra son mobilier dans la journée, à vil prix, comme on pourra; il faut s'en débarrasser au plus vite; tableaux, tapis, glaces à qui les veut; ce qu'on n'a pas le temps de donner, on le brise; plus de train de maison à Paris; relations rompues sur-le-champ, fêtes contremandées; on renvoie les invitations qu'on a reçues, on retire celles qu'on a envoyées; l'hôtel est en vente, les équipages de ville sont vendus.

Qu'est devenu le marquis de Brunoy? se demande-t-on dans les salons qui n'avaient pas encore la ressource des chambres politiques, qui avaient à peine la hausse et la baisse de la bourse pour occuper les esprits. On le cherche à Paris, à Versailles, aux petits soupers, à l'Opéra, au sermon; de nulle part il n'en vient des nouvelles.

Au bout de trois jours il ne fut plus question du marquis de Brunoy.

II

Si parmi ces maçons déguenillés qui broient du plâtre, ces menuisiers qui équarrissent des poutres au soleil, ces hommes couverts de sueur qui tracent une enceinte grande à contenir une ville, vous apercevez un ouvrier infatigable, changeant de fonction à chaque instant, plus mal vêtu que les uns, plus familier que les autres, plus hardi buveur que tous, vous avez retrouvé le jeune marquis de Brunoy, conseiller secrétaire du roi, maison, couronne de France et de ses finances.

Il exhausse d'un étage le château de son père, celui qui avait suffi à l'orgueil de deux financiers, à M. Brunet, à M. Pâris de Montmartel. Il le veut plus spacieux, il le veut royal; il bâtit des communs presque aussi vastes que ceux de Versailles, dessine des cours d'honneur où pourraient tourner les équipages du roi; peut-être compte-t-il sur l'honneur d'une visite du roi! — Cela n'est pas sans exemple : Louis XIV parut bien à la fête du financier Samuel Bernard. — S'il ne peut rien changer à la primitive construction du château, il le flanque du moins de logemens sans fin. C'est un Versailles en tas. Une fois le château enflé de bâtimens, il songe au jardin, au parc, aux eaux, aux cascades. Si l'eau est trop loin, si la rivière coule à cent pas au-dessous, il prend la rivière par le coude, la violente, et l'amène entre son château et sa cascade. Lui eût-on dit : Monseigneur, il nous faut l'Océan; il eût répondu : Allez le chercher, voilà de l'or. Les travaux ne ralentissent pas; ils ne sont suspendus qu'à midi, heure à laquelle le marquis mange la soupe aux choux avec ses ouvriers. Ensuite viennent de Paris et par caravanes des chariots pleins de meubles, de tapisseries, de glaces, et d'ouvriers perchés sur ces meubles. A ceux qui leur demandent en les voyant passer dans les allées de la forêt de Sénart : « Bonnes gens, pour qui ces belles choses? » ils répondent : *Pour M. le marquis de Brunoy*.

Et quand le château est bâti, meublé, agrandi, planté, arrosé, que des millions ont été dépensés pour lancer des eaux sur du gazon, pour avoir du gazon autour d'une serre chaude qui renferme les végétaux les plus rares; quand le roi Louis XV pourrait entrer par cette porte ouverte dans l'axe du château, au bout d'une allée merveilleuse de perspective, — le roi et toute sa cour; alors le marquis de Brunoy réunit tous ses compagnons d'ouvrage, et leur dit :

— Si vous avez bâti le château, vous l'habiterez. Il est à vous.

Les paysans et les maçons de Brunoy pensaient que M. le marquis était devenu fou.

— Oui, il est temps de former ma maison. — Toi, La Tuile, tu seras mon valet de chambre, — six mille livres d'appointement; toi, Le Loup, mon gâcheur, tu seras mon secrétaire, — dix mille livres; toi, Renaudin, qui fais si bien la soupe aux choux, sois mon intendant; toi, le vitrier là-bas, tu rempliras les fonctions de mon officier des chasses; vous autres, qui n'êtes que bûcherons de votre état, vous passez de droit domestiques de pied et laquais de ma maison. Demain vous irez à Paris commander des habits appropriés aux nouvelles charges que je vous destine à occuper auprès de moi.

A' votre retour, nous rendrons à mon respectable père les honneurs funèbres qui lui sont dus.

Allons boire!

III

Quelques mois après l'inexplicable isolement du marquis à Brunoy, son père, M. Pâris de Montmartel, était mort des chagrins qu'il lui avait causés. Cet événement surprit le marquis, tandis qu'il achevait de meubler le château dont il ne croyait pas être si tôt le maître absolu. On a vu qu'il avait voulu l'inaugurer par un jour de tristesse filiale, et, à l'exemple des nobles familles, faire prendre le deuil à la vaste domesticité de sa maison.

Le deuil ne manqua pas d'une certaine singularité.

Tous les domestiques furent vêtus de serge noire, de la tête aux pieds.

Chaque habitant reçut six aunes de la même étoffe, afin de participer, à raison de sa taille, à la douleur du marquisat.

Un rideau noir incommensurable caparaçonna le château, du faîte à la base.

De longs crêpes furent noués aux arbres; des pleureuses attachées au front de marbre des statues.

Le canal qui traverse la propriété, au lieu d'eau, laissa couler de l'encre.

Et quand les eaux jouèrent, vers le coucher du soleil, sur le disque duquel le marquis regretta beaucoup de ne pouvoir jeter un voile noir, on vit les tritons, les sirènes et les grenouilles des bassins rejeter de l'encre par leurs conques et par leurs bouches.

Madame de Montmartel vint surprendre son fils au milieu de son extravagante tristesse. Elle apportait à Brunoy une douleur moins affectée que celle qu'elle y trouva. Veuve par l'inconduite de son fils, elle pleurait abondamment un malheur dont la cause était dans sa famille.

A l'aspect de la lugubre bouffonnerie du château, elle craignit pour la raison de son fils, qui, pâle comme Hamlet, empressé, respectueux, la prenant par la main, la conduisit à travers le parc, dont les crêpes sinistres flottaient et se déroulaient au vent du soir.

Vu de loin, ce devait être un saisissant tableau, que cette extravagante mais colossale solennité noire. Ces arbres avec leurs crêpes, ce château, vaste ordonnateur des pompes funèbres, vêtu de noir, immobile au milieu d'un convoi immobile; tout le village tendu de noir; ces eaux noires élancées vers le ciel, et ce jeune homme en deuil avec cette mère en deuil, se promenant à pas lents sur un grand espace, auraient effrayé, épouvanté le voyageur qui, au sortir de la forêt de Sénart, toute sanglante de traditions, eût aperçu, des hauteurs des Bosserons, cette vallée de mort.

— Mon fils, dit en baissant la voix cette mère affligée au marquis de Brunoy, vous avez de grands torts à vous reprocher envers votre famille, dont vous avez poussé le chef au tombeau bien avant l'âge; vous avez permis à la médisance d'interpréter de mille manières scandaleuses votre disparition subite de la maison paternelle; on nous a accusés alternativement, vous comme un mauvais fils, jaloux de vous emparer le plus promptement possible de votre héritage, nous comme de durs parens qui voulions vous forcer à embrasser les ordres, malgré vos penchans, afin de conserver plus long-temps votre fortune. Vous avez souillé la jeune noblesse française.

Le marquis sourit amèrement à ce dernier reproche.

Madame de Montmartel reprit : Chaque jour a eu sa calomnie; le ridicule a demandé sa part d'aubaine au mensonge, et il l'a obtenue; aucune personne de votre famille n'a pu paraître dans un lieu public, même dans les plus saints, sans devenir un objet de curiosité; on nous a appuyé le doigt sur le front. Vous deviez prévoir ceci, et vous n'avez pas été arrêté par cette considération. Si du moins vous étiez venu chercher votre pardon au lit d'agonie de votre père, lui et le monde eussent été apaisés; mais votre obstination à vous cacher a ranimé, au contraire, aux derniers momens de M. de Montmartel, toutes les suppositions que l'oubli, car le mensonge lui-même se lasse, avait commencé à user dans les propos impurs du monde. Oui, pleurez, mon fils, et prouvez du moins que vous ressentez pour la mémoire de votre père une respectueuse tendresse, et pour mes douleurs personnelles une affliction plus vraie, plus raisonnable, plus noble que celle dont les ridicules marques étalées ici insultent à la pitié qu'on doit aux morts. Mon fils, je compte sur votre repentir, j'espère en votre retour à des sentimens plus sensés; vous me suivrez sur-le-champ à Paris, où j'ai besoin de votre présence pour me protéger pendant les quelques années qui me séparent du tombeau de votre père. Si ce devoir vous pèse, vous n'aurez pas à vous contraindre long-temps; ma santé est perdue; voyez comme les chagrins m'ont accablée, combien je suis souffrante......

— Ma mère, estimez-moi assez pour croire que si je vous perdais, je n'épargnerais rien pour que votre mémoire fût révérée.

— Je sais que vous n'êtes pas insensible.

— Vous auriez à votre convoi huit célestins.

— Vous êtes léger, mais bon.

— Vous seriez suivie d'autant de frères minimes, auxquels j'adjoindrais six religieux des Billettes, six carmes, quatre augustins et quatre jacobins.

— Mon fils, vous feriez mieux de vous occuper de vos préparatifs de départ pour Paris que des honneurs à me rendre après ma mort.

— Je fonderais pour vous soixante messes hautes.

— Vous voulez donc que je meure, fils ingrat! et il vous tarde d'ajouter au deuil ironique de votre père le deuil plus scandaleux encore dont vous menacez votre mère.

— A votre service funèbre il y aura deux cents prêtres, chanoines, vicaires; plus, quarante torches du plus grand poids, et en cire jaune, autant en cire blanche, autant en cire verte, plus trois cents cierges. Les choses seront bien faites.

— Par pitié, ne m'effrayez pas ainsi pour votre raison, mon fils.

— Je calcule les tentures : trois bannières de velours violet, comme au convoi de M. l'archevêque de Dijon; trois portières de velours sombre pour les trois entrées de votre paroisse; quatre grands écussons à nos armes.

— Oh ! mon Dieu !

— Comme vos équipages suivront le corbillard, dont je parlerai, ils auront caparaçons et housses traînantes de serge noire, avec croix cousues de taffetas blanc.

— Vous me faites mourir, et je vais vous maudire, mon fils.

— Sept grands manteaux à grande queue pour ceux qui mèneront le deuil. Je songe qu'il ne faudra pas moins de huit aunes d'étoffe pour le drap mortuaire ; le principal sera digne de l'accessoire ; on n'aura jamais vu de plus magnifique poêle depuis les obsèques du régent de France, monseigneur le duc d'Orléans : je le veux de vingt aunes de drap d'or, à triple frisure,— une frisure de plus que monseigneur le régent.

— Vous me déchirez le cœur.

— Votre cœur, à propos, sera enfermé dans du plomb et déposé dans un coffre de chêne cerclé en fer ; Houdon se chargera de vous élever un mausolée du plus vaste travail, tout orné de statues, d'urnes, de lampes et de cyprès.

— Mon fils, vous ne l'êtes plus, je vous maudis !

— Achevons maintenant : huit célestins, cent vingt livres ; billettes, carmes, augustins, jacobins, six cents livres ; soixante messes, trois mille livres ; deux cents prêtres, cinq mille livres ; torches de différentes couleurs, deux mille livres; tentures, vingt mille livres; drap mortuaire et coffre de chêne, cinq mille livres; mausolée, cinquante mille livres..... total, quatre-vingt-cinq mille sept cent vingt livres.

Pardonnez-moi, ma mère, si mon imagination ne me fournit rien de plus beau pour entourer de respect vos cendres; mais......

Le marquis s'aperçut que sa mère n'était plus là. Après l'avoir maudit, elle était partie indignée pour Paris. Il entendit le bruit des chevaux qui passaient sur le pont de Brunoy.

IV

Malgré le silence que s'imposa madame de Montmartel, touchant la conduite de son fils, à la folie duquel elle refusa toujours de croire, on commença de nouveau à s'occuper du marquis, sur le bruit qui avait couru du deuil extravagant de Brunoy. On sut enfin qu'il ne s'était ni tué, ni embarqué pour les Indes, ni relégué à la Trappe, versions diverses adoptées dans le temps par les oisifs de la capitale. On l'avait retrouvé; on apprit que le possesseur d'une fortune de plus de trente millions vivait dans un bourg de six cents habitans, traités par lui sur le pied d'une intime familiarité. Ses dispositions funéraires en faveur de sa mère se répandirent au courant des petits propos, où put difficilement s'introduire l'exagération, car elle était impossible à l'encontre du personnage.

De son côté, le marquis fut instruit de la place qu'il avait dans l'opinion, cette opinion qui lui avait été si cruelle un jour, si impitoyable, et si brûlante à l'endroit le plus à nu de l'ame humaine, de la vanité. Son héroïsme étrange avait tenu sa vengeance muette, étouffée et petite, comme un moineau dans la main; sa colère dut se réjouir quand elle put se dire : J'ai enfin attiré sur moi les regards louches de la noblesse, ma sœur, et la vue commune mais bonne du peuple, mon frère. La scène se passera en famille.

Du reste, on continua à considérer le marquis de Brunoy comme un original. Original est le premier nom que reçoit dans le monde un homme de génie ou un fou.

Vous avez souillé la noblesse française, avait dit madame de Montmartel à son fils.

Et le marquis était en droit de demander ce qu'il restait à faire pour la souiller davantage après l'abbé de Voisenon, qui louait en pleine académie les charmes de madame Favart, la maîtresse du maréchal de Saxe; après M. le marquis de Sade, qui suçait le sang des jeunes filles, trouvant que de les embrasser c'était trop fade; après M. le président de Meslay, de la chambre des comptes, surpris tout nu à l'Opéra, dans une loge, avec une fille des chœurs; après le roi de France, qui vivait publiquement avec madame Dubarry.

Ce n'est pas déjà mal ainsi, mais on peut aller plus loin quand on a quarante millions, réfléchit le marquis de Brunoy; il reste à découvrir. L'abaissement est profond, mais il n'est pas encore à plat dans la boue; c'est à peine si le peuple, admis comme valet, pénètre au fond des boudoirs, où il soutient les flambeaux de cristal de la luxure, esclave cubiculaire de ses maîtres; c'est à peine s'il connaît leurs orgies, en présentant la cuvette de vermeil où retourne le premier souper pour faire place au second; c'est à peine s'il comprend leur langage, sous le néologisme libertin qui le farde; c'est à peine s'il les méprise, vivant du reste de leurs débauches, du reste de leurs habits, du reste de leurs soupers, du reste de leurs femmes. Il y a un autre peuple qui ne les connaît pas, car les nobles seigneurs ne vont pas à pied, et le roi, leur maître en tout, ne se montre que deux fois par an.

Ils m'ont laissé la rue à salir; là je veux être roi et marquis de Brunoy, conseiller-secrétaire du roi, maison, couronne de France et de ses finances.

Un mot d'histoire en passant. Louis XVI n'était pas encore monté sur le trône.

Le comte de Provence, frère du roi Louis XVI, devenu Monsieur, et depuis Louis XVIII, qui possédait *Gros-Bois*, belle terre du voisinage, se passionna pour la propriété du marquis de Brunoy, la trouvant selon ses goûts de solitude classique, alors moins exclusifs, torts d'un âge encore chaud, qu'on l'a soutenu plus tard à la gloire de cette exception des mœurs royales de l'époque. Il convoita Brunoy, le désira, le demanda, menaça pour l'avoir, faisant répandre par d'officieux courtisans qu'il était dans les intentions du marquis lui-même de se débarrasser d'un château ruineux pour tout autre qu'un prince royal.

Le marquis poussa l'originalité jusqu'à résister aux avances de Monsieur, et à se ruiner de plus belle comme s'il eût été prince. On convint que la fermeté ne manquait pas à cet extravagant.

De jour en jour plus affermi dans ses projets de vivre au milieu de la société qu'il s'était créée en haine de celle dont il avait fui l'outrageuse hiérarchie, il fallait ou qu'il l'élevât jusqu'à lui ou qu'il s'effaçât jusqu'au point de se trouver de niveau avec elle. Rien au monde, dans l'histoire des petits combats du cœur humain, n'est intéressant comme le principe de la lutte qu'il eut à soutenir en lui-même. Tantôt le marquis dévore l'homme, tantôt l'homme dévore le marquis; il rappelle ces monstres qui apparaissent au commencement et à la fin d'une création. Tête de marquis et queue de peuple : à la fin la queue l'emporta.

Un jour il convie ses bons amis les vilains à un superbe repas qu'il donne dans une des plus belles salles du château. Selon l'usage, le menu fut formidable, la plaisanterie ruissela, avec le vin, des lèvres sur la nappe. — Mes amis, leur dit le marquis au moment suprême du dessert, quand les convives en belle humeur mouchaient déjà les bougies avec leurs doigts, et s'enroulaient à l'orientale des serviettes autour de la tête; mes amis, je réclame votre attention, si c'est possible, pour quelques minutes.

Des figures de terre cuite, peintes en rouge, s'efforcèrent de garder le sérieux nécessaire à la communication qui allait être faite par le marquis.

— Vous savez qu'on me reproche dans le monde d'être trop familier avec vous, de vous avoir laissé prendre trop de liberté, d'avoir oublié que vous étiez mes vassaux, de vous avoir admis à ma table, et beaucoup d'autres torts dont vous voyez que je me corrige, puisque je vous tutoie tous, puisque je bois dans le verre de mon voisin Venteclef à la santé de vous tous, puisque je vous invite tous pour demain à renouveler la réunion d'aujourd'hui.

Cependant, si je suis fier d'avoir effacé toute différence entre nous; si j'ai voulu que nous fussions tous égaux comme les six bouteilles d'un panier de Chambertin, il n'est pas moins vrai que vous n'êtes que des vignerons, des serruriers, des engraisseurs de volaille, des tonneliers, des gardes-chasses, etc., et que je suis marquis de Brunoy.

— Monsieur le marquis, nous n'avons jamais prétendu le contraire, s'écrièrent les vilains, qui craignaient que quelque velléité de suzeraineté ne se fût tout-à-coup éveillée dans l'ame du marquis.

Il les interrompit en frappant la table de son verre.

— Je le sais : aussi, pour en finir avec tous les reproches dont on m'assomme, après avoir été vilain avec vous, ce qui ne m'a pas réussi auprès de gens obstinés à m'appeler marquis, je prétends que vous soyez marquis comme moi; ce qui va avoir lieu sur-le-champ.

Et vous serez marquis avec marquisats, ce dont beaucoup ne sauraient se flatter en France. Vous aurez tous un quartier de terre pris dans mes possessions de Brunoy.

Silence donc! et que l'on aille prendre l'air au jardin, si l'on est incommodé; — n'éveillez pas ceux qui ronflent, ils s'éveilleront marquis.

Toi, mon vigneron, je te crée marquis de la Chopine; ta terre prendra le nom de la Chopine-Vieille; salut, marquis de la Chopine-Vieille! Tes armes seront d'azur au gobelet d'argent vomissant de gueule.

Toi, mon tonnelier, je te nomme marquis de la Futaille, et tu signeras Beaucerf de la Futaillière. Tu porteras de sinople au tonneau cerclé d'or, semé de bouchons à l'orle.

A ta santé, marquis de la Futaillière!

Toi, mon sommelier, tu seras désormais marquis de la Bouteille, ou Christophe de la Bouteillerie. Tu porteras de lie plein ton écusson.

Embrassons-nous, marquis de la Bouteillerie.

Toi, là-bas, je te fais marquis de la Chaudière. — Ton écusson : deux chaudières l'une sur l'autre, comme la maison de Lara en Espagne.

Ton voisin, marquis de la Cuve.

Messieurs les marquis, j'espère qu'à présent que nous voilà tous nobles, il n'en sera ni plus ni moins qu'auparavant pour nos plaisirs; l'opinion du monde est satisfaite, condescendons à ses préjugés de costume.

Le marquis sonna; six domestiques parurent.

Donnez des bas de soie brodés, des perruques blondes et des souliers à boucles à messieurs les marquis.

— A vos paysans?

— Aux marquis de la Chopine-Vieille, de la Futaillière et de la Bouteillerie; entendez-vous? valets!

Il sonna d'un autre côté.

— Donnez des chemises et des épées à messieurs les marquis...

— Mais, monsieur de Brunoy...

— Obéissez : les chemises sont dans mon armoire, les épées accrochées dans mon alcove.

Il sonna une troisième fois.

— Lavez le visage et les mains à messieurs les marquis.

Et les vassaux se laissaient faire, éprouvant la sensation glorieuse, mais bien moins prévue, dont jouit Sancho lorsque après des années de traverses il fut nommé au gouvernement de Barataria. Ils se laissaient faire, croyant qu'on n'en usait pas autrement pour créer des marquis.

— Maintenant, mes amis, leur dit le marquis

de Brunoy, il nous reste encore à nous promener à travers le pays, afin qu'on sache désormais qui vous êtes.

Je veux qu'on vous respecte comme moi-même.

Traînées par six chevaux, huit voitures s'élancèrent dans Brunoy, tournant, montant, descendant dans des rues étroites où trois ânes de front qui vont au marché sont mal à l'aise. Les bourses poudrées des marquis, leurs perruques qui les faisaient ressembler à des caniches de la grande espèce, leurs beaux jabots se détachant en blanc sur leurs figures ponceau, leurs étoffes à ramages et leurs manchettes à point d'Angleterre, folâtraient aux portières.

Les femmes du pays n'en revenaient pas.

— Notre père qu'est marquis!

— Gros Louis qu'est aussi marquis!

Et les enfans, qui croyaient que c'étaient les voitures du roi, saluaient le serrurier, le charron, l'engraisseur de volailles, le maréchal ferrant, le tonnelier, leurs pères ou leurs oncles, en criant: Vive le roi!

Ainsi, en un seul jour, le marquis de Brunoy anoblit tout le bourg.

Le lendemain, chacun n'en reprit pas moins sa fonction accoutumée: le marquis étrilla les chevaux, le marquis battit en grange, le marquis engraissa la volaille.

Les menues aberrations de cette vie dévouée par calcul à une singularité de vengeance sont infinies dans leurs formes; elles sont semblables aux globules de mercure enfermés dans un tube de verre : réunies, elles marquent les degrés de ce caractère d'exception; mais, éparses, il est difficile de les fixer en corps de récit. Malheureusement, que nous sachions, le marquis de Brunoy, qui avait tant de choses, n'avait pas d'historiographe; ou, s'il en avait un, ce ne pouvait être que quelque palefrenier élevé à cet emploi. Non que les faits manquent à l'enchaînement de cette histoire; ils sont, au contraire, si nombreux, si pressés, qu'on ne sait comment les aligner pour les voir tous; c'est une immense vie démolie comme le château qui en a été témoin; on bâtirait Bicêtre, local et locataires, avec les débris.

Nous avons montré les paysans, les laquais, les cuisiniers, les gardes-chasses, disposant du château à leur gré, éventrant la garenne, saignant la cave, se donnant du marquis en se renvoyant des bouffées de vin au visage. C'était l'âge d'or de ceux qui n'avaient même jamais vu d'or.

Et qu'on n'imagine pas que cette confusion fût le résultat, chez le marquis de Brunoy, d'un renversement perpétuel d'idées. Il voulait que cela fût ainsi et non autrement. Sa législation domestique avait été méditée avant de recevoir une exécution inflexible dans son application. Jamais homme ne fut plus conséquent avec ses principes. On va le voir.

Le concierge d'un de ses châteaux et ses deux filles ayant refusé de s'asseoir à sa table, par respect, disaient-ils, pour M. le marquis, leur maître, celui-ci les chassa, prétendant, avec quelque raison, dans sa tyrannie, que l'aristocratie des concierges est intolérable quand celle des marquis n'existe plus. « Je bois avec mon suisse, mon concierge peut manger avec moi. »

L'air du matin ayant un jour aiguisé son appétit, il descendit dans la cour, où il ne trouva que son cocher, occupé à soigner les chevaux. — J'ai envie de crême, mon ami, lui dit-il; allez m'en chercher, je vous prie. — Aller chercher de la crême n'est pas dans mes fonctions, répliqua le cocher; une servante ira. — Quelle est donc votre fonction ici, mon ami? — De soigner vos chevaux, de les atteler et de les conduire. — Fort bien. Attelez donc six chevaux à ma voiture, faites-y monter une servante, et qu'elle me rapporte de la crême. Tous les matins, mon ami, sans sortir de vos fonctions, vous vous acquitterez du même devoir.

Depuis ce jour les servantes allèrent chercher de la crême pour M. le marquis de Brunoy dans une voiture à six chevaux.

Une autre fois, jouant aux quilles avec un domestique, il perdit la partie, et fut obligé, par convention réglée en présence de témoins, de lui baiser le pied en tenant un verre de vin à la main.

Il était d'une politesse raffinée pour ses amis les paysans. Il les visitait à chaque bonne fête; il déposait sa carte chez eux quand ils étaient malades. Le linceul, la layette, la corbeille de mariée, se faisaient aux frais du château. La femme d'un bourrelier étant morte, toute la maison du marquis prit le deuil. Il y eut catafalque, tenture de ras de Saint-Cyr dans la nef, de ras de Saint-Maur dans le chœur, épitaphe en cuivre, tombe, trente mille livres de dépense. Huit cloches sonnèrent pendant trois jours; les villages des environs répondirent à cette sonnerie lugubre. Le monde était veuf de la femme d'un bourrelier!

Colossal dans la douleur, il était monstrueux d'excès dans la joie de ses vassaux. Maréchal et Séné, l'un secrétaire du marquis et fils du bourrelier dont la femme avait été si pompeusement enterrée, l'autre paveur de son état, avaient toute la confiance de M. de Brunoy. Leurs sœurs s'étant mariées, on se régala pendant huit jours au château; quatre arpens de terrain furent couverts de tables; trente-cinq pièces de vin furent bues. Chaque mariée eut pour dot vingt mille livres et un trousseau du même prix. Le chemin par où elles passèrent pour se rendre à l'église fut orné de guirlandes et sablé de sable fin.

A la même époque, le marquis fonda, dans une salle particulière du château, sous la surveillance d'un médecin, une vaste infirmerie pour les pauvres gens de la campagne. Le bienfait était à peu près illusoire. Brunoy ni ses environs n'avaient de pauvres, par conséquent de malades. Une seule épidémie désolait le pays, l'indigestion.

Il ne doit plus rester aucun doute dans l'esprit du lecteur; le marquis de Brunoy était un fou volontaire, méditant ses plans d'extravagance comme un autre arrange des projets de sagesse; se faisant aimer du peuple de tout le mépris qu'il s'attirait de la noblesse, qui le regardait agir maintenant avec une effrayante curiosité. Sa renommée avait gagné du terrain petit à petit; il faisait les délices de l'impératrice Catherine, qu'on tenait soigneusement au courant des folies de Brunoy. L'Europe gentilhomme avait les yeux sur le marquis. Il en acquit une audace de résolution sans exemple.

Rebelle aux remontrances sévères de sa famille, il ne voulut jamais écouter avec quelque faveur que les conseils de son oncle, le marquis de Béthune, homme adroit, esprit sage, qui crut trouver dans l'extrême jeunesse de son neveu, à peine âgé de dix-neuf ans, la cause de ses déplorables déréglemens. Il imagina qu'en imposant au marquis des charges de famille, qu'en le liant par la responsabilité d'une compagne choisie parmi les plus nobles et les plus belles filles de la vieille noblesse, il le ramènerait à une vie d'ordre et d'honneur.

M. de Béthune proposa à son neveu de le marier. Celui-ci eut l'air d'accueillir avec condescendance le projet de son oncle ; il consentit, article par article, à tous les sacrifices qu'on exigea de lui : à rompre avec les paysans, à congédier ses ridicules domestiques, à reparaître à la cour, à borner ses dépenses, à vivre à Paris. C'était un enchantement. Chaque concession obtenue arrachait des larmes de joie à madame de Montmartel, sa mère. Enfin, quand le marquis de Béthune crut avoir remporté la victoire la plus complète sur les répugnances de son neveu, il osa lui dire avec beaucoup de ménagement : Et vous vendrez aussi votre château de Brunoy ; que feriez-vous de cette ruineuse propriété ? N'avez-vous pas votre charmant pâté de Bercy ? votre belle terre de Villers en Normandie? C'est convenu, n'est-ce pas, et je vais l'écrire à votre excellente mère; nous vendrons Brunoy.

— Et à qui le vendrons-nous, mon oncle? car il ne faut pas une fortune ordinaire pour l'acheter.

— Ne vous mettez pas en peine.

— Voyez-vous, je serais désolé, mon oncle, de voir passer mon marquisat à quelqu'un qui n'aurait pas pour mes paysans les mêmes soins que moi. Ce sont des enfans et des frères que j'abandonne.

— Encore une fois, n'ayez pas ce chagrin. Un mot vous rassurera. Le comte de Provence est celui qui acquerrera, à tel prix que vous exigerez, votre marquisat de Brunoy.

Le marquis regarda fixement son oncle.

— C'est dit! mon oncle. Je me marierai quand il vous plaira.

M. de Béthune sauta au cou de son neveu.

En partant, l'excellent oncle se répétait : — Je le tiens!

En le voyant partir, l'excellent neveu s'écria : — Je vous tiens! moi!

Et le soir, orgie au château, mais orgie finale. Adieu noyé de sanglots et de vin, on pleurait à pleins verres; on buvait à chaudes larmes.

— Non! je ne vous quitterai point sans vous laisser d'éternels témoignages de reconnaissance, dit le marquis à l'assemblée, partagée ainsi, la moitié autour de la table, l'autre motié dessous.

Voici ce qu'il leur dit; et ceci est de la plus rigoureuse exactitude, tant pour les noms d'individus, quelques-uns encore existans, que pour les sommes d'argent léguées.

1° Huit cents livres de pension viagère au profit d'André Pressard, attaché à mon écurie.

2° Six cents livres à Christophe Beaucerf, un de mes gardes-chasses.

3° Même somme à Denis-François Tremblay, engraisseur de volaille.

4° *Idem* à Pierre Pagès et sa femme, rôtisseurs.

5° *Idem* à Jacques-Raoul Venteclef, portier et pêcheur.

6° *Idem* à Jacques Villier, suisse de l'hôtel; à Pierre Guérin, mon pâtissier; à Léger, mon valet de chambre, perruquier; à Louis Blancart et sa femme, portiers du château de Brunoy; à Gaume, mon valet de chambre.

7° Douze mille livres à toi, Masset.

8° Six cents livres de pension viagère à Aubin Poinsard, mon palefrenier.

9° *Idem* à Louis Paysan, sonneur de la paroisse de Brunoy.

10° Maisons et bâtimens à Filhol aîné.

11° Trois mille livres de rente au même.

12° Donation à Séné d'une somme de trente-un mille huit cent soixante livres; et à Maréchal, de la somme de trente-quatre mille cinq cent soixante livres, et de plus une rente viagère de deux mille huit cents livres.

13° Une de huit cents livres à Louis-Jacques Venteclef, mon cuisinier.

14° Une autre de douze cents livres à Jean-Claude Delage et sa femme, chef de cuisine.

15° Pareille rente à Pierre-Jean Millot, concierge du Pâté à Bercy.

16° Une rente de huit cents livres à Josep Schneider, mon troisième valet de chambre; une autre à Philippe Delafaye, mon chef d'office; une autre de pareille somme à Louis Lemasle, jardinier-fleuriste.

17° Rente viagère de six mille livres à Denis Lacroix, ancien cocher de mon père, etc., etc.

Puis, légataires et donateur ronflèrent jusqu'au jour l'un sur l'autre. On aurait transporté le village de Brunoy tout entier aux grandes Indes, que pas un habitant n'aurait senti la secousse, tant la douleur était profonde.

V

Le 8 juin 1767, leurs majestés signèrent le contrat de mariage de M. Armand-Louis-Joseph Pâris de Montmartel, marquis de Brunoy, conseiller-secrétaire du roi, Maison, Couronne de France, et de ses finances, avec mademoiselle Émilie de Pérusse d'Escars. La plus grande fortune et le plus beau nom de France se donnèrent la main sous les voûtes de Notre-Dame.

Tout Paris courut à ce mariage, qui remplit la cour et la ville d'étonnement. On crut le marquis sauvé de lui-même en voyant la jeune fille qui se dévouait à lui, si belle, si noble, si pleine de soumission à la volonté de ses parens. Ce n'était point un mariage d'inclination, on ne le supposait pas; mais comment l'amour ne devait-il pas infailliblement naître entre quinze ans d'un côté et vingt ans de l'autre; entre un nom couvert de rouille et un nom étincelant de diamans, unis par la main du roi de France; entre tout ce que les temps passés ont de saint, de fier, posé en aigrette sur le front de cette jeune fille; entre tout ce que l'époque a de pompeux, de riche en félicités positives, palais, chevaux, domestiques, apporté en dot par ce jeune homme, ce jeune homme qui n'a pas d'armure d'aïeux, il est vrai, mais qui remplirait d'or, pendant plusieurs jours, la plus vieille et la plus creuse des armures?

Le marquis fut exquis pendant la cérémonie; il présenta la mariée à l'autel avec une décence parfaite, édifiant par sa bonne tenue ses parens et ceux de sa femme; répondant aux complimens d'usage d'un ton aussi délicat que s'il n'eût jamais quitté la cour. On eût dit qu'il revenait de celle de Charles III d'Espagne. Cette fidélité à l'étiquette lui rallia, à une époque où elle était la seule vertu visible que la monarchie eût conservée depuis le grand roi, l'estime des meilleures maisons de France. Celle dans laquelle il entrait couvrait de ses rameaux épais sa jeune tige nobiliaire, qui n'aurait plus à souffrir du souffle dévorant de l'opinion. Quand la famille d'Escars l'acceptait à la face du ciel et du monde, il y aurait eu de la présomption à ne pas le tenir pour un bon gentilhomme du royaume. Ce nom d'Escars était si beau qu'il fut toute la dot de la mariée, en faveur de laquelle le marquis de Brunoy s'engagea à payer, outre une pension annuelle de 60 mille livres, une autre pension pour son entretien, un gain de survie de 300 mille livres, et jusqu'à concurrence de 500 mille livres de toilette, argenterie et bijoux; enfin un douaire de 15 mille livres et 5 mille livres d'habitation. Rien ne parut trop cher au jeune marquis. Excessif en tout, il offrit à la future des diamans et des habits pour 700 mille livres. Il n'y eut plus de termes assez flatteurs pour le louer. Il fut présenté à la cour par sa belle-mère, madame la marquise d'Escars, née Fitz-James. Impossible d'aller au-delà de ce faste, de ces honneurs, de ces distinctions. Si le marquis de Béthune eût conquis la toison-d'or, il n'eût pas été plus radieux. Son neveu devait être l'exemple de tous les neveux à venir, lui le modèle de tous les oncles.

Le mariage du marquis n'eut qu'un jour; il n'eut pas de nuit.

A peine sa femme appuyait sa tête tremblante sur le pudique oreiller, que le marquis était déjà sur la route de Brunoy, impatient d'arriver à son château, où l'on était loin de l'attendre.

Il arrive, il entre, il appelle ses gens, fait sonner les cloches de l'église, dont le bruit met sur pied les habitans. Ceux-ci n'ont que deux suppositions à faire : ou c'est l'incendie qui brûle les moissons des environs, ou c'est M. le marquis de Brunoy annonçant son retour au château.

C'était M. le marquis de Brunoy.

Entouré des habitans de Brunoy éveillés en pleine nuit, le marquis, encore en habits de noces, ressemblait à un chef de pirates qui rentre au port pour partager avec les siens la riche capture qu'il a faite. Le coup avait eu lieu; il avait réussi au-delà de toute espérance. On revenait vainqueur. La dépouille c'était, pour le marquis, son mariage avec mademoiselle Émilie de Pérusse d'Escars. Rie avec lui qui voudra, que chacun de ces manans tire avec ses ongles noirs et ses dents jaunes un morceau d'un si beau nom! d'un si grave événement! il rit avec eux; il les encourage même, car ils ont besoin de toute la raillerie de leur maître pour se moquer de ce qui est chose sainte jusque parmi eux; le mariage! Mais riez donc des Escars où je viens d'entrer! semble-t-il dire; riez donc de ce nom que je vous apporte au bout de mon fouet! Ils ont de vieux aïeux, vieux comme les pierres, des arbres généalogiques qui couvriraient toute la forêt de Sénart, des écussons pleins d'un grimoire à faire tomber les yeux d'un sorcier : ils ont des prétentions à la couronne de France : que sais-je? Eh bien! ils m'ont donné tout cela, à moi petit-fils d'un hôtellier, à moi fils d'un financier anobli pour ses écus, à moi, non le marquis de Brunoy, conseiller-secrétaire du roi,

Maison, Couronne de France, et de ses finances, mais votre égal, qui prend le nom, pour ne plus le quitter, de *Nicolas Tuyau*. Criez avec moi : *Vive Nicolas Tuyau !*

Après ce noble épanchement de part et d'autre, Séné le paveur, Thorel le menuisier, Chalandre, maître charron, Maréchal, le fils du bourrelier, et un abbé Bonnet, fils du barbier de Brunoy, avertirent le marquis que pendant son absence il était venu des officiers et des intendans de la maison du comte de Provence pour dresser l'inventaire du château, de son mobilier, du parc et des jardins. Ils avaient procédé avec les formes qu'on emploie lorsqu'on poursuit une vente par autorité de justice. Tout Brunoy avait pensé que M. le marquis avait consenti à cette vente par suite de son mariage ; c'était une bien vive douleur pour le pays.

Déjà ! murmura tout bas le marquis sans s'arrêter aux regrets de ses gens ; j'étais à peine à Paris qu'on songeait à me dépouiller ! M. le comte de Provence est donc bien amoureux de ma propriété ! c'est trop juste, je l'aurais faite belle pour lui ; je l'ai plantée, embellie, accrue, pour ménager à M. le comte du repos et de l'ombre ; j'ai été le maçon de son altesse ; mes eaux joueront pour ses grandes dames. Vous croyez cela, cher oncle ? Ah !

vous me faisiez épouser une d'Escars, et vous vendiez Brunoy à la cour ! Brunoy est à mes paysans ; j'ai la femme, et vous n'aurez pas le château ; marquis ! le fou vous a joué.

Cependant le marquis de Brunoy, qui n'ignorait pas la puissance de la cour, et combien il serait aisé au comte de Provence, pour peu qu'il en eût l'intention arrêtée, de devenir possesseur du château, envisagea sérieusement, derrière son masque bouffon, le difficile de sa position ; il retint auprès de lui l'abbé Bonnet, l'un de ses conseillers intimes.

— Bonnet, lui dit-il.

— Monsieur le marquis.

— Pas de marquis : Nicolas Tuyau.

— Soit.

— Il y a une église à Brunoy.

— Fort laide, fort petite, fort pauvre.

— On posera huit cloches d'abord au clocher, Bonnet.

— Huit cloches, y songez-vous? Il n'y a pas de paroisse à Paris qui en ait autant.

— Raison de plus.

— Mais le clocher s'écroulera.

— Nous bâtirons un autre clocher si celui-là tombe; nous ferons faire un superbe service aux morts; huit cloches, bien ; je veux que l'église ait seize chantres.

— Jésus! c'est plus qu'à Saint-Roch!

— Je ne dis pas le contraire; seize serpens; dix-huit enfans de chœur et quatre sonneurs : j'aime les sonneurs.

— Mais on n'y tiendra pas du bruit.

— L'abbé, vous aimez les orgues, ne vous en cachez pas; soient un organiste et un maître de la sonnerie.

— Ce sera Notre-Dame en petit.

— Comment! en petit? Douze chanoines attachés à la fabrique. Nous aurons office canonial, l'abbé.

— Ce sera Notre-Dame en grand, je le vois.

— On dorera la chapelle du portique à l'autel, avec beaucoup de pommes d'or, de grenades d'or, de raisins d'or, pour les guirlandes des entrecolonnemens.

— Monsieur le marquis, fera-t-on dorer les paroissiens?

— L'abbé, je ne plaisante pas; on pavera rose et blanc le pavé de l'église. Demain les architectes viendront.

— Qui sera chargé de veiller à ces travaux?

— Vous, l'abbé, et je vous recommande de m'apporter le registre de la paroisse, où tous ces dons seront écrits de ma main.

— Est-ce tout?

Le marquis réfléchit un instant.

— Demandez à Paris cent soixante et seize chapes.

L'abbé pouffa de rire.

— Qui portera ces cent soixante et seize chapes?

Gravement le marquis répondit :

— Apparemment, Bonnet, ceux qui porteront trente-trois chasubles, cent quinze tuniques, cinquante-sept étoles.

— La cathédrale est complète maintenant.

— Pas encore, Bonnet; faites venir neuf lustres de Bohême, trente-six girandoles, six candélabres à sept branches, quatre-vingt-dix chandeliers en cuivre, huit chandeliers en argent massif. Et nous allions oublier l'autel, l'abbé!

— C'est vrai, nous allions oublier l'autel.

— Écrivez donc, l'abbé : trente aubes de point d'Angleterre et de Binche; huit devans d'autel de Binche; un ostensoir en soleil, de vermeil, pesant vingt-cinq marcs, un ciboire d'or de huit onces, une croix et son bâton en vermeil, deux calices de vermeil, trois encensoirs en vermeil, une lampe d'argent dorée et ciselée, avec chaînes et couronnement, de six pieds et demi de circonférence et de deux pieds sept pouces de profondeur, du poids de cent à cent cinquante marcs. Ma foi, on peut chanter vêpres à présent, n'est-ce pas, l'abbé? Allez donc exécuter tout ce que nous venons d'arranger ensemble. On aura des nouvelles de Nicolas Tuyau à la cour.

L'abbé sortit tout abasourdi. Il croyait avoir les huit cloches dans la tête, un encensoir à chaque oreille, et les paupières brûlées par tous les chandeliers. Il était effaré. L'archevêque de Paris allait crever de jalousie.

— Que M. le comte de Provence s'avise de toucher à Brunoy maintenant! J'ai tout le clergé avec moi de mon côté, contre lui, contre tous; je serai fort avec les forts : ils sont prêtres, je le suis!

Ce qui avait été dit fut fait; le marquis dépensa même beaucoup plus qu'il ne l'avait calculé, pour orner la chétive église de Brunoy.

Je l'ai vue à cinquante ou soixante ans de date de ces embellissemens : non seulement elle a été pillée, ce qui est déplorable à voir, mais elle n'a pas été entièrement pillée; le clocher a gardé une cloche sur huit, elle est fêlée; il reste un lustre de Bohème sur neuf, il est grapillé; le plafond a été crevassé par le poids des cloches, comme l'avait prudemment prévu l'abbé Bonnet; le pavé seul a conservé ses carreaux de marbres griottes et blancs, mais ils sont pâles; l'humidité en a dévoré les couleurs; il n'y a plus de bannières d'or ni de croix de vermeil, mais les détestables pommes d'or des entrecolonnes sont fraîches et joufflues, comme si elles venaient d'être cueillies chez le doreur ; saint Médard y est, mais ce ne peut être le riche, le millionnaire, celui du temps du marquis ; il n'y a pour soleil d'or que le véritable soleil passant ironiquement à travers les carreaux de la chapelle, et jouant avec les arêtes du treizième siècle ; car l'église atteste deux époques, celle de la chapelle, qui n'était que cela d'abord, puis celle de l'église même, fastueusement allongée et étranglée en trois nefs. On aimerait mieux une dévastation complète. Ce qui reste d'or, de fard, de plâtre, de laque, de mauvais cristal de Bohème, de peintures grises et d'anges qui ressemblent à des Amours à faire trembler, donne un air de boudoir à cette pauvre église, dont elle est toute honteuse ; exceptons pourtant l'entrée, qui figure assez proprement le péristyle d'un théâtre de province ; attique grec, six marches, double tambour.

Les patriotes de Brunoy ont dévoré en 93 jusqu'à l'enveloppe de cuivre qui formait la boule où s'élevaient la croix et le coq de l'église.

Je me demande avec anxiété ce qu'ont pu devenir les cent soixante et seize chapes pendant la tourmente révolutionnaire.

Tandis que se confectionnaient dans les ateliers de Paris et de Lyon les ruineuses magnificences de l'église de Brunoy, madame de Montmartel, la mère de notre marquis, mourut de chagrin.

Elle eut exactement le service funèbre que son fils lui avait promis.

L'église de Brunoy y gagna un superbe mausolée où furent déposés par leur fils M. et madame de Montmartel.

VI

Il résultait des événemens écoulés depuis son émancipation que le marquis de Brunoy avait déjà à s'accuser de la mort de son père et de sa mère, et que, débarrassé, non sans remords peut-être, de ces témoins sévères de sa conduite, il allait se rouler de nouveau dans la fange, après avoir épousé, dans l'unique but de la rendre un misérable objet de dérision, mademoiselle Émilie d'Escars, autre victime de sa conjuration impitoyable.

On a remarqué, et le personnage rajeunit ici la remarque, qu'au moment d'expirer, chaque forme sociale en travail de dissolution se retire, pour rendre sa chute plus exemplaire et plus bruyante, dans quelques groupes prédestinés, souvent dans un seul homme chargé d'en finir avec la désorganisation qui s'individualise en lui. Héliogabale s'empare de tous les vices de l'empire romain, sans en oublier aucun ; il est, par ses excès mêmes, le vengeur des peuples que ses prédécesseurs ont écrasés. Tout ce qui est possible dans les dimensions du mal, il le réalise : il veut le sang des hommes, la vertu des femmes, la vie des enfans, la fortune du monde, sa gloire, les secrets de l'abîme, les secrets de Dieu ; il va, il va, il abat, il monte, il domine, jusqu'au jour marqué où le Titan reçoit la foudre sur la tête, et où l'homme-Babel s'écroule. On jette le dieu aux latrines, puis on lave les latrines. Tout finit par là ; il y a peu de grande élévation terrestre qui ne se termine par une confusion ou par une saleté. Le dix-huitième siècle a aussi ses hommes d'agonie râlant pour tous quand l'heure est venue de considérer la noblesse comme chose finie, morte et corrompue ; la noblesse, qui a contre elle des Titans audacieux qui s'appellent philosophes, des maçons téméraires qui s'appellent encyclopédistes, et dans son sein des Héliogabales du nom de Brunoy.

Si nous n'avions découvert qu'un fou ordinaire dans le marquis de Brunoy, nous aurions respecté le cabanon où personne n'a osé, avant nous, aller secouer ses chaînes rouillées. Il y a assez de fous parmi les vivans, sans qu'il soit besoin d'en emprunter à la tombe. Parce qu'un homme a été riche et extravagant dans l'emploi de ses richesses, il n'est pas juste qu'il soit tiré de l'oubli, enfer des nullités de ce monde.

Mais notre fou est un démon; s'il n'est pas populaire comme don Juan, c'est qu'il s'est perdu dans le bruit de l'œuvre à laquelle il a apporté la dernière main. Arrivée quelques années après sa mort, la révolution de 93 couvrit de son écume et de son immense mugissement toutes les rumeurs humaines. Peu de notre génération connaissent ce nom de Brunoy. Si les existences contemporaines le balbutient à peine, c'est le tort de l'époque, car il est des époques qu'on ne peut imprimer dans la mémoire : communément ce sont celles qui touchent aux heures suprêmes d'action. Telle minute célèbre fait oublier le siècle dont elle procède. Le fait arrive à quatre chevaux, il broie et passe. A travers la poussière, qui est-ce qui a remarqué les chambellans ?

Pourtant rien n'est saisissant, à la manière de Goëthe, à la façon allemande, si narrative, si curieuse, si chère à la méditation, parfois même si près du théâtre, comme le serait, bien sentie, abandonnée à certaine vulgarité, la vie de notre personnage, mort jeune, mais venu tout juste assez à temps pour assister à la fin de toutes choses. Mœurs, religion, monarchie, sont au lit de mort. Le marquis eût voulu être humain, on roue Calas; il eût voulu être philosophe, Raynal est obligé de s'exiler; il eût voulu aimer la royauté, madame Dubarry gouverne; il n'a aspiré qu'à être de son rang, on s'est moqué de sa noblesse, comme si ses rivaux étaient des Montmorency. Alors il se fait peuple, paysan; il ne se croit pas encore assez vengé, il s'abrutit.

Malheureusement, et ainsi qu'il était aisé de le prévoir, le marquis finit par s'identifier à son rôle avec une sincérité qui n'était plus jouée. Il aima le vin comme boisson, après l'avoir employé comme instrument de déshonneur. De jour en jour il lui devint plus difficile de distinguer la ligne du flacon qui séparait la vengeance de l'ivresse; il eut le malheur de boire à son intention vingt fois plus qu'il n'avait bu à celle des autres. Cette confusion eut les plus funestes effets : inventeur d'une punition qu'on infligeait à celui de sa société qui renonçait à boire avant extinction complète des forces, il fut une fois obligé de la subir au péril de sa vie. On l'attacha à une colonne de lit, et, dans cette position, on lui fit avaler, au moyen d'un entonnoir, une prodigieuse quantité d'eau-de-vie. On crut le perdre; sa jeunesse triompha de cet assassinat d'amis; la chose fut même tournée agréablement en plaisanterie. On appela ceci « le sacre de Nicolas Tuyau. »

Voyons-le maintenant livré aux prêtres et aux cérémonies religieuses, sans qu'il ait abdiqué toutefois la passion du vin. Il voyage de la cave à l'église, à chaque heure du jour et de la nuit; heureux quand il ne se trompe pas, quand il ne demande pas du vin de Champagne au chantre, et le chemin de la sacristie au sommelier.

D'après ses ordres, l'abbé Bonnet avait rapporté de Paris les divers ornemens destinés à l'église de Brunoy, qui devint, sous cet amas de pierreries, de dorures, de chanoines, de cloches, de girandoles, réellement plus riche que Notre-Dame. Elle ne fut plus séparée de la célébrité du château dans les propos anecdotiques que Brunoy avait le privilége de fournir aux railleries de la cour.

M. le comte de Provence n'en possédait pas davantage le marquisat de Brunoy. Malgré son envie et ses moyens de la satisfaire, il recula devant l'entourage sacré au milieu duquel le marquis s'était placé quand il eut compris de quoi et par qui il était menacé. On songea dès lors à faire interdire le marquis pour cause de folie.

De son côté, le marquis s'accrocha aux hommes d'église, trop nombreux à cette époque, ce qui veut dire trop peu indépendans par leur fortune, pour répudier le rôle que l'or les força d'accepter. Vêtu en habit de prêtre, il en remplit presque la charge au grand scandale des gens pieux. Au chœur, à l'autel, partout il empiéta sur l'office du curé, qui n'aurait pas changé sa position pour celle de l'archevêque de Reims.

Avec la passion d'église, tout ce qui se rattache aux menues fonctions du culte, comme fiançailles, baptêmes, mariages, fit irruption dans les goûts du marquis. Il se constitua le parrain universel de tous les enfans nés et à naître, de même qu'il fut le fossoyeur de tous les morts du marquisat. Cette manie lugubre d'enterrement se changea chez lui en rage. Pendant l'hiver, on l'aperçut souvent, couvert d'une robe noire de bure, courant sur la neige, portant au cimetière, sous son bras ou sur son épaule, quelque mort du voisinage. Il faisait graver des épitaphes pour des bouviers; il prenait le deuil pour des bûcherons; on lisait en chaire des oraisons funèbres pour rappeler les hautes vertus d'un taillandier.

Qu'on juge de l'empressement d'un tas de moines, de carmes, de paresseux de tous les ordres, à soulager leurs couvens trop pleins, pour s'abattre sur ce pape de la ripaille. A chaque croisée, et Dieu sait si le château en manquait, apparaissait une tête tonsurée, noire ou joufflue; du matin au soir, les cantiques du Seigneur se croisaient avec les chansons à boire : Dieu et le diable.

On peut imaginer la douleur où les parens du marquis furent jetés par les nouveaux écarts d'une imagination aussi délirante. Avant de faire interdire le marquis, mesure extrême, dont le retentissement leur semblait un affront pour leur nom, la famille de Montmartel et la famille de Béthune s'unirent d'intention pour vendre la propriété de Brunoy, dans l'espoir qu'une fois dépouillé du marquisat, leur neveu n'aurait plus de théâtre où se donner en spectacle. Comme ils savaient que le comte de Provence, frère du futur roi, brûlait d'envie depuis long-temps d'avoir cette propriété, ils lui en proposèrent nettement la cession, à condition qu'il acquitterait les dettes du marquis, estimées à quinze ou seize millions. Le comte de Provence refusa. Convaincu pleinement que tôt ou tard il entrerait en possession du marquisat, il fit offrir par M. Cromôt, son intendant, sans espoir de voir accepter ses offres, car elles étaient mesquines, une rente insignifiante, si on consentait à lui laisser la jouissance du château pendant sa vie. On accepta. Restait à exécuter le marché, en passant par-dessus le consentement du marquis, dissipateur, extravagant, vil, ridicule, fou, tout ce qu'on voudra, mais enfin légitime propriétaire de Brunoy. Est-ce que par hasard, à cette époque, tous ceux qui possédaient des châteaux étaient économes, honorables, vertueux et sensés ? Mais les parens du marquis ne calculèrent pas les obstacles qu'ils rencontreraient, ou plutôt ils crurent qu'en agissant de concert avec le comte de Provence, pour déposséder le marquis, ils n'éprouveraient, forts d'un tel appui, aucune résistance sérieuse. Ils comptèrent si bien sur l'influence et l'emploi des moyens du futur acquéreur de Brunoy, qu'ils lui abandonnèrent le soin de s'en faciliter l'appropriation. Leur rôle devait se borner à consacrer par leur inertie la légitime spoliation de leur parent, sur le sort duquel on aviserait ultérieurement, une fois qu'il serait hors du château. Le complot était formidable; le marquis en eut vent.

Avant de rapporter les scènes qui se passèrent à Brunoy entre les gens de M. Cromôt, intendant de M. le comte de Provence, et le marquis, relativement à la cession du château, nous citerons un passage des *Mémoires secrets*, que nous rapprocherons ensuite d'un trait de la vie de notre personnage. Bachaumont, ou plutôt Pidansat de Mairobert, n'a connu, comme le public, que la moitié du fait consigné dans ses Mémoires. Voici comme il le rapporte, sous la date du 12 janvier 1772.

« Un serrurier a fait pour chef-d'œuvre un dais tout en fer. Il a six branches qui se recourbent, se réunissent à un centre commun et se terminent par une couronne. Elle est accompagnée d'un feuillage qui circule autour, et l'ouvrage est si délicatement travaillé, si expressif, si poli, qu'il brille comme l'argent le plus pur. C'est le fruit de dix ans de travail. On en avait parlé à sa majesté, qui a voulu le voir, et qui en a été si enchantée, qu'elle se proposait de l'acheter pour l'église de Choisy. Cependant cet artiste, ayant été long-temps sans toucher d'argent, a fait ses réclamations : il demandait cinquante mille livres. On a trouvé ce dais trop cher, et on le lui a rendu. Comme il désespère de trouver personne qui veuille le lui acheter, il le montre au public pour vingt-quatre sols. »

On lit ensuite dans le même recueil, sous la date du 31 janvier 1772 : « L'artiste précieux qui a fait le dais en baldaquin de fer dont on a parlé se nomme Gérard. »

Il n'est plus question ensuite de ce dais dans les *Mémoires secrets*; mais, dans un écrit du temps sur le marquis de Brunoy, on remarque cette phrase : « La modeste église de Brunoy, pauvre pendant tant de siècles, lui fut redevable d'une infinité de beaux et riches ornemens, d'un dais de fer, chef-d'œuvre de serrurerie, sorti des mains du fameux Gérard, que l'on estimait valoir 30,000 livres, sans la dorure. »

Ainsi ce chef-d'œuvre, que Louis XV n'eut pas la facile munificence royale d'acheter, le trouvant trop cher pour un roi de France, pour le roi très-chrétien, qu'il laissa exposer par l'artiste pour vingt-quatre sols, passa, et c'est une noble vengeance de la part d'un fou, au marquis de Brunoy, au trésor de sa superbe église.

VII

On ne suppose pas que le marquis de Brunoy, après avoir dilapidé le quart de sa prodigieuse fortune à acheter des cloches, des moines, du vin, des dais de 30,000 livres, des chanoines, des chapes, se contentât de jouir en égoïste de ces richesses d'un nouveau genre ; il vivait toujours d'ailleurs avec sa colère cachée dans les replis de son ame avinée ; son œuvre n'était pas complète.

Tant qu'il lui resterait un sou de revenu, il ne devait pas se regarder quitte envers la noblesse, si ce sou était susceptible de lui fournir un grès ou une poignée de sable pour jeter au visage de sa caste. Il n'y a qu'un homme en Europe plus extravagant que moi, avait-il à s'avouer, et la supériorité de celui-là est au-dessus de mes moyens de rivalité, c'est le roi de France. Brunoy baisse pavillon devant Choisy, madame Dubarry coûte plus cher que mon curé.

Ce fut le 17 juillet 1772 que Paris entier accourut au village de Brunoy pour assister à la fameuse procession de la Fête-Dieu, depuis plusieurs semaines l'unique entretien de toutes les classes, de tous ceux qui, entendant parler chaque jour de leur vie de ce château enchanté, avaient choisi le pélerinage général de la capitale pour s'y joindre. La curiosité des gens de la campagne ne fut pas moins vive. Grandes routes, ruelles, rives de la Seine et de la Marne fourmillèrent de pélerins. Il n'est pas inutile d'ajouter, pour expliquer l'affluence, que les étrangers seraient traités aux frais du marquis : on savait comment il traitait.

Brunoy aurait eu besoin ce jour-là d'être indiqué d'une manière particulière sur la carte de France; car Brunoy avait changé de face. Le décorateur de l'Opéra et ses aides, ses peintres, ses machinistes avaient déshabillé le bourg, et l'avaient costumé d'une étrange sorte. Sous d'épaisses tentures peintes en tuiles, les toits de paille avaient disparu, et il avait été imaginé, comme d'un excellent effet, d'élever de plusieurs étages factices l'étage unique des chaumières; les chaumières devinrent des palais à la détrempe. Aux deux côtés des pauvres ruelles tortueuses, on enfonça des arbres de carton découpés et venus de Paris en deux doubles sur des tapissières; la moindre pluie eût réduit en pâte cette végétation de papier. Le marquis bondissait d'admiration à la vue de cette création de son génie. Quatre pouces de feuilles de roses répandues sur la boue des rues complétaient ce tableau imité avec bonheur de la décoration alors en vogue de l'opéra d'*Aline*. C'était le plus poétique et le plus pastoral gâchis du monde, on était crotté à la crême; il y avait de plus qu'à l'opéra de la *Reine de Golconde*, des reposoirs de toute hauteur élevés au point final de chaque perspective, et des hommes postés sur des espèces de tours, pour répandre, avec les arrosoirs dont ils étaient armés, des ondées d'eau froide sur les spectateurs qui troubleraient l'ordre d'une si belle cérémonie. La police se faisait dans les frises; elle occupait la place des dieux d'opéra. Il va sans dire qu'il y avait des fontaines de vin, et de toutes sortes de vin; l'extraordinaire eût été de voir des fontaines d'eau, à Brunoy, un tel jour. A chaque angle de rue, des perruquiers et des coiffeurs rétablissaient sans relâche le désordre de la toilette des étrangers. Chez les anciens, en donnant l'hospitalité au voyageur, on ne le frisait pas ; à Brunoy on le rasait. Montrant un noble exemple, le marquis lui-même, vêtu d'un noir habit de deuil râpé, qui datait du meurtre d'Abel, pommadait ses hôtes au coin des carrefours. Il était partout, courant, les cheveux en désordre, de l'église qui s'illuminait aux cuisines du château et à toutes les cuisines du pays, à toutes les broches, tournant comme pour un seul gigot ; il goûtait à la sauce et aux vins, montait au clocher, où il agitait comme un possédé la sonnerie infernale qu'il y avait suspendue ; descendu, il assistait à la *traite* des prêtres.

Il faut entendre par la *traite* des prêtres le burlesque moyen qu'avait imaginé le marquis, faute d'autre, pour se procurer autant de prêtres qu'il avait fait confectionner de chapes pour la fête ; ce moyen, le voici : dès qu'un curieux, attiré par l'encens, pénétrait dans l'église pour être témoin des préparatifs de la cérémonie, deux hommes vigoureux, cachés derrière la porte, lui jetaient une chape sur la tête, la lui plaçaient convenablement sur les épaules, et malheur s'il résistait ; quatre coups de nerfs de bœuf, tenant lieu d'ordination, lui apprenaient à repousser l'honneur qu'on lui rendait. A la file et en mesure, marche! Ainsi les trois cent soixante-cinq chapes eurent leurs trois cent soixante-cinq mannequins.

Se peigne qui pourra le reste. On ne croira pas à des bassins de confitures, pots cyclopéens, où chacun s'emplissait selon sa faim; à cinquante muids de vin, et je n'ajoute pas un muids, coulant dans tous les gosiers altérés; on ne croira pas à trois puits, ceci est du génie, à trois puits pleins de tranches de citron et de sucre pour désaltérer la province, et qui, par ampliation, fournirent de la limonade aux habitans pendant plusieurs jours.

Enfin la procession va sortir, elle sort. Les porte-chapes sont sur deux lignes; à leur tête la magnifique bannière de saint Médard, en velours vert; derrière, singulier accompagnement, défilent des laquais portant des flambeaux allumés, puis des paysans avec des cierges, et des villageoises en blanc. Les rues sont chaudes, on y étouffe comme dans une salle de spectacle; les arbres de papier pétillent, quelques-uns s'embrasent; aussitôt les arrosoirs jouent, et l'eau tombe à mesure que des feuilles de roses et la vapeur de l'encens, échappée de cent encensoirs de vermeil, montent vers le ciel.

Le marquis est là tenant un des cordons du magnifique dais en fer; sa tête et ses pieds battent convulsivement la mesure; près de lui et sous le dais même, étincelle le curé, rustre monté sur pierres fines, rubis, grenats, améthystes, ver luisant tonsuré. *A moi les jaunets! A moi les bleuets!* est le cri de ralliement qu'emploie le marquis pour désigner des groupes et les rappeler à l'unité de la marche. *A lui les bleuets!*

Sur son passage, le marquis, à qui on les avait désignés depuis la veille, reconnaît les commis de l'intendant du comte de Provence, déjà venus une fois à Brunoy pour marchander le château. A peine les a-t-il signalés à ses paysans, qu'ils sont saisis, revêtus chacun d'une chape et poussés dans les rangs de la procession; obligés, tout rouges et tout honteux, de prendre un flambeau et de grossir le cortége. Le comte de Provence semblait faire publiquement amende honorable de ses prétentions sur le château de Brunoy, dans la personne des employés de son intendant.

Au retour à l'église de cette mémorable procession, les fidèles, qui s'étaient un peu dérangés de la ligne pour se rafraîchir dans leur long trajet jusqu'au village de Périgny, se laissent tomber à terre de fatigue, s'affaissent sur les bancs et jusque sur les marches de l'autel. La piété s'est oubliée;

elle heurte des coudes et de la tête contre les murs. Plus de chantres, plus de musiciens; ils dorment sur les instrumens; l'organiste souffle comme le plus gros tuyau de son instrument; les serpens ont disparu en zigzag sous les banquettes, aussi honteux que le premier serpent, leur patron; les sonneurs ont justifié au-delà de toute expression le proverbe qui a popularisé leur peu de sobriété; jusqu'aux enfans de chœur, ces tendres chréru-bins, qui ont humecté leurs ailes dans le cassis dont Brunoy ruisselle. Un vaste sommeil a frappé la maison du Seigneur. Et la procession, tout-à-coup surprise comme par un vertige, croit achever à la nage une tournée commencée verticalement. La fabrique ronfle.

Arrive le marquis! — Étonnement. Personne debout pour la cérémonie. Il marche sur des outres; il aplatit des sacristains, désenfle en les pressant des paroissiens, monte en chaire et prêche. Il est prédicateur. Mais les lumières s'assombrissent; il s'empare des mouchettes, et le prédicateur mouche les bougies. — D'une fonction à une autre. Puis il chante le *Te Deum* tout seul; et il bénit enfin, tout chancelant, ceux qui ne chancellent plus depuis long-temps. Au dernier verset, il donne de la tête lui-même dans la vaste mer des dormeurs, et disparaît sous eux. Tout est consommé.

Trois jours après, on lisait ceci dans les *Mémoires secrets*, 30 juillet 1772. — « Le public n'a point encore tari sur la fête dévote de M. de Brunoy; la deuxième procession, exécutée le jour de la petite Fête-Dieu, a donné lieu à beaucoup de scènes et de tumulte. Il y avait cent cinquante prêtres qu'il avait loués à plus de dix lieues à la ronde. On comptait vingt-cinq mille pots de fleurs. Après la procession, ce magnifique seigneur a donné un repas de huit cents couverts, composé de prêtres, de chapiers et de paysans ses amis. On comptait plus de cinq cents carrosses venus de Paris. »

Ici nous avouons manquer d'haleine pour parler dignement de ce dîner. Que ceux qui ont lu Gargantua suppléent par leur imagination à cette lacune volontaire de notre part.

Nous n'avons de force que pour une remarque. Quelques années après cette fête, ce même peuple qui, gorgé par les seigneurs, avait tué les seigneurs, attendait, la carte civique à la main, grelottant à la porte des boulangers, le pain noir patriotique pétri par la nation. Il est vrai qu'au bout de quelques années le peuple tua la nation. Qui sait? peut-être toute la science des bons gouvernemens consiste à faire marcher les peuples à égale distance de la famine et de l'indigestion.

Si nous avons omis de mentionner que, par

arrêt du 5 décembre 1770, la cour de parlement avait homologué les actes faits par madame de Montmartel, portant nomination de quatre avocats au parlement pour conseils du marquis de Brunoy, c'est que cette mesure ne fut, selon nous, jamais exécutée; il suffit, pour s'en convaincre, d'observer que, loin de réduire ses dépenses, le marquis les augmenta de beaucoup, à partir de l'époque même où ce conseil lui fut imposé. Mettra-t-on sur le compte des quatre avocats la procession de la Fête-Dieu qui coûta quatre cent mille francs? Madame de Montmartel n'avait voulu qu'effrayer son fils; pleine de faiblesse pour lui, elle ne survécut même pas à cette sévérité de comédie. Elle mourut du chagrin que lui causa cet acte tout à la fois sollicité et empêché par elle.

Plus résolus que madame de Montmartel, les Béthune et les d'Escars saisirent le prétexte de la procession de la Fête-Dieu, qui eut un retentissement européen, pour demander aux tribunaux l'interdiction du marquis. Parmi les parens au nom desquels fut dressée la requête, quelques-uns exigeaient qu'on le mît à Saint-Lazare. C'était décidément un fou incurable.

Une fois l'interdiction prononcée, Brunoy passait au comte de Provence.

Tandis qu'on portait l'affaire au Châtelet, et

qu'on la pressait sans ménagemens pour l'opinion publique, à laquelle il était désormais difficile de taire la conduite déplorable du marquis, celui-ci, comprenant la gravité de sa position, sachant que, outre l'irritation de sa famille, il avait contre lui la vanité froissée de la noblesse, ne doutant pas de l'arrêt d'interdiction dont il allait être frappé, voulut finir avec gloire la lutte où il avait engagé sa fortune, sa vie, son honneur et sa raison.

Lui, marquis de Brunoy, conseiller-secrétaire du roi, maison, couronne de France, et de ses finances, fit savoir à tous les fidèles de la chrétienté qu'une croisade allait s'ouvrir dont il serait le chef, dans le but pieux et grand de conquérir la Terre-Sainte, de délivrer le tombeau de Jésus-Christ des mains de l'impie Musulman. Appel donc était fait aux hommes de religion et de cœur de prendre le bourdon et le glaive, et de suivre, aux appointemens de quatre cents livres par an, à convertir plus tard, après la croisade, en rente viagère, mondit marquis de Brunoy. On se réunirait à Brunoy, point de départ pour la Palestine. Prendre les voitures place Dauphine; retenir sa place la veille. — Dieu le veut! Dieu le veut!

Ceux qui ne bafouèrent pas la circulaire du marquis s'abattirent par nuées au château de Brunoy, où, en attendant que les saintes armes fussent fourbies et les cadres militaires complets, ils se gobergèrent d'une furieuse façon. Il y eut foule de Baudouins coupe-jarrets, de Tancrèdes aigre-fins, de Renauds chevaliers d'industrie, d'Adhémars échappés de Toulon. Jamais la police ne fit de si bons coups de filets. Le lieutenant de police se montra un cruel Sarrasin. Pour comble de contrariétés, quand les enseignes étaient déjà déployées au vent pour partir, le roi défendit qu'on signât des passeports aux croisés, qui ne délivrèrent aucune espèce de tombeau, mais qui gagnèrent au billard des sommes énormes au marquis.

VIII

Voyant son expédition complètement manquée, le marquis passa en Angleterre, où en vingt-neuf jours il dépensa soixante mille livres. Rappelé à Paris par ordre du roi, qui ne voulut pas laisser se dégrader sa noblesse dans la personne d'un fou, dont le retour en France avait été d'ailleurs déjà sollicité en termes pressans par l'ambassadeur, le marquis parut, le 15 septembre 1772, devant le lieutenant civil au Châtelet, tous ses parens rassemblés.

L'interdiction était évoquée.

Le haut rang des trois familles au nom desquelles le procès était soutenu, Montmartel, Béthune, d'Escars; le caractère sans exemple du comparant, sa vie, ses folies désastreuses, firent de ce procès un événement digne d'absorber toute la curiosité si mobile de l'époque, l'époque la plus usée en événemens.

Sur le passage du marquis se rendant en voiture au Châtelet, la population s'était portée de bonne heure, grandement en goût déjà pour le tumulte des affaires criminelles, pour les séances publiques, les combats de la parole, superbes spectacles dont elle n'était séparée que de quelques années. Elle voulait savoir s'il était vrai, comme on le lui avait suggéré, que le marquis était lié dans une chemise de force et bâillonné. Depuis le jugement du jeune chevalier de Labarre, une mystérieuse suspicion planait sur les tribunaux et leurs séances secrètes. La partialité des juges avait fini par faire croire en France à l'innocence de tous les accusés; et porté à toutes les opinions surnaturelles, le peuple se laissait persuader que les parens du marquis l'avaient eux-mêmes encouragé dans ses dissipations, pour jouir de ses biens et afin d'obtenir son interdiction plus tard. Après tout, un homme qui a mangé vingt millions en six ans avec son curé, dans un bourg de huit cents ames, est un phénomène qui mérite assez d'être vu.

A cette époque, les séances des tribunaux n'étaient pas encore publiques; mais les parens du marquis étaient assez nombreux pour composer un auditoire complet. Au reste, on se passa en France de bouche en bouche les détails de l'interrogatoire, qui commença ainsi :

— Votre nom?

—Armand-Louis-Joseph-Paris de Montmartel, marquis de Brunoy, conseiller-secrétaire du roi, maison, couronne de France et de ses finances.

— Votre âge?

— Vingt-quatre ans et demi.

On n'aperçut pas la moindre altération dans les traits du marquis, que, par une indécence barbare, on avait assis sur la sellette et qu'on gardait à vue, afin de constater l'état dangereux d'aliénation où l'on voulait faire croire qu'il était.

Le lieutenant civil reprit :

— Pourquoi avez-vous fait votre société ordinaire d'un fils de paveur et d'un fils de bourrelier?

— Je ne savais pas, monsieur, répondit-il avec calme, que ce fût mal de choisir ses amis parmi ceux dont le caractère convient au nôtre, dont la simplicité tolérante ne rappelle jamais le rang d'où l'on est sorti? Bons pour moi, j'ai été bon pour eux. Si la loi ne défend pas d'avoir des amis, qui oblige donc à les prendre dans une condition plutôt que dans une autre? S'il y a une loi qui en prescrive de telle ou de telle autre espèce, pourquoi ne poursuivriez-vous pas le bourrelier pour m'avoir fréquenté, comme je suis en cause pour l'avoir connu? Serait-il vrai que tous les marquis d'aujourd'hui, excepté moi, monsieur le lieutenant, eussent des amitiés irréprochables? Il m'a été dit que M. le marquis de C..... vivait avec sa sœur; que le comte de R.... avait un sérail; que le prince de F.....

— Silence, monsieur le marquis.

— Que le roi de France.....

On se jeta sur le marquis pour le bâillonner.

— Que le roi de France était outré de cette conduite.

La première moitié de la phrase du marquis avait excité l'indignation, la seconde couvrit de confusion ceux qui s'étaient trop hâtés de s'indigner.

Il fallut le laisser libre.

— Mais n'avez-vous pas pris le deuil pour la femme du bourrelier? A quel titre, puisque cette femme n'était pas de votre noble et illustre famille ?

— La reine de France n'était pas non plus de ma noble famille ; je pris le deuil de la reine en 1768, et commandai quatre habits complets pour quatorze personnes de ma maison. Ce deuil m'a coûté cinquante mille livres.

L'embarras du lieutenant civil commençait à paraître ; il fit un signe, et les gardes qui entouraient le marquis s'éloignèrent.

— Combien y a-t-il de feux à Brunoy ?

— De cent cinquante à deux cents, en y comprenant le hameau des Beaucerons et l'endroit appelé Soulin.

— Pourquoi vous êtes vous jeté dans des dépenses d'une superfluité condamnable, en habituant six ou huit cents malheureux à vivre dans l'abondance ?

— J'avoue, monsieur le lieutenant, que j'ai quelquefois dépassé les bornes d'une générosité sage ; mais, depuis ma résidence à Brunoy, personne, tant à Brunoy qu'aux Beaucerons, n'est mort de faim ni ne s'est pendu de désespoir dans le bois. Depuis sept ans que j'habite le pays, il n'a été commis aucun assassinat dans la forêt de Sénart, qu'on peut, grâce au hasard de mes bienfaits, traverser à minuit comme en plein jour. Les plaines de Tigery sont moins heureuses; elles sont infestées de brigands, pauvres vassaux qui obéissent aux descendans des comtes de Corbeil; Rougeot est un coupe-gorge, Gros-Bois aussi; Gros-Bois n'est pas dans mes propriétés, il relève de M. le comte de Provence.

A chaque instant le lieutenant civil se retournait vers les membres de la famille du marquis, comme pour leur dire : — Cet homme-là n'est pas fou; l'interdiction sera difficile.

— Mais n'avez-vous pas rempli publiquement dans l'église de Brunoy les fonctions de bedeau, de chantre, de maître des cérémonies et de sonneur?

— Que va-t-il répondre à cela? semblait exprimer la figure animée des parens du marquis. Voyons, écoutons.

— Je me blâme le premier comme bedeau, monsieur le lieutenant civil, pour avoir malproprement tenu peut-être la sacristie; je me condamne comme chantre, pour avoir entonné faux bien souvent le *Magnificat;* je ne me pardonne pas surtout de m'être trompé de quelques coups de cloche; mais en quoi cela peut-il me valoir la sévérité des lois et le reproche de ma famille? Mon grand-père sonnait l'heure du dîner à ses hôtes, je n'ai pas été plus sacrilége en sonnant l'heure des vêpres à mes paroissiens.

— Pourquoi avez-vous fait habiller à vos frais, en uniformes et avec galons d'or, les chevaliers de l'arquebuse dont vous êtes colonel, et pourquoi leur donniez-vous si fréquemment à manger?

— Si monsieur le lieutenant civil veut me considérer comme homme de qualité, il ne doit pas s'étonner que mes inférieurs aient joui de mes largesses. Dieu, disent les grands à leurs fils, a fait des mains aux manans pour prendre et aux nobles hommes pour donner. S'il lui plaît, au contraire, de ne voir en moi qu'un manant enrichi, je dois m'étonner à mon tour qu'avec les revenus de quarante millions on ne croie pas à la possibilité de traiter, sans se ruiner, des chevaliers de l'arquebuse.

— Mais votre chasublier, monsieur le marquis, prétend être votre créancier de deux cent mille livres; on ne dépense pas deux cent mille livres en chasubles?

— Combien doit-on dépenser en chasubles, monsieur le lieutenant? Est-ce M. le comte de Lauraguais qui nous l'apprendra, lui qui a acheté deux mille louis de jarretières à mademoiselle Arnould? Mais je ne le vois pas à mes côtés, sur la sellette.

— N'avez-vous pas maltraité un épicier qui vous avait refusé de l'eau-de-vie? N'avez-vous pas frappé un de vos concierges? N'avez-vous pas injurié un de vos régisseurs?

— Il me semble, monsieur le lieutenant civil, qu'en pareil cas ce sont les battus qu'il faudrait interroger.

— Votre mère a donné mille écus à un nommé Thierret pour qu'il ne se plaignît pas d'un coup de pistolet que vous lui auriez tiré.

— Le fait est faux ; à des gens comme nous, on demande cent mille écus de dommages, et l'on se plaint ensuite.

— Sans passeport du roi, pourquoi êtes-vous passé en Angleterre? Vous avez violé la loi.

— Enfin! murmurèrent les bancs des accusateurs, irrités de tant de précision dans les réponses d'un fou, de tant d'aigreur dans ses réflexions. Enfin! qu'il sorte de là; il a violé la loi, il n'avait pas de passeport.

— J'en avais un de l'amirauté; sur l'ordre de l'ambassadeur de France, j'ai immédiatement quitté l'Angleterre pour me rendre ici, où je savais qu'on devait m'interdire. J'ai été au devant de la loi.

— N'avez-vous pas acheté huit chevaux à Londres?

— C'était pour revenir plus vite.

— Vous justifierez-vous de la société qui vous accompagnait en Angleterre, de ces étranges acolytes?

— J'étais, monsieur le lieutenant civil, avec un acolyte du diocèse de Paris, l'ecclésiastique Bonnet et le curé de Valenton.

— N'alliez-vous pas à Londres pour éviter vos créanciers de France? Qu'alliez-vous y faire d'honnête, enfin?

— J'allais m'y faire ordonner prêtre par l'évêque catholique Belon. Ceci est assez honnête.

Interrogé sur d'autres dettes qu'il aurait contractées avec des tailleurs et des marchands de vin, le marquis répondit qu'il avait été dupé par eux, et qu'en bonne morale les fripons devaient être interdits avant les dupes.

— N'avouez-vous pas vous-même enfin avoir dévoré votre fortune dans des folies dont il est temps d'arrêter le débordement?

— Ma fortune était à moi, monsieur le lieutenant civil, par mon père et par ma mère, dont j'ai été l'unique héritier. Folie ou non, je suis quitte avec tout le monde; je ne fais pas banqueroute et ne m'appelle pas Guéménée. Il est vrai que je n'ai pas dissipé ma fortune en maîtresses ni en galantes infamies comme un maréchal de Saxe ou un duc de Richelieu; ni en chevaux, le roi aurait payé mes dettes; ni en bâtimens; je suis bien plus coupable, j'ai doré mon église, ma pauvre église, qui a été ma maison du faubourg; j'ai nourri mes habitans; et si chaque province avait un fou comme moi, la France à cette heure ne languirait pas de misère, et le roi Louis XV serait en interdit. On m'interdit, moi, non parce que j'ai mangé toute ma fortune, mais parce qu'il me reste vingt millions d'immeubles au soleil. Qu'on m'interdise; j'ai parlé.

Il fut fait selon ses vœux : le Châtelet interdit le marquis de Brunoy.

Sans espoir dans la ressource extrême que lui conseillèrent ses amis, il appela de la sentence du Châtelet au parlement, qui, par un de ces miracles de justice dont il y a peu d'exemples, cassa l'arrêt d'interdiction et laissa au marquis la libre gestion de ses biens.

C'était ratifier solennellement tous les actes de sa vie.

Ses parens baissèrent honteusement la tête, la noblesse fut furieuse, le peuple applaudit. Il vit un héros dans le marquis. Il voulut l'avoir compris; il l'aima. Il se convainquit que le marquis, né du peuple, retournait au peuple, après avoir souffleté la noblesse de son temps sur sa propre joue. Ses fautes étaient des folies, car son cœur était bon; voilà comme le peuple pensait; tandis que les folies des autres étaient des crimes, car leur cœur était corrompu. Il était allé plus loin que tous les autres, pour montrer jusqu'où ils étaient allés. Il s'était jeté dans le gouffre, mais il l'avait ouvert, et en tombant il avait crié au peuple : Regardez comme c'est infect et profond.

Cet homme était un héros.

IX

A sa rentrée à Brunoy, il fut fêté comme un frère par les hommes, comme un père par les enfans. On était allé, croix et bannière en tête, le recevoir à deux lieues de Brunoy. On l'avait porté à bras jusqu'au château, ce bon seigneur!

Courte fut leur joie. M. le comte de Provence s'irritait beaucoup de tous ces délais qui le vieillissaient sans lui donner Brunoy, plus frais, plus ravissant d'année en année. — On comprit son impatience, comme il comprit de son côté le dépit des parens du marquis. Il y eut intelligence parfaite des deux parts.

Quelques nouveaux amis qui s'étaient introduits dans les bonnes grâces du marquis, chose facile en tous temps, le poussèrent un soir à boire plus que de raison, piége encore plus facile, et dans l'état d'ivresse où ils le mirent, ils lui firent signer la cession de Brunoy au comte de Provence.

A son réveil, il pleura comme un enfant; il dit qu'il ne se souvenait pas d'avoir rien signé. Cette fois il faillit réellement devenir fou.

C'était fait. M. le comte de Provence possédait Brunoy.

L'histoire ne dit pas si la lettre de cachet qui vint enlever le marquis à son château de Varise pour le conduire au prieuré d'Elmont, maison de génovéfains, près de Saint-Germain-en-Laye, fut la royale récompense de la nuit d'ivresse de Brunoy.

Interdit, emprisonné, cloîtré, le marquis trouva encore quelque douceur à sa captivité dans la permission que lui accordèrent les bons génovéfains de sonner les cloches, d'allumer les bougies, de servir la messe. N'ayant pu être prêtre dans sa prospérité, il se contenta d'être enfant de chœur dans l'infortune. Mais on était déchaîné contre lui; on ne voulut pas même qu'il fût consolé par ces distractions pieuses, parce qu'elles avaient autrefois masqué et protégé ses si rudes assauts contre sa propre dignité de gentilhomme. Une seconde lettre de cachet le fit transférer aux Loges, dans la forêt de Saint-Germain, dans une autre maison religieuse, desservie par des picpus, où il lui fut interdit d'être sacristain ni bedeau, ni quoi que ce soit d'église. C'était priver d'air un oiseau malade.

Il languit dans ce jeûne de cloches, de chapes, de cire verte ; il se sentit mourir ; mais avant d'expirer il ramassa toutes ses forces pour dicter son convoi funèbre. Le dénombrement fut triomphant. On eût dit qu'il se voyait passer, qu'il s'accompagnait lui-même derrière le corbillard. Il ajouta même : Je veux que le clergé boive amplement au retour du cimetière.

Il s'endormit au bras de Dieu, dans une belle soirée de mars, en 1781, à peine âgé de trente-trois ans.

Si toute tradition n'était suspecte, de son cachot de Pierre-en-Cize, où le peuple veut que le marquis de Brunoy ait été enfermé par le comte de Provence, depuis Louis XVIII, il eût entendu le canon de la Bastille, il eût vu de sa triste lucarne passer et repasser, courir, plus effrayé que lui, ce troupeau de nobles, et même les plus fiers, gagnant la frontière, sous le fouet du peuple, pasteur terrible sorti de sa caverne. Derrière ses barreaux, il leur aurait dit son nom, et ils se seraient maudits mutuellement ; eux maudits par lui pour n'avoir pas compris cet homme, artisan infatigable de leur ruine, qui s'était assis dans la boue pour les salir; lui maudit par eux pour être sorti de leurs rangs et pour n'avoir plus voulu y rentrer.

Il vaut mieux qu'il soit mort, comme tout prouve qu'il est mort au mois de mars 1781, après vêpres, au bruit mourant des cloches qu'il avait tant aimées.

Oui, cela vaut mieux, sa fin en a été plus paisible. Car, s'il se fût éteint plus vieux de quelques années, il eût vu, lui, qui avait tant fait de bien à Brunoy, Brunoy son bosquet gracieux, sa tonnelle chérie, sa chapelle dorée, son château de Cocagne, il eût vu ses paysans tordre les grilles de fer qui ne s'étaient pourtant jamais fermées sur eux, les méchans; broyer les glaces qui avaient répété ces festins où seuls ils étaient assis, les ingrats; briser ces quatre cent mille francs de pots de fleurs, effeuillées sur leurs pas à ces grandes processions du moyen âge, où ils étaient à la fois les personnages et les spectateurs. Et combien son cœur eût saigné quand il eût vu son clocher si laid, mais bâti par lui, — c'était son enfant, il le trouvait beau, — remuer comme lui, ce bon marquis, quand il avait un peu bu, et vomir ses cloches pour être fondues en billon révolutionnaire! Il se fût évanoui sur les dalles cerises et blanches de son église, en voyant son beau tableau de *Saint-Médard*, qui guérit pourtant la rage, lézardé par le tranchant d'une faux de moissonneur, et ses beaux lustres à girandoles de Bohême, tomber en poussière de verre sur les bancs de chêne où il figurait si bien en chape d'or massif. Oui! il vaut mieux qu'il soit mort; car il eût été tué.

Il eût vu ce que nous avons vu soixante ans après lui, un pauvre village montueux, dont l'enchantement s'est évaporé; triste, sans fumée sur les toits, sans canards dans la rue, où les petits-fils jeûnent pour tous les bons repas qu'ont pris les grands-pères. Cependant ces descendans affamés d'une race de Cocagne savent le nom de M. de Brunoy comme s'il les eût tous invités hier à dîner au château. Ce nom rend les habitans pensifs; les vieillards se souviennent, les mères racontent, les enfans ouvrent la bouche. Ce nom est immortel, là sur ce tas de chaumières. Napoléon n'est pas autrement immortel dans l'univers.

Qu'est-ce donc que la gloire?

C'est peut-être cela, beaucoup de folie.

Mais, voilà à l'entrée de Brunoy, où la pluie vient de me surprendre caché sous un arbre, écrivant ces dernières lignes au crayon, un enfant assis sur une botte de foin, qu'un âne porte, et qui va passer sur le pont de Brunoy; sans ce pont l'enfant qui se hasarderait à traverser la rivière à pieds se noierait par l'eau qui tombe dans l'eau qui court ; à défaut il serait forcé d'aller un quart de lieue plus loin pour trouver le gué, et sa mère est en peine.

Passe, mon bel enfant, toi, ton âne et ta botte de foin.

Ce pont, c'est M. le marquis de Brunoy qui l'a fait construire. Voilà ce qui reste de quarante millions.

C'est peut-être cela la gloire.

L'utile, — un pont où passe un enfant.

FIN DU PREMIER VOLUME.

TABLE DES MATIÈRES

CONTENUES DANS LE PREMIER VOLUME.

FIN DE LA TABLE DU PREMIER VOLUME.

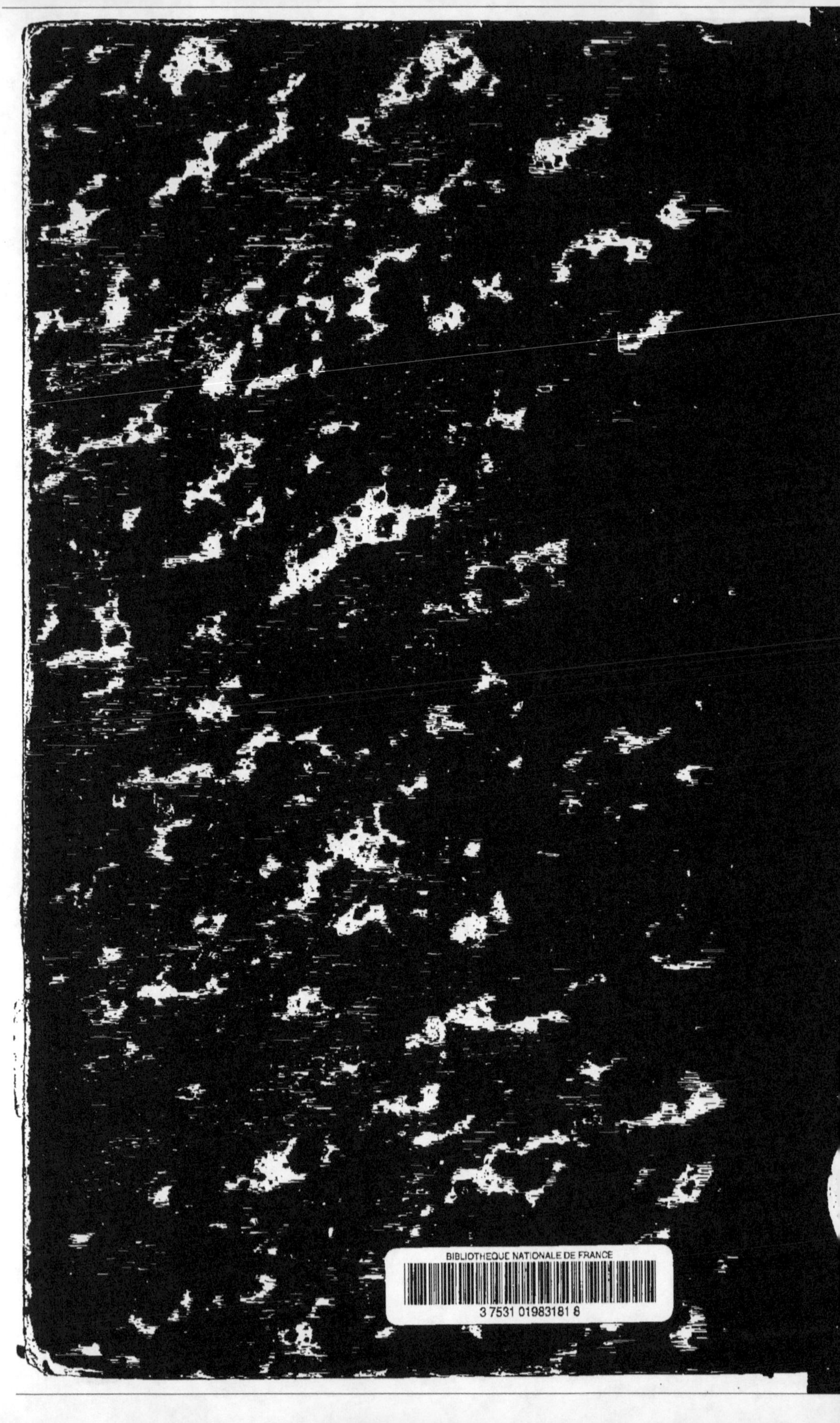

www.ingramcontent.com/pod-product-compliance
Lightning Source LLC
LaVergne TN
LVHW020529230826
846091LV00002B/218

* 9 7 8 2 0 1 9 6 2 3 3 1 9 *